I0165571

FÉNIMORE COOPER

BAS-DE-CUIR

Châteauroux — Typ. et Stéréotyp. A. MAJESTÉ

FÉNIMORE COOPER

BAS-DE-CUIR

NOUVELLE ÉDITION DES RÉCITS LES PLUS INTÉRESSANTS DE F. COOPER

LE TUEUR DE DAIMS — LE DERNIER DES MOHICANS — LES PIONNIERS
LA PRAIRIE — DERNIÈRES AVENTURES DE BAS-DE-CUIR

ARRANGÉE POUR LA JEUNESSE

PAR

ARMAND DUBOIS

AVEC DE NOMBREUSES GRAVURES EN COULEUR ET EN NOIR

PARIS

NOUVELLE LIBRAIRIE DE LA JEUNESSE

40, RUE DES SAINTS-PÈRES, 40

Tous droits réservés

BAS DE CUIR

LE TUEUR DE DAIMS

CHAPITRE Ier

LE CHATEAU DU CASTOR

C'était en juin 1740. Le ciel était sans nuages ; le soleil dardait ses rayons brûlants sur les arbres touffus qui recouvraient l'immense solitude, aujourd'hui remplacée par les bruyants et actifs États-Unis d'Amérique.

Alors un profond silence y régnait, rarement troublé, si ce n'est par le cri d'un oiseau ou par les pas légers d'une bête fauve.

Vers la source du Susquehannah, on aurait pu croire que, sous cette chaleur accablante, la nature entière s'était abandonnée au sommeil.

Un lac d'une grandeur médiocre, mais d'un aspect admirable, et désigné sous le nom du lac Brillant par les rares chasseurs qui s'étaient aventurés jusqu'à ses bords, semblait sommeiller lui-même. Ses vagues se soulevaient à peine et lentement, comme dans l'engourdissement d'un rêve.

Tout à coup son rivage fut animé par l'apparition de deux hommes débouchant de la forêt et se dirigeant à grands pas vers le bord de l'eau.

Celui qui marchait devant et montrait évidemment le chemin, était bâti à la fois comme un Hercule et un géant.

Ses traits étaient réguliers. Ils exprimaient de l'insouciance, une brusquerie tapageuse et la bonne humeur de quelqu'un qui est content de soi.

Son compagnon, moins beau de visage, était aussi grand ; moins épais, plus gracieux, d'une démarche légère et avec des muscles saillants : on devinait en lui une agilité peu commune. Ce qu'il avait surtout de remarquable, c'était son regard, si franc, si honnête, si candide, que, par moment, un observateur superficiel, aurait pu croire que cet homme était un peu simple. Il était un peu plus jeune que le premier, qui avait de vingt-six à vingt-huit ans.

Tous deux portaient des vêtements de peau de daim et étaient équipés en chasseurs : carabine, poire à poudre, couteau de chasse et gibecière.

En approchant du bord du lac, ils ralentirent le pas. Le premier arrivé fit alors remarquer à l'autre, au milieu de la nappe d'eau, une maison rustique qui se présentait à leurs yeux pour la première fois.

« Tiens, Tueur de Daims, regarde là bas », s'écria-t-il d'une voix rude et retentissante, « la voilà, la maison du vieux Tom. L'endroit est bien choisi, n'est-il pas vrai ? Les Peaux-Rouges auraient de la peine à y arriver ! »

Le Tueur de Daims, le plus jeune des deux voyageurs, ne répondit que par un signe d'assentiment.

L'aspect inattendu de cette habitation, paraissant flotter sur les ondes, l'avait plongé dans un étonnement qui l'empêchait d'écouter.

— Dis donc, Hurry March, demanda-t-il après une pause, comment cette maison a-t-elle bien pu être construite au milieu du lac ? Sur quelles fondations le vieux Tom a-t-il pu s'appuyer. »

Hurry March, enchanté de pouvoir donner une leçon à quelqu'un, prit un air important et entra dans une longue explication.

Après avoir parlé des colons en général, il finit par arriver à Tom en particulier. Le Castor c'est ainsi qu'il appelait Tom, aurait eu autrefois une vie très accidentée ; aujourd'hui il demeure seul avec la belle Judith, sa fille, dans cette maison rustique.

Là dessus, l'orateur revint à la construction de ce bâtiment.

Il y a un banc de sable, qui part du rivage et se prolonge au loin à une profondeur d'une dizaine de pieds. Le vieux Tom y a enfoncé des pieux qu'il a reliés avec des poutres ; sur celles-ci il a solidement établi son habitation.

Cela lui fait un château fort, qui se trouve hors de la portée d'une balle tirée du rivage.

Cette situation le met à l'abri de toute attaque sauf en canots ; mais des canots seraient facilement repoussés.

Le Rat Musqué peut donc être tranquille à l'égard des agressions des Peaux-Rouges, d'autant plus qu'il possède aussi une habitation flottante qu'il a baptisée l'*Arche,* d'après les récits bibliques. Vous savez bien, Noé et le Déluge ? »

— Le Tueur de Daims fit un signe affirmatif.

— « Je ne vois l'Arche nulle part, continua Hurry. Cela signifie que Tom n'est pas au château. Il faut donc qu'il soit à l'ancre au fond de quelque baie.

Nous y serons dans un quart d'heure avec le canot. »

Sans attendre de réponse, le colosse longea la berge et se dirigea vers un arbre creux abattu par l'âge.

Il en tira une petite embarcation d'écorces munie de pagaies, la mit à l'eau et y monta avec le Tueur de Daims.

Tous deux ramant avec adresse et vigueur, le léger canot vola sur l'onde et les porta bientôt vers l'Arche.

C'était un gros bateau garni d'un mât et surmonté d'une grande cabine semblable à une maison très basse, divisée en deux pièces, servant de chambre à coucher l'une au vieux Tom et l'autre à sa fille.

L'Arche leur servait d'habitation d'été.

La cuisine se faisait en plein vent, à l'un des bouts du navire.

Arrivé près de l'Arche, Hurry s'y hissa en criant d'une voix de stentor :

— « Hoé ! mon vieux Tom, voici du monde ! »

Hutter, ou Tom le Flotteur comme les chasseurs l'appelaient familièrement, avait vu arriver le canot. Il ne manifesta aucune surprise, mais répliqua d'un ton assez bourru :

— Voilà déjà une semaine que je t'attends. Ton retard m'a donné du souci, car j'ai plusieurs preuves que les Peaux-Rouges rôdent dans le voisinage.

« Regarde », continua-t-il en lui présentant un vieux mocassin, « j'ai trouvé ceci à un mille en aval. Si ce n'est pas là une chaussure d'Indien, je veux bien passer pour un imbécile. »

Le Tueur de Daims, auquel Tom avait à peine jeté un regard, s'avança et considéra le mocassin avec attention.

Au bout d'un moment il s'écria : « Je crois connaître la provenance de cette chaussure ! »
Tom parut étonné.

— « C'est le Tueur de Daims, le meilleur chasseur de tout le pays », dit Hurry par
manière d'explication. « Il s'est joint à moi et je suis certain qu'il nous soutiendra
fidèlement dans le danger. »

— « Soyez donc le bienvenu », dit Tom, en serrant la main du Tueur de Daims.
En même temps il appela sa fille Judith, jeune et jolie personne, à laquelle il le
présenta.

— « Eh bien, que vouliez-vous dire tout à l'heure ? » continua Tom Hutter, « comment pouvez-vous connaître ce mocassin ? »

— « D'après sa forme, il doit venir d'un Delaware », répondit le Tueur de Daims.
« Cette tribu s'est toujours montrée amie des Blancs. »

« Si je ne m'abuse, ce mocassin a appartenu à un Mohican qui vit chez les Delawares
et qui m'attend dans les environs du lac Brillant. »

— « Que vient-il chercher ici, si loin de sa tribu » ? demanda Tom avec curiosité.

— « Si je vous le disais, je révélerais le secret d'un ami. Pourtant, vos conseils peuvent lui être utiles. Voici ce qu'il en est : »

« Il y a déjà de longues années que je vis chez les Delawares ; mais je ne suis jamais
entré sur le sentier de la guerre. »

« Aujourd'hui l'occasion s'en présente enfin pour moi, car la fiancée de mon ami le
jeune chef Chingachgook, a été enlevée perfidement par des Iroquois. L'inimitié de ces
deux tribus s'est réveillée de nouveau et Chingachgook a fait vœu de ne pas avoir de
repos avant d'avoir délivré sa fiancée, Wah-ta-Wah, et de s'être vengé de ses ennemis. »

« J'ai promis de le seconder fidèlement. Je dois le rencontrer ici. »

— « Ainsi » demanda Tom, « vous voulez dire que le mocassin que j'ai trouvé
appartient à Chingachgook ? »

— « J'en suis persuadé » déclara le Tueur de Daims.

« Je n'ose pourtant pas l'affirmer absolument. »

Hutter, tout pensif, se promena un instant de long en large sur le pont de l'Arche.
Puis il se tourna vers Hurry et s'écria :

— « Le parti le plus sage est de regagner la maison ; ce mocassin pourrait bien venir d'un autre guerrier moins bien disposé pour nous que l'ami du Tueur de Daims. »

Hurry fit un signe affirmatif.

Les trois hommes se mirent alors à faire sortir l'Arche de la baie, ce qui fut bientôt exécuté.

A la dernière courbe du rivage se trouvait un arbre touffu et incliné au loin au-dessus de l'eau. Sur ses branches se tenaient rien moins que six Indiens, prêts à sauter sur le toit de l'Arche, et armés de leurs tomahawks étincelants.

Tom vit le danger et d'un effort prodigieux, il détourna le navire et le fit passer plus loin de l'arbre.

Un des Indiens sauta néanmoins, mais il n'atteignit pas l'Arche et tomba dans l'eau. Ses compagnons, effrayés de son audace, se hâtèrent de l'aider à sortir de son bain involontaire.

Pendant ce temps, les Blancs s'étaient déjà mis hors de portée : quelques coups de fusil qui leur étaient adressés, ne leur firent aucun mal.

— « Ne l'avais-je pas dit ? » s'écria Hutter, aussitôt qu'ils furent à l'abri du péril.

« Les bords du lac sont infectés d'Indiens. Le mocassin n'était pas à votre ami, mais à ces diables rouges, probablement. »

Avant tout il, s'agit de songer à rester maîtres du château ; « là nous n'aurons rien à redouter. »

« Mais il y a encore deux canots dans des cachettes, sur la rive. Il faut absolument aller les chercher pour enlever aux Indiens tout moyen d'attaque. »

Le Tueur de Daims et Hurry March approuvèrent ce plan. Les trois hommes ramèrent vigoureusement pour retourner au fort.

Bientôt ils l'atteignirent et constatèrent, à leur grande joie, que l'ennemi n'y avait pas mis les pieds.

Pendant que la gracieuse fille de Hutter préparait un frugal repas, le Tueur de Daims examina le château.

Ce bâtiment consistait en troncs d'arbres étroitement joints, et contenait plusieurs petites chambres, dont le mobilier était des plus primitifs.

Pourtant, dans une des pièces se trouvaient une pendule, dans sa boîte en bois sculpté, et même un bureau, ainsi que plusieurs chaises.

La plus grande des pièces, où l'on se tenait d'habitude, servait de cuisine et de salle à manger. Judith y servit le repas

Tous mangèrent de bon appétit. Quand ils furent rassasiés, Hutter leur communiqua les détails de son plan pour mettre en sûreté les deux canots cachés à terre.

A la tombée de la nuit, les trois hommes descendirent dans le canot qui avait amené le Tueur de Daims et Hurry.

— « Voulez-vous combattre avec nous, si les Peaux-Rouges nous attaquent » ? demanda Hutter à son nouveau compagnon, le Tueur de Daims, pendant qu'ils faisaient glisser rapidement le canot vers le rivage.

— « Certainement », répondit le Tueur de Daims avec fermeté. « A la vérité, je n'ai encore pris part à aucun combat, mais je pense que je m'y conduirais comme un homme. »

Hutter fut satisfait de cette reponse.

L'embarcation s'étant rapprochée du rivage, il ne fallait plus dire un mot. Si les Indiens y étaient cachés le plus léger bruit aurait attiré leur attention.

Enfonçant les rames avec précaution, pour ne pas faire bouillonner l'eau, ils arrivèrent silencieusement à terre.

— « Restez dans le canot, Tueur de Daims », chuchota Hutter, « Hurry et moi, nous allons chercher la pirogue qui est cachée sous cet arbre. »

« Ne vous occupez pas de nous ; tenez-vous au large, pour que le bateau ne tombe pas dans les mains des Peaux-Rouges s'ils nous attaquent. »

Hutter et son vigoureux compagnon débarquèrent. Ils réussirent à dégager l'esquif et à le lancer sans encombre. Le Tueur de Daims le prit à la remorque et s'éloigna, tandis que Hutter et Hurry longèrent à pied le rivage pour s'emparer de la dernière embarcation.

Une heure pouvait s'être écoulée depuis le départ de ses deux compagnons ; le Tueur de Daims commença à être inquiet de leur sort. D'après son calcul ils auraient déjà dû l'avoir rejoint depuis longtemps au château.

Il descendit dans un des deux canots qu'il avait ramenés au fort, le détacha et retourna au rivage.

A peine avait-il parcouru la moitié de la distance un cri horrible le fit tressaillir.

Quelques éclairs furent suivis de détonations d'armes à feu. Puis la voix retentissante de Hurry fit entendre de violentes imprécations.

A grands coups de rames, le Tueur de Daims fendit les flots pour voler au secours de ses compagnons.

Quand il fut près du bord, tout bruit avait cessé.

— « Tom, Hurry, où êtes-vous ? » cria-t-il de toutes ses forces.

« Par ici ! Venez dans mon canot ! »

Tout à coup derrière un détour du rivage, il aperçut la lueur d'un feu, et, en pleine lumière, une troupe d'une quarantaine d'Indiens au moins, au milieu desquels se trouvaient Hutter et Hurry March, étroitement garottés.

— « Restez au large ! » s'écria Hutter ; « sans cela les Peaux-Rouges vont s'emparer du bateau. Ils sont trop ; il n'y a rien à faire. Prenez bien garde et veillez sur ma fille ! »

Le Tueur de Daims obéit et s'écarta du bord. Il était temps : plusieurs Indiens accouraient déjà pour sauter à l'abordage.

— « Soyez sans crainte » cria le Tueur de Daims à ses compagnons, « je trouverai moyen de vous délivrer. »

Puis il s'éloigna : arrivé au milieu du lac, il s'étendit au fond du canot, après s'être assuré que la nuit serait tranquille et que le vent ne le ferait pas dériver vers la terre.

Aussitôt il fut plongé dans un profond sommeil qui lui était bien nécessaire pour reprendre des forces et se préparer aux luttes qui l'attendaient.

Le lendemain matin, le soleil venait de se lever, quand le Tueur de Daims ouvrit les yeux. Son premier soin fut de chercher du regard le troisième canot ; il le vit flotter à quelque distance.

Il paraît qu'au moment de la capture de Hutter et de Hurry, ceux-ci l'avaient déjà mis à l'eau, et que cette légère embarcation d'écorce, vide et flottant comme une plume qui enfonce à peine, avait été entraînée au loin, malgré la faiblesse de la brise.

Elle était déjà de l'autre côté du lac, et se rapprochait du rivage de plus en plus.

Il n'y avait pas de temps à perdre pour l'empêcher de tomber entre les mains des Indiens, qui sans doute étaient déjà là bas, tout prêts à s'en saisir.

Le Tueur de Daims fit force de rames et rejoignit le canot au moment ou celui-ci allait toucher le rivage.

Aucun Indien n'était en vue, mais il pouvait y en avoir de cachés tout près sous les arbres dont les collines étaient couvertes jusqu'au bord de l'eau.

Un coup de feu partit ; le jeune homme tomba au fond de son canot.

Un Indien, poussant un cri de triomphe, s'élança d'un buisson et accourut, sans prendre le temps de recharger son fusil.

Le Tueur de Daims, se releva, et le mit en joue car il n'avait pas été atteint, sa chute n'était qu'une ruse.

Mais au moment de faire feu sur cet homme qui était là devant lui, désarmé, l'horreur du meurtre le retint.

Cet instant d'hésitation sauva le Peau-Rouge. Rapide comme un cerf, il se réfugia d'un bond derrière le tronc d'un gros arbre.

Il ne restait au Tueur de Daims qu'à sauter à terre pour chercher un abri semblable. C'est ce qu'il fit en un clin d'œil.

L'Indien, occupé à recharger son arme, n'avait pas vu ce mouvement et était resté du côté de l'arbre qui l'abritait vis-à-vis du lac ;

Il se trouvait de nouveau exposé aux coups du Tueur de Daims, qui eût pu l'abattre aisément.

Mais celui-ci, dédaignant de profiter de son avantage, s'avança vers l'Indien en s'écriant :

— « Par ici, guerrier, si c'est moi que vous cherchez. Je n'ai pas encore l'habitude de la guerre ; pourtant je sais manier ma carabine tout comme un autre.

Qu'est-ce que vous voulez, la paix ou la guerre ? »

L'Indien parlait un peu l'anglais et comprit ces paroles.

Il demeura stupéfait. Eût-ce été à lui qu'une pareille occasion se fût offerte, il n'aurait pas hésité un instant à tuer son ennemi.

Cherchant à reprendre son sang-froid et à dissimuler son émotion, il répondit en levant deux doigts :

— « Pas se battre. Deux canots. Un pour toi, un pour moi. »

Le Tueur de Daims, devait avant tout empêcher les Iroquois de s'emparer d'aucune des embarcations. Il s'écria d'un ton résolu :

— « Pas du tout ; je garderai les deux canots, car ils m'appartiennent ! »

— « Un pour toi, un pour moi », répéta tranquillement l'Indien.

Il tendit la main au Tueur de Daims en disant ;

— « La paix. Mon frère blanc être sans inquiétude. »

Les deux hommes se donnèrent une poignée de main et se dirigèrent vers le rivage.

Le Peau-Rouge s'approcha de l'un des canots et dit :

« Celui-ci pas à moi. Canot de Face-Pâle. Mingo pas vouloir canot des autres ; seulement le sien. L'autre est le sien. »

— « Tu te trompes » s'écria le Tueur de Daims. « L'autre aussi est à moi. »

— « Bien, » répondit le Mingo. « Moi aller au camp, dire au chef pas trouvé canot. »

C'était ce que voulait le Tueur de Daims. Mais comme il ne se fiait pas au sauvage, il repoussa vigoureusement du pied le canot qui s'éloigna hors de portée.

Le Mingo ne s'attendait pas à cet acte décisif. Il maîtrisa sa colère, tendit encore une fois la main au Blanc pour prendre congé de lui, et rentra sous les arbres, sans laisser voir la moindre défiance, sans même se retourner.

Le Tueur de Daims, lui, ne le quittait pas des yeux, tout en s'embarquant. L'Indien disparut dans un fourré.

Un instant après un fusil brilla entre les branches et se dirigea vers le jeune Blanc.

Prompt comme l'éclair, il saisit sa carabine, ajusta et fit feu.

Les deux ennemis avaient tiré en même temps.

Un cri aigu échappa au Peau-Rouge, qui s'élança en brandissant son tomahawk.

Le Tueur de Daims l'attendit de pied ferme.

L'Indien lui lança sa hachette, mais d'une main qui avait perdu sa sûreté habituelle. Après cet effort inutile, le guerrier trébucha et tomba comme une masse inerte.

Le Tueur de Daims, pris de pitié pour ce malheureux, le premier ennemi sur lequel il eût jamais tiré, ne put s'empêcher d'aller lui porter secours.

L'Indien était encore vivant, bien qu'il eût été frappé en plein corps.

Ses yeux, dilatés par l'épouvante, étaient fixés sur son adversaire qui s'avançait vers lui. Il s'attendait à subir le sort horrible des ennemis terrassés par les Indiens, c'est-à-dire à ce que la peau de la tête lui fût enlevée avec la chevelure.

Le Tueur de Daims devina cette pensée.

— « Non, guerrier » lui dit-il, « tu n'as rien à craindre. Ton scalpe te restera sur la tête. Je suis un Face-Pâle, et non un Peau-Rouge. »

« Les Blancs respectent leurs ennemis vaincus. »

Le mourant parut rassuré.

— « De l'eau ! » s'écria-t-il. « De l'eau pour le pauvre Indien ! »

Le Tueur de Daims le prit dans ses bras avec douceur et précaution, le porta sur le rivage et le fit boire. Le blessé, ranimé un instant, lui demanda :

— « Comment s'appelle le guerrier blanc ! »

— « On me nomme le Tueur de Daims, » répondit celui-ci.

— « Le Tueur de Daims, » reprit le Peau-Rouge. « C'est un nom d'enfant, le guerrier blanc est un homme. Son coup d'œil est rapide comme l'éclair : non, pas Tueur de Daims, mais Œil-de-Faucon, Œil-de-Faucon... »

Il se tut, frissonna, se raidit : ce n'était plus qu'un cadavre.

Le jeune chasseur se sentit profondément ému à la vue de cet homme qu'il avait tué et qui était mort entre ses bras.

Il se mit à rassembler de grosses pierres pour en couvrir le corps et le mettre à l'abri des carnassiers.

Tout à coup il vit une forme qui se glissait comme une panthère dans l'ombre des arbres.

Sans perdre de temps il se rembarqua, et s'éloigna en toute hâte en remorquant l'autre canot derrière le sien. Un effroyable cri de fureur retentit, poussé par une vingtaine de sauvages qui se précipitèrent sur la berge. Quelques coups de feu éclatèrent, mais aucune balle ne toucha le Tueur de Daims.

Ce ne fut pas une tâche aisée, que d'apprendre à Judith que son père et Hurry étaient tombés entre les mains des Peaux-Rouges.

La terreur qu'exprimait le visage de la jeune fille disait clairement qu'elle connaissait le destin réservé aux prisonniers des sauvages.

Pourtant le premier saisissement étant passé, elle se montra la digne fille d'un homme qui ne craignait rien.

— « Comment faire ? » dit-elle en retenant ses larmes et d'une voix mal assurée. « Il faut délivrer mon père au plus tôt, ainsi que Hurry March. »

— « Les sauvages ne rendent pas leurs prisonniers, » répliqua le Tueur de Daims en secouant la tête. « A moins cependant qu'on ne les rachète au moyen de quelque objet assez précieux, pour exciter fortement leur convoitise. »

« Avez-vous quelque chose de semblable ? »

— « Je ne connais pas assez les goûts des Peaux-Rouges pour le savoir, » répondit Judith en reprenant courage à l'idée qu'un rachat n'était pas impossible.

« Veuillez chercher vous-même ; cela vaudra mieux. »

« C'est-ce que je ferai, puisque vous m'y autorisez » dit le Tueur de Daims ; « mais plus tard. C'est aujourd'hui que j'ai rendez-vous avec mon jeune ami Delaware, et l'heure fixée approche. Il pourra vous être d'une grande utilité dans votre malheur. »

Là dessus le chasseur quitta la maison aquatique et se dirigea vers le rivage en ramant avec précaution. Judith, restée seule, se mit à réfléchir aux moyens de délivrer son père.

CHAPITRE II.

LE DÉVOUEMENT D'UN AMI

Bientôt Judith entendit revenir le canot.

Le Tueur de Daims avait rencontré son ami plutôt qu'il ne s'y était attendu. Celui-ci, mis en peu de mots au courant de la situation, se montra prêt à le seconder.

Judith souhaita avec joie la bienvenue au jeune Indien, qui répondit avec la politesse sérieuse et digne habituelle aux chefs des Peaux-Rouges.

Chingachgook était remarquablement doué pour un sauvage, au physique et au moral. D'une taille haute, des formes athlétiques, avec des mouvements pleins d'aisance, il n'avait pas le visage trop large et ses traits vraiment beaux et nobles étaient animés par l'éclat et la vivacité de ses yeux noirs.

A peine eût-il prit place dans la chambre de réception, que son ami le Tueur de Daims commença ses recherches dans la maison, pour tâcher de découvrir quelques objets précieux pouvant servir au rachat des captifs.

Dans un coin il découvrit une petite boîte remplie d'étranges petites figures sculp-
tées les unes blanches, les autres noires, et telles qu'il n'en avait jamais vu de
semblables.

Chingachgook.

Il appela mystérieusement Judith et lui demanda d'un ton solennel :

— « Votre père était-il chrétien ? »

— « Pourquoi cette question ? » répliqua la jeune fille étonnée.

— « C'est un païen » répondit le chasseur d'un air tragique. « Voici les idoles
abominables qu'il adore. »

Malgré sa tristesse, Judith ne put s'empêcher de sourire et dit :

— « Ces petites figures qui vous bouleversent font partie d'un jeu que mon père aimait beaucoup autrefois et que les Européens appellent le jeu d'échecs, elles sont en ivoire et ont une assez grande valeur. »

Le Tueur de Daims, qui n'était jamais sorti des bois, n'avait aucune idée de la vie civilisée.

L'explication de Judith lui parut d'abord invraisemblable. Il finit pourtant par se rendre à ses affirmations non sans lui avoir un instant adressé un regard défiant et inquisiteur.

Enfin rassuré complètement, il se mit à examiner attentivement, l'une après l'autre, chacune des pièces du jeu. Il était émerveillé.

Ce qui le frappait surtout, c'étaient les quatres tours qui étaient supportées chacune sur le dos d'un éléphant finement sculpté.

Il appela Chingachgook qui ne fut pas moins stupéfait à la vue de ces bêtes à deux queues, comme il les appelait.

— « Voilà ce qu'il nous faut », s'écria le Tueur de Daims.

« Consentiriez-vous à faire le sacrifice de ces animaux extraordinaires » ? « J'espère que les Indiens les accepteront en échange de leurs deux prisonniers. »

Judith ne demandant pas mieux, naturellement, le Tueur de Daims descendit sans retard dans un canot pour aller offrir aux Peaux-Rouges cette singulière rançon.

Cette démarche ne l'exposait à aucun danger, car les Indiens ne font jamais violence à quiconque leur porte un message.

Au même instant il vit se détacher du rivage un radeau monté par deux Indiens, qui dirigeaient vers le château cette grossière embarcation.

Le Tueur de Daims remonta sur la plate-forme, et attendit tranquillement l'arrivée des deux Peaux-Rouges.

Ceux-ci avaient le corps peint de couleurs bigarrées, indiquant qu'ils étaient Iroquois et sur le pied de guerre.

Quand ils furent arrivés à la portée de la voix :

— « Halte-là, ou je fais feu ! » leur cria le Tueur de Daims, en levant sa carabine.

Aussitôt les sauvages cessèrent de ramer.

— « Que demandez-vous » ? continua le chasseur, toujours sur la défensive.

— « La paix et une négociation », répondit-on du radeau.

— « C'est bien », fit le Tueur de Daims. « Les Iroquois sont les bienvenus. »

« Voulez-vous me dire ce que feront vos chefs des deux Faces-Pâles qui se trouvent dans votre camp ? »

Le plus âgé des Indiens posa le bout de l'index sur le crâne, au-dessus de l'oreille gauche, puis il se passa ce doigt autour de la tête, pour indiquer le mouvement d'un couteau à scalper.

Le Tueur de Daims frémit, mais n'en laissa rien voir.

Il fit signe aux Indiens de s'approcher et leur montra un des éléphants du jeu d'échecs, pour exciter la curiosité des sauvages.

Il ne s'était pas trompé. Les deux guerriers ne purent retenir un cri de surprise et ouvrirent de grands yeux à la vue de cet animal étrange qui portait une tour sur son dos.

Le Tueur de Daims leur jeta cet objet, qu'ils saisirent adroitement au vol, et leur annonça qu'il y en aurait encore trois autres en échange des prisonniers.

Les Peaux-Rouges acceptèrent le marché et retournèrent au rivage, pour montrer à leurs compagnons cette bête à deux queues et obtenir leur consentement.

Une heure s'était à peine écoulée, que le radeau revint, ramenant les Indiens, en compagnie de Hutter et de Hurry.

Arrivés au château, les prisonniers furent délivrés de leurs liens et remontés encore tout engourdis, sur la plate-forme, pendant que le Tueur de Daims remettait aux Iroquois les trois derniers éléphants d'ivoire.

Les sauvages, plongés dans la contemplation de ces formes inconnues, oublièrent un instant qu'ils avaient reçu la mission de réclamer en outre un des canots.

Quand ils manifestèrent cette prétention, ils reçurent un refus formel.

Hutter poussa un éclat de rire ironique.

Hurry était furieux. Moins chevaleresque que les Indiens, il les aurait volontiers raccompagnés à coups de fusil, malgré leur caractère sacré d'ambassadeurs, s'il avait pu trouver une arme dans la maison. Heureusement le Tueur de Daims avait eu la prévoyance de cacher tout l'arsenal.

Hurry se précipita sur la carabine que tenait le chasseur et la lui arracha des mains. Celui-ci, moins fort que le géant, était plus vif que lui. Au moment où l'arme lui échappait, il fit partir le coup en l'air, n'abandonnant à ce frénétique qu'une arme inutile.

Pendant que Hurry exhalait sa rage en vociférations et en injures, les Indiens s'étaient éloignés au plus vite.

Quant à Hutter, il fut enchanté d'apprendre que sa rançon lui avait coûté si peu.

Il se rembrunit en voyant un Indien chez lui, mais les explications de sa fille le rassurèrent et il serra la main à son nouvel hôte.

Comme Judith lui exprimait sa crainte que des événements si terribles pussent se renouveler, Hutter dit qu'il pensait que les Indiens s'en tiendraient là.

— « Oh ! qu'ils viennent, qu'ils viennent ! » s'écria Hurry March, dont le courage augmentait avec l'éloignement du péril. Qu'ils arrivent par douzaines, ces bandits rouges ; ils seront bien reçus ! Et il ricanait d'un air féroce, en frappant sur la nouvelle carabine qu'il avait reçue de Hutter pour remplacer celle qu'il avait dû laisser entre les mains des ennemis.

Le Tueur de Daims était retourné sur la plate-forme et faisait sentinelle, en prévision d'un retour offensif du radeau.

Il rentra comme Hurry disait ces mots et répliqua avec sa tranquillité habituelle :

— « Cela viendra. »

En même temps il jeta sur la table un petit faisceau de baguettes entourées d'une bande de peau non tannée.

Hurry s'en saisit et vit que la pointe de chaque baguette avait été trempée dans du sang.

— « Qu'est-ce que cela signifie » ? s'écria Judith avec angoisse.

— « Guerre à mort », répondit gravement le Tueur de Daims.

Un Peau-Rouge est venu tout à l'heure nous lancer cette déclaration.

Hurry se précipita sur la plate-forme en jurant qu'il abattrait le messager d'un coup de fusil.

Mais il aperçut le radeau bien loin, sur le point d'arriver à terre.

— « Pourquoi ne l'avez-vous pas dit plus tôt » ? cria-t-il avec colère au Tueur de Daims.

— « Pour vous empêcher, pour la seconde fois, de commettre une lâcheté », répliqua celui-ci avec calme.

Le géant s'avança vers lui comme pour le broyer ; mais la tranquillité de son jeune adversaire, et l'énergie qui brillait dans ses yeux lui en imposèrent.

Il se contenta d'exhaler son ressentiment en menaces et en récriminations, aux-quelles le Tueur de Daims n'accorda aucune réponse.

Quand le premier bouleversement fut passé, on tint conseil.

Evidemment les Indiens allaient sans relâche faire toutes les tentatives imaginables pour s'emparer de la maison et de ses habitants.

D'après l'avis du Tueur de Daims, on résolut de prévenir une attaque nocturne, que les sauvages ne manqueraient pas de faire sur des radeaux. Pour cela on n'avait qu'à passer la nuit à naviguer sur l'Arche ; les Iroquois ne pouvaient pas l'atteindre, faute d'embarcations rapides.

Les attaques de jour n'étaient guère à redouter : elles auraient été trop dangereuses pour les assaillants.

A la nuit tombante, les quatre hommes et la jeune fille s'embarquèrent dans l'Arche et quittèrent le château, après s'être munis de toutes les provisions nécessaires et après avoir fermé solidement toutes les ouvertures de la maison.

Les trois pirogues suivaient à la remorque.

Quand l'obscurité fut complète le Tueur de Daims et Chingachgook descendirent dans un canot, en annonçant à Hutter qu'ils allaient faire une tentative pour délivrer Wah-ta-Wah, la fiancée du Mohican.

Elle devait être dans le camp de ces Iroquois ; c'était précisément cette bande qui l'a-vait enlevée. Chingachgook s'était mis au courant lui-même ; depuis plusieurs semaines il poursuivait les ravisseurs de sa fiancée et les épiait sans leur donner l'éveil.

Judith, en apprenant ces détails, comprit alors pourquoi le jeune Indien avait été ramené par le Tueur de Daims d'une manière bizarre, à laquelle elle n'avait pas fait attention d'abord, dans le trouble où l'avait plongée la captivité de son père.

En effet Chingachgook était arrivé au château, non assis dans le canot du Tueur de Daims, mais couché au fond, pour se cacher à tous les yeux qui devaient être aux aguets sur le rivage. De plus le Mohican ne s'était jamais montré sur la plate-forme du château.

Tandis que les deux amis gagnaient la rive, l'Arche fut mise à l'ancre pour les attendre.

Guidés par le feu du campement, ils s'approchèrent sans bruit dans l'ombre.

Le cœur de Chingachgook battit violemment, malgré son impassibilité indienne, quand il reconnut Wah-ta-Wah au milieu d'un groupe d'Indiennes. Pour lui annoncer sa présence, il imita le cri d'un écureuil.

A ce signal qu'elle connaissait bien, la jeune fille sourit, mais sans tourner les yeux du côté du Mohican, pour ne pas le trahir.

Au bout d'un certain temps les chefs se levèrent et les guerriers suivirent leur exemple.

Une vieille femme, chargée spécialement de garder Wah-ta-Wah, fit signe à la jeune fille de regagner sa hutte avec elle.

A ce moment un des guerriers appela la vieille femme et lui dit d'aller chercher de l'eau à la source voisine.

Elle obéit. Prenant un vase en cuir, elle s'éloigna, en se faisant accompagner de Wah-ta-Wah, pour ne pas la perdre de vue.

La source était à peu de distance du camp. Un peu plus loin, d'un autre côté, le canot se balançait dans la nuit noire.

La vieille s'avançait dans l'épaisse obscurité de la forêt, serrant le poignet délicat de sa prisonnière de sa main dure et brutale, quand tout à coup elle reçut une violente secousse, et demeura suffoquée, sans pouvoir pousser un cri, la gorge serrée par des doigts de fer.

Elle lâcha Wah-ta-Wah qui suivit Chingachgook en toute hâte, tandis que le Tueur de Daims continuait à tenir solidement le cou de l'infortunée gardienne relâchant de temps en temps son étreinte pour lui laisser prendre un peu d'air, et ne pas l'étrangler tout à fait, et serrant de nouveau chaque fois qu'elle essayait de crier.

Lorsqu'il supposa que les deux fiancés devaient avoir rejoint la pirogue, le Tueur de Daims bondit à leur suite, tandis que sa victime, par ses cris affreux, attirait tous les Indiens à sa poursuite.

Le Tueur de Daims, devait en quelque sorte longer le camp pour atteindre l'embarcation. Les Indiens s'étaient précipités dans toutes les directions : quelques-uns pouvaient lui couper le passage.

Hors d'haleine, il atteignit l'esquif où l'attendaient Wah-ta-Wah et Chingachgook, la pagaie à la main, prêts à partir.

Posant les mains sur le bord du bateau, le Tueur de Daims allait sauter dedans, quand un Indien tomba sur son dos comme un tigre.

D'un effort désespéré, le courageux jeune homme avec un dévouement héroïque, repoussa vigoureusement la pirogue loin du bord.

Ses amis étaient sauvés ; lui-même tomba dans le lac avec l'Indien.

Une nuée de sauvages sautèrent après eux, et quand le Tueur de Daims sortit de l'eau, il était prisonnier à son tour.

Les Peaux-Rouges ramenèrent près du feu leur captif, et reconnurent avec un mélange de joie, de fureur et aussi d'admiration, qu'ils ne tenaient rien moins que le vainqueur d'un de leurs meilleurs guerriers.

Le jeune Blanc comprit qu'il n'avait à espérer aucune grâce, aucune pitié de ces hommes féroces.

Parfaitement calme et digne, il se résigna aussitôt, prêt à profiter cependant de toutes les chances de salut qui pourraient s'offrir à lui.

Un Indien d'une cinquantaine d'années, qu'on nommait le *Chêne-Fendu*, et qui était le principal chef de ces Iroquois, paraissait avoir sur le prisonnier d'autres desseins que le reste de sa troupe.

Il s'approcha du Tueur de Daims et lui adressant la parole en mauvais anglais, il lui dit avec un signe de tête bienveillant.

— « Mon frère le Face-Pâle est le bienvenu. Un si grand guerrier doit avoir un nom. Quel est celui de mon frère ? »

— « Le Tueur de Daims » répondit le jeune homme. Puis, malgré sa modestie habituelle, il ne put s'empêcher d'ajouter avec un peu d'orgueil :

« Ce matin même, un de vos braves m'a jugé digne de m'appeler Œil-de-Faucon.

Mettez-moi un fusil entre les mains, et vous verrez si je sais justifier ce titre. »

— « Je crois mon frère », répliqua le Chêne-Fendu. « Mais pourquoi un si vaillant guerrier vit-il avec les Delawares ? »

— « Dès mon enfance j'ai été bien traité par eux », répondit le Tueur de Daims « pourquoi ne leur en serais-je pas reconnaissant ? »

Après une pause, le Chêne-Fendu reprit d'un ton ironique :

— « Le Tueur de Daims paraît avoir beaucoup d'amis ; dernièrement il était avec le Castor.

— « Le Castor avait besoin de secours », repartit le jeune homme, « je l'ai aidé, mais je ne lui dois rien. »

Le Chêne-Fendu sourit légèrement ; il se rapprocha du Tueur de Daims et murmura :

— « Alors, mon frère est libre ; qu'il retourne chez le Castor. Quand la nuit sera venue, il ouvrira la porte aux Iroquois. »

A l'idée d'une pareille trahison, le Tueur de Daims demeura confondu.

Il allait répondre avec colère ; mais il se retint par prudence et se contenta de se détourner avec mépris.

Le Chêne-Fendu, irrité d'avoir échoué, retourna vers sa hutte, laissant le prisonnier à la garde de quelques guerriers.

Cependant Chingachgook avait conduit sa fiancée à l'Arche, où Hutter et Hurry l'accueillirent avec une joie qui fit place aussitôt à de la tristesse quand ils apprirent la captivité du Tueur de Daims, d'autant plus que les Peaux-Rouges ayant déjà reçu les quatre éléphants d'ivoire, on ne savait plus quelle rançon leur offrir, qui pût tenter leur convoitise.

A l'aube on se rapprocha du château, pour y passer la journée.

Quand la maison fut bien en vue, Chingachgook s'approcha de Hutter et de Hurry, en disant avec gravité :

« Pas aller au château : Hurons là bas ! »

Le nom de Hurons était donné à certains Iroquois.

Hutter tressaillit. Si le Mohican avait raison, le château était perdu pour lui ; à eux trois, il leur eût été impossible de le reprendre d'assaut.

Il regarda attentivement dans la direction de sa maison, mais sans rien découvrir de suspect.

— « Où diable vois tu des Peaux-Rouges ? s'écria-t-il avec impatience. »

Chingachgook, répondit sans se déconcerter :

— « Mon frère ne voit-il pas le mocassin qui flotte sur l'eau devant la maison ? »

Hutter, regarda l'Indien avec étonnement ; en effet, on pouvait apercevoir cette légère chaussure indienne, tout près d'un des pieux des pilots qui supportaient le bâtiment.

— « Qu'en penses-tu, Hurry ? » reprit Hutter. Allons-nous nous laisser effrayer par cette savate ?

— « Bah ! » dit Hurry. « Qui sait comment elle est arrivée là ! quelle futilité ! voyez donc : rien n'a été dérangé ni à la porte ni aux fenêtres. »

« Voulez-vous que les Indiens se soient glissés par le trou de la serrure ? »

Sans se soucier davantage de l'avertissement du Peau-Rouge, les deux Blancs continuèrent à ramer vers le château.

Arrivé là, Hutter examina soigneusement les chaînes, les barres et les cadenas qui fermaient les ouvertures.

Tout était resté intact.

La porte fut ouverte et March entra le premier.

Hutter aidé de sa fille, de Wah-ta-Wah et de Chingachgook se hâta de préparer tous les objets qu'il fallait rapporter à la maison, puis il suivit Hurry.

Aussitôt des cris, des hurlements éclatèrent dans le château. On distinguait le cri de guerre des Iroquois et les jurons violents de Hurry March.

Brusquement la porte s'ouvrit et Hurry se précipita dehors, sur la plate-forme, suivi de cinq Indiens.

Il se retourna, empoigna le plus rapproché et le lança contre le suivant, qui perdit l'équilibre et tomba dans l'eau.

Mais les trois autres enlacèrent March de leurs bras nerveux, le renversèrent et en un clin d'œil lui garrottèrent les bras et les jambes.

En même temps l'Indien qui était tombé dans le lac remontait avec agilité sur la plate-forme.

Cette lutte avait duré à peine quelques secondes. Chingachgook, sa carabine à la main attendait le moment de tirer ; mais les combattants avaient eu des mouvements si rapides et ils étaient enlacés si étroitement qu'un coup de fusil précipité aurait risqué d'atteindre aussi bien Hurry qu'un de ses adversaires.

Quand le géant fut réduit à l'immobilité, le Mohican tira. Un des Iroquois tomba foudroyé ; les autres disparurent comme par enchantement, laissant March gisant au milieu de la plate-forme.

Aller le chercher là, c'était courir à une mort certaine.

— « Laisssez-vous tomber dans l'Arche ! » lui cria Chingachgook.

Hurry suivit ce conseil et se mit à rouler sur lui-même. Malheureusement, au lieu de tomber sur le navire, il tomba à côté, dans l'eau.

Il revint à la surface flottant assez pour pouvoir respirer, mais incapable de nager à cause de ses liens.

Tout en se tenant avec précaution à couvert du feu de l'ennemi le Mohican jeta une corde dans l'eau et réussit à l'amener près de la bouche du malheureux qui la saisit entre les dents.

Puis le jeune Indien ayant fixé l'autre bout de la corde, repoussa l'Arche loin du château en faisant tourner le navire de manière à entraîner March de l'autre côté, à l'abri des balles.

Toute cette prudence n'était pas inutile. A peine le Mohican faisait-il voir son bras pour jeter la corde, ou son œil pour observer l'ennemi, que des coups de feu partaient du château et des balles venaient frapper à l'endroit précis où s'était trouvé la partie exposée, qu'il n'avait eu garde, heureusement, de laisser longtemps à la même place.

Enfin Hurry put être repêché et délivré de ses entraves, puis l'Arche s'éloigna de la maison du pauvre Tom, où celui-ci venait pour la seconde fois de tomber entre les mains de ses terribles ennemis.

On peut s'imaginer le désespoir de Judith.

Hurry et Chingachgook lui promirent de ne pas abandonner son père, et tinrent conseil sur les mesures à prendre.

Cependant un radeau se détacha du rivage et s'avança lentement vers le château.

Les Indiens qui le montaient s'étaient munis de fagots assez épais pour s'abriter contre les balles, si bien que l'Arche ne pouvait s'opposer à leur passage.

Le radeau atteignit la maison de Hutter, et l'on put voir plusieurs Indiens sortir du château emportant le corps de leur camarade tué par Chingachgook, et s'embarquer tous ensemble.

Sur l'Arche, personne n'avait perdu de vue cette scène. Certainement Hutter n'avait pas été emmené; il devait être resté dans le château.

CHAPITRE III

A MORT

Le soleil venait de se coucher. L'Arche se rapprocha du château, lentement, prudemment.

Hurry se risqua de nouveau en avant-garde sur la plate-forme et entra dans le château à pas de loup, les yeux grand ouverts, l'oreille tendue, la carabine armée à la main, le doigt sur la détente.

Un effroyable cri fit tressaillir les autres.

Hurry s'élança hors de la maison, avec le visage bouleversé de quelqu'un qui vient de voir quelque chose d'épouvantable.

L'émotion rendait March incapable de parler; il demeurait immobile sur la plate-forme, les yeux fixes, tournant le dos à la porte du château, et ne cherchant ni à fuir ni à se mettre en défense.

Il n'y avait donc plus d'Indiens. Etait-ce Hutter ?...

Judith s'élança, suivie de Chingachgook et de la Delaware.

Tous trois restèrent cloués sur le seuil : devant la table était assis le vieux Hutter, scalpé, lié sur sa chaise.

La pâle lumière de la lune éclairait cet indescriptible tableau et y ajoutait une nouvelle horreur.

Wah-ta-Wah se couvrit le visage de ses mains. Judith poussa un cri aigu et tomba évanouie aux pieds de son père mort.. . . . .

Toute la nuit le ciel avait été serein. La lune étant en son plein, avait remplacé le soleil depuis son coucher jusqu'à son lever.

Les habitants du château n'avaient donc pas eu besoin d'abandonner cette position, de crainte d'une attaque à la faveur de l'obscurité, comme la nuit précédente, qui avait été couverte et sombre.

Le soleil allait se lever. L'Arche se dirigea vers le milieu du lac. Là, quelques années auparavant, avait été descendu au fond de l'eau le corps de la mère de Judith ; le mari devait reposer à côté de sa femme.

Un enterrement pompeux au milieu d'une foule de spectateurs, ne fut jamais si émouvant que ces simples funérailles, dans la solitude.

Ce fut un bonheur pour Judith, que le danger de sa situation fit diversion à sa douleur. La plus grande vigilance était indispensable.

De plus il fallait faire tous les efforts possibles pour délivrer le fidèle Tueur de Daims ; c'était là un devoir sacré.

— « Vous connaissez bien la contrée, n'est-ce pas, Hurry March ! » dit Judith d'une voix encore altérée par les pleurs, comme l'Arche retournait au château.

« Vous devriez descendre à terre et vous rendre au plus vite au fort voisin, pour en appeler la garnison à notre secours. »

Sinon le Tueur de Daims est perdu.

Seuls, nous n'arriverons pas à le sauver ; les Indiens sont trop nombreux.

— « Vous avez raison » répondit Hurry, ce que vous demandez de moi sera exécuté.

Attendez patiemment mon retour. Le Tueur de Daims sera délivré. Je serai bientôt de retour avec les soldats.

A ces mots il fit quelques rapides préparatifs. Quelques minutes après, Chingachgook le débarquait au point le plus favorable.

Le camp des sauvages était précisément dans la direction du fort. Pour ne pas tomber entre leurs mains, March était donc forcé de faire un détour d'au moins une ou deux heures.

Par bonheur ses jambes étaient aussi rapides que longues.

Pourvu qu'un Iroquois, tapi derrière un buisson, ne l'arrêtât pas d'une balle !

Le jeune Peau-Rouge retourna ensuite à l'Arche auprès des deux jeunes filles dont il restait le seul gardien.

Quant au Tueur de Daims, le jour qui suivit sa capture, ses gardiens le laissèrent jouir d'une liberté relative.

De temps à autre il reçut la visite du Chêne-Fendu, qui réitéra ses propositions sans obtenir plus de succès que la première fois.

Le soir, quand les chefs furent réunis en conseil auprès du feu, le Chêne-Fendu leur fit part de ses démarches infructueuses.

L'obstination du prisonnier les irrita; ils décidèrent de commencer le lendemain matin son supplice.

Le Tueur de Daims entendit des cris de joie mêlés à des lamentations. Une foule d'Indiens l'entourèrent pour jouir du spectacle de sa terreur au moment où il allait apprendre son sort.

Il pâlit, mais sa contenance demeura ferme, sans jactance.

On lui montra brusquement la chevelure sanglante arrachée au malheureux Hutter. Il détourna la tête avec dégoût, non avec crainte.

Les parents et les amis du guerrier mis à mort par le Mohican se joignirent à ceux de l'Indien que lui-même avait tué la veille ; toute la tribu lui lança des injures et des menaces ; on lui décrivit les tortures atroces qui l'attendaient.

Il resta silencieux et calme.

Enfin les chefs firent cesser le tumulte ; chacun rentra dans sa hutte et, à part quelques sentinelles, tout le camp fut plongé dans le sommeil.

Le Tueur de Daims ne put fermer l'œil, comme on peut le penser.

Une foule de plans d'évasion allaient et venaient à travers son esprit ; mais aucun ne paraissait praticable.

Il pensait à ses amis ; il déplorait leur faiblesse, moins parce qu'il ne pouvait en espérer aucun secours, que pour eux-mêmes, qu'il se représentait déjà, tombant bientôt comme lui entre les mains de ces impitoyables bourreaux.

Le matin arriva ; son supplice allait commencer.

Les Peaux-Rouges formèrent un grand cercle autour du prisonnier.

Les anciens tinrent conseil un instant, puis le Chêne-Fendu s'approcha et prononça ces paroles :

— Le Tueur de Daims est un grand guerrier dont les pères sont venus du côté du levant. Les Peaux-Rouges sont les fils du soleil couchant.

Depuis l'arrivée des Faces-Pâles, les Peaux-Rouges diminuent en nombre. Les Iroquois ont besoin d'aide.

Depuis deux jours, deux de nos plus grandes cabanes sont vides. L'une a été privée de son maître par une main que le Tueur de Daims connaît.

C'est lui-même qui a lancé la balle meurtrière.

Nous voulons bien vous pardonner ; abandonnez les Delawares et devenez notre allié !

Le prisonnier avait écouté avec patience les paroles du chef ; s'il avait accepté les propositions du Chêne-Fendu, sa vie pouvait être sauvée, mais cette détermination répugnait à sa fierté. Il avait juré fidélité aux Delawares et préférait mourir que de manquer à sa parole.

Ce fut donc avec une voix ferme qu'il répondit : « Je suis en votre pouvoir, faites de moi ce que bon vous semblera, car la perspective du plus atroce des supplices ne me décidera pas à abandonner mes amis. Ainsi, épargnez des discours inutiles. »

Un murmure d'indignation s'éleva parmi les Indiens.

Tout à coup, on vit s'élancer un jeune guerrier, le frère de la victime du Tueur de Daims, qui brandissait avec rage sa tomahawk contre le prisonnier impassible. Le Tueur de Daims avança son bras comme pour se protéger, puis il saisit avec une incomparable adresse l'arme redoutable ; la lame tranchante ne lui fit aucune blessure.

Exaspéré de la conduite du Peau-Rouge contre un ennemi sans défense, le Tueur de Daims lança avec force la tomahawk contre son agresseur.

Celui-ci tomba en poussant un cri déchirant ; l'arme s'était enfoncée dans le crâne.

On se précipita au secours du blessé, et le Tueur de Daims se vit en une minute, débarrassé de ses ennemis ; il voulut en profiter, pour faire une dernière fois, la tentative de se sauver. Il s'enfuit rapide comme un cerf, mais on s'aperçut de suite de sa disparition.

Abandonnant le corps de leur compagnon en poussant des cris de détresse, les Peaux-Rouges se mirent à la poursuite du fugitif.

Le Tueur de Daims se dirigea, en droite ligne vers le lac ; là, en plusieurs endroits, les Iroquois avait placé des sentinelles. Il ne restait donc plus au fugitif qu'à contourner une colline boisée derrière laquelle se dressait une nouvelle muraille, disposition très favorable pour une évasion. Entre ces deux hauteurs se trouvait une gorge profonde, mais dont les parois taillées à pic étaient inaccessibles. Le Tueur de Daims chercha alors un refuge pour se dérober aux poursuites de ses persécuteurs ; un arbre abattu dont quelques branches dominaient le précipice, s'offrit alors à ses regards. Le fugitif n'hésita pas ; en un clin d'œil il dressa son plan.

Du sommet de la colline il poussa un cri de triomphe ; ses ennemis le virent ainsi, défiant l'abîme qui se déroulait à ses pieds, quelques instants après, il était étendu sous l'arbre, protégé par l'épais feuillage.

Il se croyait sauvé, quand soudain un bruit de pas frappa son oreille; les Peaux-Rouges escaladaient les hauteurs, mais entraînés par l'ardeur de la course, les premiers hommes de la troupe roulaient dans le précipice.

Aucun d'eux ne songea à pénétrer sous l'arbre touffu ; impossible, pensaient-ils, que le hardi Tueur de Daims ait choisi une retraite aussi peu sûre.

Bientôt tous les Indiens se trouvèrent dans le ravin ; cependant une certaine quantité d'hommes parvinrent à grimper sur la colline opposée. Quelle occasion favorable pour le Tueur de Daims !

En se servant adroitement, des mains et des pieds, il arriva à se dégager de l'arbre, hors de la portée de ses ennemis.

Mais un cri retentit du fond de la gorge qui lui annonça que sa manœuvre avait été découverte ; il se releva promptement et parcourut en quelques bonds la crête de la colline, mais les Peaux-Rouges qui connaissaient mieux la disposition du terrain savaient que la crête de la montagne s'abaissait successivement vers le fond de la gorge ; ils se divisèrent donc en deux camps : l'un, suivant la montagne, et l'autre se dirigeant vers le sud, afin d'empêcher le fugitif de gagner le lac.

Bientôt le Tueur de Daims s'aperçut que la gorge se rapprochait de plus en plus ; il fit rapidement volte-face dans l'espoir de parvenir au bord du lac. Il se rappelait encore exactement de la place où le canot avait abordé lorsqu'ils étaient revenus avec Chingachgook de délivrer Wah-ta-Wah. Il espérait encore que son compagnon aurait amené le bateau jusqu'à l'endroit en question, se souvenant qu'il avait précédemment sauvé lui-même la vie de Chingachgook.

En effet, son espérance ne fut point déçue ; au travers des branches d'un arbre, il aperçut le canot. Se précipiter dans cette direction, détacher le bateau, sauter dedans, tout cela fut l'affaire d'un instant. Il imprima à l'embarcation, une forte secousse pour l'éloigner du rivage, puis la laissa voguer au gré des flots, ayant dans sa précipitation oublié les rames au bord de l'eau.

Il ne lui resta plus qu'à se coucher dans le canot, afin de se dérober, si possible, aux balles des ennemis.

En présence de la fuite de leur prisonnier, les Indiens poussèrent des cris perçants, leurs femmes accoururent avec des fusils, mais aucune de leurs nombreuses décharges n'atteignit le Tueur de Daims. L'embarcation seule, subit quelques avaries.

Vingt minutes s'étaient écoulées, pendant lesquelles le Tueur de Daims était resté blotti sans mouvement, au fond du canot ; soudain il se trouva sous un bouquet d'arbres se redressa avec effroi et vit devant lui le Chêne-Fendu en compagnie de deux autres chefs.

Sans qu'il s'en aperçut, le bateau avait tourné et s'était dirigé vers la terre.

Le Chêne-Fendu, contempla avec un rire sinistre, la figure battue du prisonnier.

« Mon jeune ami » dit-il, « vous avez navigué jusqu'à ce que vous soyez fatigué puis ordonnant au Tueur de Daims de mettre le pied sur le rivage », il ajouta : « Vous vouliez sans doute vous reposer de votre course folle.

« Vos moqueries ne me touchent point » répondit le prisonnier, qui reprit aussitôt tout son sang-froid. « Je suis en votre pouvoir, vous pouvez disposer de moi. » Il descendit du canot, et suivit le Chêne-Fendu accompagné de deux autres chefs ; peu de temps après, ils arrivèrent au camp, mais les Peaux-Rouges n'insultèrent point le prisonnier dont la hardiesse les avait émerveillés. Ils se contentèrent d'attendre avec impatience les différents supplices qu'il allait subir.

Sur l'ordre du Chêne-Fendu, le Tueur de Daims fut lié à un arbre par les pieds et les mains de telle sorte qu'il lui était impossible de faire aucun mouvement.

Quelques hardis guerriers s'avancèrent en brandissant le tomahawk au-dessus de leurs têtes ; le premier supplice allait commencer. L'arme redoutable était lancée contre l'arbre ; laissant le prisonnier suspendu entre la vie et la mort ; s'il venait à l'atteindre, s'en était fait de lui, mais il aurait regardé cette issue comme un bienfait, car les Peaux-Rouges étaient décidés à le tourmenter par tous les raffinements de leurs supplices.

Malgré tout, le prisonnier restait calme ; un sourire dédaigneux plissait ses lèvres.

Lorsque la première épreuve fut terminée, cinq Indiens porteurs de fusils chargés se dirigèrent vers le Tueur de Daims ; ils s'arrêtèrent si près de leur victime qu'ils auraient pu aisément appuyer sur son front les canons de leurs fusils.

Le supplice consistait à tirer aussi près que possible de la tête du prisonnier, dans le but de l'effrayer, mais le Tueur de Daims ne broncha pas, et les chefs résolurent de tenir un nouveau conseil afin de chercher tous les moyens possibles pour ébranler son courage. Les deux premières épreuves avaient duré plusieurs heures, chaque guerrier ayant voulu montrer son adresse.

Comme la nuit approchait, le Chêne-Fendu communiqua sa décision aux autres chefs, le lendemain au point du jour, le prisonnier serait sacrifié sur un bûcher. En apprenant cette nouvelle, un cri de joie retentit parmi les guerriers.

Le Tueur de Daims fut détaché de l'arbre et livré à deux guerriers expérimentés qui devaient répondre de lui ; abandonné ainsi à son malheureux sort, le Tueur de Daims attendit sans murmurer, de voir lever l'aurore du jour qui allait enfin le délivrer de ses souffrances.

Le lendemain, une animation générale régnait dans le camp ; les guerriers ramassaient des morceaux de bois sec et les disposaient autour de l'arbre où le Tueur de Daims avait été attaché la veille, on tailla également des bâtons pointus pour les enfoncer d'abord dans les chairs du prisonnier, et qui serviraient ensuite à alimenter le feu.

Lorsque tous les préparatifs de ce cruel spectacle furent achevés, les Peaux-Rouges amenèrent le prisonnier et le lièrent de nouveau à l'arbre. Bientôt après, le Chêne-Fendu et les autres chefs arrivèrent d'un pas joyeux.

« Le Tueur de Daims s'est-il décidé ou bien persiste-t-il dans son refus? » telles furent les paroles adressées au prisonnier. Celui-ci répondit : « Hier, j'ai fait part de ma résolution, achevez votre œuvre ! »

Le Chêne-Fendu se retira, et fit signe aux guerriers d'allumer le bûcher. Au même instant, un murmure, s'éleva parmi les femmes indiennes et l'on entendit ces cris : « Voyez, voyez, une reine blanche qui s'avance. »

Tous les regards des guerriers se dirigèrent de ce côté, et aperçurent une élégante forme féminine qui se rapprochait peu à peu.

Quel ne fut pas l'étonnement du Tueur de Daims, lorsqu'il reconnut Judith. Une voix intérieure lui disait que la noble jeune fille venait pour le sauver. En effet, Judith, pour atteindre son but, comptait sur l'éclat de sa robe de brocart, les Iroquois regardaient avec étonnement cette apparition extraordinaire devant laquelle ils se retiraient involontairement.

Judith, s'avança sans crainte, jusque vers le chef et lui dit : « Je suis la reine d'une grande tribu guerrière dont fait parti votre prisonnier, le Tueur de Daims. Sur un seul mot de moi, des centaines de combattants, viendront cerner le camp de tes frères, mais je redoute le sang versé, et je suis venue pour signer la paix. Si tu rends la liberté au Tueur de Daims, tu recevras en échange plusieurs éléphants, ces animaux que vous admirez tant.

Le Chêne-Fendu discourut à voix basse avec plusieurs Iroquois ; pendant ce temps, Judith glissait à l'oreille du Tueur de Daims quelques paroles d'espoir, celui-ci répondit par un regard.

Le Chêne-Fendu revint alors auprès de la courageuse jeune fille, mais sa figure exprimait le mépris et la colère.

« O blanche fleur des bois », dit-il « vous ne parviendrez pas à fléchir le chef des Iroquois car mes frères ont reconnu en vous la fille des *Bisamrattes*. Vos guerriers ne sont que des chimères, et notre prisonnier vaut plus que tous les éléphants que vous nous proposez. »

En entendant ces paroles, Judith pâlit, lança au Tueur de Daims, un regard suppliant, mais il ne répondit que par un haussement d'épaules, comprenant qu'il ne pouvait éviter le supplice qui l'attendait.

Le Chêne-Fendu fit un nouveau signe à ses guerriers pour allumer le bûcher.

Les Peaux-Rouges se complaisaient à voir durer le plus longtemps possible les souffrances de leur victime ; ils disposèrent deux des morceaux de bois à une certaine distance afin que le feu s'approcha lentement du Tueur de Daims, celui-ci voyant les flammes qui allaient l'atteindre ne témoigna aucune frayeur, et lorsque la chaleur devint insupportable il ne laissa point deviner ses souffrances.

La frayeur de Judith était à son comble, car dans quelques instants, le Tueur de Daims allait devenir la proie des flammes.

Les sauvages contemplaient ce spectacle avec une joie muette, mais au moment où le feu allait attaquer sa victime, ils virent une ombre se glisser dans leurs rangs et ne faire qu'un bond jusqu'à l'arbre où le Tueur de Daims avait été attaché.

Avant que les Peaux-Rouges se soient remis de leur étonnement, le Tueur de Daims était délivré et armé de la redoutable tomahawk.

Judith poussa un cri de joie, mais les Iroquois se précipitèrent furieux sur leur prisonnier et son libérateur qui n'était autre que Chingachgook ; un bruit comparable à la marée montante, les fit arrêter soudain, et ils purent voir au travers des arbres, des uniformes rouges et des épées étincelantes.

Une voix sonore commanda l'attaque, et aussitôt les troupes se précipitèrent sur les Peaux-Rouges.

Ce fut une véritable déroute, le sol était jonché de morts : quelques Indiens seulement parvinrent à s'enfuir.

Le Tueur de Daims était sauvé, aussi dans sa reconnaissance se précipita-t-il non seulement dans les bras de Judith mais aussi dans ceux de Harry et du vaillant Chingachgook sans lequel il aurait servi de victime aux Iroquois avides de sang.

Après cette révolte, le lac Brillant se retrouva dans son ancienne solitude.

Les soldats se retirèrent accompagnés de Harry et de Judith, le premier abandonnant la vie nomade pour s'enrôler dans les troupes de la garnison.

Quant à la fille de Hutter, elle ne pouvait rester seule au château et fut accueillie en Angleterre par des parents de sa mère. Le Tueur de Daims retourna avec Chingachgook et Wah-ta-Wah au camp des Delawares, après avoir quitté non sans tristesse, la jeune compagne avec laquelle il avait partagé les dangers et la misère.

Quelque temps après, le château d'Hutter s'écroula sous les coups répétés d'un violent orage, successivement tous les anciens souvenirs disparurent, et les vagues légères du lac Brillant venaient mourir doucement sur le rivage, comme si rien n'était venu troubler le calme de ce pays enchanteur.

LE DERNIER DES MOHICANS

CHAPITRE Ier

ENTOURÉ DE DANGERS

Dix-sept années s'étaient écoulées, Wah-ta-Wah reposait à l'ombre des pins, mais par son fils Uncas, elle restait vivante dans le cœur de Chingachgook.

Sous le nom d'Œil-de-Faucon, le redoutable Tueur de Daims et Chingachgook, les derniers représentants des Mohicans, passaient leur vie à parcourir les bois.

Quoique ne faisant plus partie de leur tribu, ils vivaient cependant en bonne intelligence avec les Delawares. Le chef des Mohicans ne voulait se soumettre à aucune domination ; aussi, il préférait errer librement dans les forêts, avec son compagnon dont il avait reçu des preuves d'une éternelle amitié.

Un profond silence régnait dans les bois. Chingachgook et ses amis se reposaient au bord d'un ruisseau, près d'un feu qu'ils avaient allumé, et ils s'apprêtaient à dépouiller pour leur repas du soir un cerf nouvellement abattu.

Tout à coup, Uncas se releva; Œil-de-Faucon le regarda avec étonnement, mais le jeune homme fit un signe énergique et dit tout bas à son père :

— N'entends-tu point des pas? Ce sont sans doute des blancs qui se dirigent vers notre campement, car la terre tremble, comme sous les sabots des chevaux et aucun cavalier indien ne parcourerait ce désert. »

Sans proférer une parole, les trois hommes attendaient avec anxiété l'approche des étrangers ; les pas des chevaux retentissaient de plus en plus distinctement, puis l'on vit apparaître un brillant uniforme, mais celui qui le portait s'arrêta soudainement à la vue des trois compagnons immobiles :

— « Qui va là ? » s'écria Œil-de-Faucon. « Quel est celui qui ose s'avancer et braver les dangers de ces lieux déserts ?

— « Un étranger », répondit une voix, « qui depuis le lever du soleil parcourt la forêt, sans avoir pris aucune nourriture. »

— « Vous vous êtes donc égaré », reprit Œil-de-Faucon ; « où vouliez-vous aller ? »

— « Auprès de William Henry », répondit l'étranger.

A ces mots, Œil-de-Faucon se mit à rire aux éclats :

— « Vous n'auriez pas pu choisir un plus mauvais chemin ; retournez sur vos pas, vous arriverez plus vite au but ; mais comment avez-vous fait pour vous égarer de la sorte.

Le cavalier fit volte-face et disparut dans le fourré, pour revenir au bout de quelques instants avec deux chevaux, que montaient deux femmes épuisées par les fatigues de la route.

Les trois hommes regardaient avec étonnement ces deux élégantes jeunes filles auxquelles l'étranger aidait à mettre pied à terre ; Œil-de-Faucon les engagea alors à s'installer auprès du feu, et leur ayant offert de partager leur repas, il se réjouit du bon appétit de ses convives.

Le dîner terminé, Œil-de-Faucon renouvela à l'étranger la question qu'il lui avait déjà adressée :

— « Ces deux dames, répondit-il, sont les filles du colonel Munro, allant rejoindre William Henry, et je suis fiancé à l'une d'elle ; mon nom est Hegward et je suis *major* dans l'armée royale. A l'aube, nous nous sommes mis en route afin de parvenir auprès de William Henry, puis notre intention est de rejoindre le colonel Munro qui désire, dans ces temps de troubles, avoir ses filles auprès de lui. Un Indien qui nous a déjà souvent servi d'émissaire, nous a fait prendre un chemin où nous ne courions, disait-il, aucun danger, mais nous avons perdu notre guide, dans l'épaisseur du bois, et nous accourons au hasard, au milieu des buissons.

Œil-de-Faucon avait écouté avec attention les paroles de l'étranger, puis il se tourna vers Chingachgook et lui dit en langue delaware :

— « Mettons-nous sur nos gardes car l'émissaire resté va sans doute cerner le major et ses protégées dans le fourré, et ne les livrera à William Henry, que contre une forte rançon. »

Chingachgook, de la même opinion que son ami, dit aux étrangers : « Vous vous êtes mis sous notre protection, et nous espérons pouvoir vous sauver.

Œil-de-Faucon accueillit ces paroles avec enthousiasme, puis ajouta : « Nous
» devons déjouer les plans de l'émissaire, même au risque de faire découvrir notre re-
» traite. » Communiquant alors leurs intentions au major, celui-ci les remercia avec
chaleur de leur empressement et ils se mirent en route sans perdre de temps.

Chingachgook et Uncas prirent les rênes des chevaux et marchèrent le long du ruisseau, suivis des autres membres de leur petite troupe. Le ruisseau allait toujours en s'é-
largissant jusqu'à ce qu'il devînt un torrent impétueux ; les chevaux le traversèrent à la
nage, pendant qu'Œil-de-Faucon alla chercher un canot qu'il savait être caché dans les
environs et sur lequel ils purent tous s'embarquer.

Après un court trajet, les rameurs s'arrêtèrent sur un signe d'Œil-de-Faucon, car
on percevait un bruit qui allait toujours en augmentant.

Alice, la fiancée d'Hegward, prit peur et se serra contre sa sœur Cora.

— « N'ayez aucune crainte », lui dit Œil-de-Faucon pour la rassurer, « la cascade,
dont le bruit vous effraie, nous préservera peut-être de nos ennemis », mais à ce moment
Alice poussa un cri qui fit relever la tête à Hegward. Le canot se dirigeait en droite ligne
vers un rocher, contre lequel il allait inévitablement se briser, mais Œil-de-Faucon
saisit une rame solide et quand le canot se trouva tout près de l'écueil, il donna une
forte secousse à l'embarcation qui changea de direction et put sans autre retard aborder
au rivage.

« Nous sommes sauvés, dit Hegward en poussant un soupir de soulagement, mais que
» sont devenus nos pauvres chevaux ? » « Tranquillisez-vous, répondit Œil-de-Faucon,
» ils ont gagné la rive opposée. » « S'ils tombent dans les mains des Hurons, reprit Heg-
» ward, ils trahiront notre route. »

Pendant que les trois étrangers se reposaient sur l'herbe, des événements de la journée, Œil-de-Faucon se dirigea avec les deux Mohicans vers une muraille de rochers,
derrière laquelle ils disparurent.

Hegward les suivait du regard avec étonnement et au bout de peu de temps il distingua du bruit et la voix d'Œil-de-Faucon :

— « Hâtez-vous, leur cria-t-il, de gagner les fentes des rochers, car les Hurons pour-
» raient bien déjà être sur notre piste. » Hegward accourut avec les deux jeunes filles,
et ils se blottirent tous au fond d'une caverne dont un bloc de pierre ferma l'entrée.

Cette retraite avait une deuxième sortie dans le bois qui leur serait d'une grande utilité en cas d'évasion.

OEil-de-Faucon engagea ses amis à se reposer afin de prendre de nouvelles forces pour le lendemain, et les jeunes filles allaient s'empresser de suivre ce sage conseil lorsqu'un cri perçant traversa l'air. « Quel est ce bruit », murmura Alice aussi bas que possible, de crainte de rompre le silence qui régnait dans la caverne.

Ni OEil-de-Faucon, ni les deux Mohicans ne donnèrent aucune réponse, mais leurs figures portaient l'empreinte d'une profonde inquiétude et, sur un signe de Chingachgook, Uncas sortit prudemment par l'ouverture qui donnait dans la forêt.

OEil-de-Faucon rompit le silence pour expliquer à ses compagnons qu'il connaissait tous les cris du désert provenant d'hommes ou d'animaux, mais que celui qu'il venait d'entendre lui était étranger.

Uncas réapparut au bout de quelques instants et communiqua à son père, en langue delaware, le résultat de ses recherches. « Rien de suspect ne se passe au dehors », dit OEil-de-Faucon à ses compagnons, « et mieux vaut nous reposer que de chercher en vain d'où pouvait venir ce cri extraordinaire. » Hegward accompagna Alice et Cora jusqu'à l'endroit où elles devaient se reposer, mais Alice toujours dominée par un vague sentiment de terreur, demanda à son fiancé de ne pas trop s'éloigner d'elle. Elle n'avait pas achevé de parler que ce même cri horrible, effrayant, fit trembler la caverne ; OEil-de-Faucon sortit alors de sa retraite pour découvrir le mystère, et le terrible cri retentit de nouveau. Personne n'osait bouger, et les deux Mohicans eux-mêmes regardaient avec crainte du côté de l'ouverture de la caverne. Seul, Hegward ne se laissa pas envahir par la frayeur et il dit à OEil-de-Faucon : « Je crois avoir découvert d'où vient
» ce cri déchirant, car sur le champ de bataille, les chevaux luttant avec
» la mort, en font souvent entendre de semblables. Mon cheval est peut-être attaqué par
» des bêtes sauvages, et il voit le danger qu'il court sans pouvoir se sauver. »

Sur l'ordre de Chingachgook, Uncas prit le canot et de là lança des tisons ardents au milieu des loups affamés qui sans doute poursuivaient l'animal. Le jeune guerrier ne s'était pas éloigné depuis longtemps, lorsqu'il entendit des hurlements de l'autre côté de la rivière : c'étaient les loups qui effrayés par le feu abandonnaient leur proie et cherchaient à prendre la fuite.

Uncas resta en sentinelle devant la caverne ; OEil-de-Faucon et Chingachgook s'assirent auprès du feu tandis que les étrangers, fatigués de ces alertes successives, ne tardèrent pas à s'endormir.

Plusieurs heures se passèrent, sans qu'aucun incident ne vînt rompre le silence de la nuit, mais un peu après minuit, un cri de guerre retentit de l'autre côté de la rivière ; Uncas vint prévenir ses compagnons que les Hurons, ayant aperçu le canot amarré à des broussailles, allaient essayer de s'en emparer. Chingachgook, OEil-de-Faucon, Uncas et Hegward quittèrent la caverne, ce dernier ayant supplié les jeunes filles, réveillées en sursaut, de ne pas perdre courage.

Les quatre hommes s'avancèrent avec précaution vers le rivage, profitant de l'ombre des arbres pour ne pas trahir leur présence. Ils arrivèrent juste au moment où les quatre sauvages allaient franchir la rivière, et, suivant l'exemple d'OEil-de-Faucon, ils tirèrent sur leurs ennemis ; un seul ne fut pas blessé, les trois autres tombèrent au fond du canot. Un murmure d'indignation s'éleva sur l'autre rive, accompagné de nombreux coups de fusil, mais ils ne firent aucun ravage, les quatre hommes étant protégés, par les arbres qui leur servaient de remparts.

Le Huron qui restait dans le canot prit rapidement la fuite afin de ne pas partager le sort de ses compagnons.

Pendant que les sauvages, par des coups de feu continuels, forçaient leurs adversaires à rester dans leur retraite, un second détachement se lança sur le courant, mais avec la prévoyance de se tenir toujours en dehors de la portée de leurs ennemis.

Les quatre hommes se retirèrent afin de ne pas être vus par les Hurons, mais au bout de quelques instants cinq Peaux-Rouges purent aborder et se précipitèrent sur leurs ennemis. Ceux-ci attendirent tranquillement l'attaque, puis un combat acharné s'étant engagé, OEil-de-Faucon et les Mohicans ne tardèrent pas à remporter la victoire. Trois ennemis tombèrent et les autres s'enfuirent pour rejoindre leurs compagnons.

— « Rentrez dans la caverne », tel fut l'ordre d'OEil-de-Faucon, car nous ne pouvons pas lutter contre le nombre supérieur de nos adversaires. Ils obéirent et trouvèrent les jeunes filles qui attendaient avec impatience le retour de leurs compagnons.

« Que se passe-t-il », demanda Cora, qui essayait de cacher son effroi à sa jeune sœur?

« Les Hurons ne se retireront pas avant d'avoir pu se venger de la mort de leurs guerriers », répondit OEil-de-Faucon. A ces mots Hegward effrayé demanda au vaillant chasseur si la caverne ne les protégerait pas contre leurs ennemis.

« Pour moi », ajouta-t-il, « je ne crains pas la mort, mais ces deux belles jeunes filles ne peuvent pas servir de victimes à la férocité des Peaux-Rouges. »

Cora intervint, demandant si son père ne pourrait pas être informé de la situation, ou bien si, à l'aide d'un bateau, ils ne parviendraient pas à s'enfuir. OEil-de-Faucon leur expliqua qu'il était très dangereux de s'engager de nuit sur le courant à cause des écueils que l'on pouvait rencontrer; seuls des hommes expérimentés pouvaient faire cette tentative. Aussi Cora les supplia d'essayer de parvenir jusqu'auprès de William Henry, tandis qu'elle resterait soigneusement cachée dans la caverne avec Alice et Hegward. Si ce plan réussissait, ils étaient sauvés. OEil-de-Faucon devint pensif, mais il ne tarda pas à prendre une résolution, et se disposa à partir accompagné des deux Mohicans. « Tenez-vous aussi tranquilles que possible » dit-il aux étrangers en prenant congé d'eux, « de manière à ce que les Hurons ne découvrent pas votre retraite, et je suis presque sûr de pouvoir vous rejoindre dans le délai convenu. » En compagnie de Chingachgook et d'Uncas, il quitta la caverne, et bientôt la frêle embarcation naviguait sur le cours d'eau, invisible aux yeux des Hurons, car d'épais nuages voilant la lune répandaient sur la contrée, une profonde obscurité.

Dans la caverne, tout était silencieux, personne n'osant prononcer une parole. Mais après une longue heure de calme, les Indiens firent entendre leurs cris de guerre ; ne trouvant pas de traces de leurs adversaires, ils s'éloignèrent, et les trois étrangers pouvaient espérer que leur cachette n'avait point été découverte. Ils pensaient déjà que leur salut était un vrai miracle lorsqu'Alice poussa un cri en dirigeant ses regards vers l'ouverture de la caverne ; là Hegward reconnut le perfide Indien qui les avait égarés et tirant son pistolet de la ceinture, il fit feu sur le traître odieux; le coup ne porta pas, l'Indien ayant eu l'adresse de se retirer à temps, puis faisant retentir un cri de ralliement, il fut bientôt rejoint par tous ses compagnons. Ils pénétrèrent alors dans la caverne et les étrangers, comprenant que toute résistance était inutile, se résignèrent tranquillement à leur sort. Les Peaux-Rouges partirent en toute hâte avec Hegward et les deux femmes, ces deux dernières à cheval, afin qu'aucune empreinte de leurs souliers ne fasse découvrir le chemin qu'ils avaient pris ; vers le lever du soleil, ils firent halte sur une hauteur, afin de prendre quelque repos. Magua, l'espion, resta auprès des prisonniers, tandis que le reste des Hurons se coucha sur le sol, à une certaine distance ; comme ils étaient au nombre de huit, Hegward avait bien compris qu'il fallait renoncer à tout projet d'évasion.

Magua, qui jusqu'alors était resté dans le plus grand silence, se leva tout à coup et, s'adressant aux prisonniers, il leur dit : « Né chez les Hurons, non loin du lac, je fus » d'abord simple guerrier puis élevé ensuite au grade de chef ; c'est alors que vinrent » les blancs et je m'enrôlai dans leurs rangs, parce qu'ils combattaient contre des tribus » ennemies. Votre père, Munro, qui était le commandant de la troupe, rédigea une » loi qui défendait à tout Indien de boire, sous peine d'une sévère punition ; alors ayant » ouvert la bouche pour recevoir la boisson, il me fit lier et fustiger par tous les » blancs. » La voix de Magua tremblait en se souvenant du châtiment qu'il avait subi, mais recouvrant bientôt toute sa fermeté il continua en ces termes: « Dès ce jour j'ai » résolu de me venger, je trouve enfin l'occasion recherchée depuis si longtemps. »

Il fit alors signe à ses guerriers, et avant que Hegward et les deux malheureuses jeunes filles aient pu opposer la moindre résistance, ils se trouvèrent enchaînés aux arbres, et durent assister aux préparatifs du supplice dont les Indiens s'acquittaient avec une joie bruyante. De tous côtés, ils ramassaient des morceaux de bois, et taillaient des piquets pour enfoncer dans le corps de leurs victimes, mais ces apprêts ne leur procuraient pas une jouissance suffisante, et ils attendaient avec une expression satanique, le moment du supplice. Lorsque tout fut prêt, Magua lança son tomahawk contre l'arbre auquel Alice était liée, sachant qu'il faisait subir aux deux autres prisonniers une torture plus cruelle, que si l'arme terrible avait été lancée de leur côté. Le tomahawk traversa l'air en sifflant, coupa une des boucles de cheveux de la jeune fille, et alla s'enfoncer dans l'écorce de l'arbre.

Alice poussa un cri déchirant, et Hegward, au comble du désespoir, rompit ses liens pour se précipiter sur le sauvage le plus proche qui allait suivre l'exemple de son chef ; il parvint à le terrasser, mais le Huron sans perdre courage lança le tomahawk, qui heureusement n'atteignit pas son but.

Telle était la situation lorsqu'une violente décharge se fit entendre ; subitement, les Hurons s'arrêtèrent, effrayés à l'idée d'une attaque, tandis qu'Hegward reprenait quelque espoir, ayant reconnu la voix d'Œil-de-Faucon. Chingachgook et Uncas déchargèrent leurs fusils, et deux Hurons tombèrent sur le sol ; mais à la vue des morts, les sauvages se jetèrent avec rage sur leurs agresseurs. Bientôt les combattants se trouvèrent divisés en camps égaux, et il ne fallut pas longtemps aux Mohicans et à Œil-de-Faucon pour terrasser leurs adversaires. Seule, la lutte continuait entre Magua et Hegward, mais ce dernier, n'ayant aucune arme, ne pouvait compter que sur la vaillance de son bras ; à un moment donné, son ennemi ayant eu le bras droit libre saisit son couteau et s'apprêtait à le lui plonger dans la poitrine, lorsque Œil-de-Faucon dirigea son fusil contre Magua. Le Huron se tourna alors vers son nouvel agresseur, mais après quelques minutes de combat, il disparut dans les broussailles.

Les pauvres jeunes filles furent enfin détachées des arbres, et, dans leur reconnaissance, elles se jetèrent aux pieds de leurs sauveurs.

— « Relevez-vous, leur dit Œil-de-Faucon, car nous n'avons fait que notre devoir. » Hegward demanda ensuite à son courageux ami pourquoi il était revenu sans aucun secours de l'armée de William Henry.

« — Si nous avions exécuté notre plan, répondit Œil-de-Faucon, nous ne serions » revenus que pour accomplir le triste devoir de vous enterrer. Après de longues ré-» flexions nous avons trouvé plus prudent de retourner vers le rivage, afin de surveiller » les manœuvres des Hurons.

» Vous saviez donc ce qui nous était arrivé, dit Hegward.

» Non pas, s'empressa de répondre Œil-de-Faucon, car nous étions cachés dans les » buissons, mais un cri poussé par un Indien nous fit comprendre la situation, car ce cri » est un langage pour les habitants du désert.

» Nous avons pu heureusement arriver à temps pour vous arracher à la mort, mais il » s'agit de ne pas perdre un instant, et de nous rendre en toute hâte auprès de William » Henry.

La petite troupe se mit immédiatement en route, et voyagea toute la journée ; quand le soir arriva ils étaient si fatigués que les Mohicans eux-mêmes ne pouvaient lutter contre le sommeil, mais une sentinelle était indispensable, et Chingachgook et Uncas montèrent tour à tour la garde.

CHAPITRE II

DANS LA FOSSE AUX LIONS

Quelques heures se passèrent dans un profond silence, mais Chingachgoock ne se découragea pas et continua à surveiller avec vigilance. Jusqu'alors le calme de la nuit n'avait été interrompu que par la respiration des voyageurs endormis, mais soudain il lui sembla percevoir un léger bruit de pas ; n'ayant rien découvert, malgré ses recherches, il réveilla ses compagnons pour leur faire part du bruit qu'il avait entendu, et ceux-ci ne tardèrent pas à le suivre pour explorer les alentours. Ils sortirent avec précaution afin de ne pas troubler dans leur sommeil, les deux jeunes filles qui restaient à la garde d'Hegward.

Au bout d'une demi-heure, ils revinrent, mais quel spectacle horrible s'offrit à leurs regards ! Le major était étendu près du feu, les pieds et les poings liés, une corde passée autour du corps puis attachée à un arbre voisin, lui empêchait de faire le moindre mouvement ; de plus, il avait la bouche bâillonnée, et n'avait pu appeler au secours.

Ses compagnons le délivrèrent aussitôt de toutes ses souffrances, mais OEil-de-Faucon s'aperçut alors que les deux jeunes filles et les chevaux avaient disparu. Hegward questionné ne put recouvrer la parole qu'au bout de quelques instants, mais son récit très bref n'en était pas moins terrible.

Une troupe d'Indiens, sous la conduite de Magua, avaient débouché d'un chemin qu'OEil-de-Faucon et les Mohicans n'avaient pas exploré, et qui conduisait à un abîme escarpé. Avant qu'Hegward eut pu appeler, il se trouvait entre les mains des ennemis, et les deux jeunes filles endormies furent placées sur leurs chevaux, et conduites dans la direction du précipice.

A ces mots, OEil-de-Faucon poussa un cri d'indignation, et ils résolurent de se mettre tous à la poursuite des scélérats ; parvenus au bord de la rivière, ils se séparèrent pour aller à la recherche d'un canot ; mais Chingachgoock donna bientôt le signe de ralliement, ayant découvert une embarcation dans laquelle ils ne tardèrent pas à prendre place. Au bout de quelques minutes de trajet, Chingachgook retira les rames. « Que se passe-t-il » demanda OEil-de-Faucon, mais pour toute réponse, le Mohican, à l'aide de sa rame, lui montra une île au milieu des flots, auprès de laquelle ils avaient déjà passé, et dont l'aspect tranquille semblait n'avoir jamais été troublé par aucun être humain.

— « Mais », dit Hegward, « je ne vois qu'une petite île et le cours d'eau à perte de vue, » pourquoi reculer devant un danger chimérique ?

« Prenez garde, vous n'avez pas de bons yeux », répliqua Chingachgook, d'un ton calme mais ferme, tout en reposant la rame pour prendre son fusil.

A peine avait-il achevé de parler, qu'un coup de feu traversa l'air ; il partait de l'île, où l'on entendait les cris des sauvages qui sautaient dans un bateau pour se précipiter sur les Mohicans. En présence du danger, les quatre compagnons chargèrent leurs pistolets et firent feu ; trois Indiens blessés à mort s'abattirent dans le canot, et un quatrième fut blessé à la main par la balle d'Hegward.

Un seul ennemi n'ayant pas été touché, alla chercher des secours, mais OEil-de-Faucon donna l'ordre du départ, et le canot ne tarda pas à glisser sur le miroir uni de l'eau.

Le bateau des sauvages avait de nouveau abordé à l'île, et poussant des cris de vengeance, dix hommes se jetèrent dans l'embarcation pour se mettre à la poursuite des fugitifs, mais ceux-ci ayant une très grande avance, furent bientôt hors de la portée de leurs ennemis.

Après une traversée de plusieurs heures, le canot aborda ; les deux Mohicans marchaient en avant à pas précipités, pendant qu'OEil-de-Faucon et Hegward les suivaient sans se presser.

Uncas et Chingachgook recherchaient avec attention les traces des Hurons, mais ne découvrant aucune marque pouvant leur faire présumer que les ennemis avaient pris cette direction, ils se décidèrent à retourner en arrière pour rejoindre leurs amis.

Uncas qui avait soigneusement fouillé le sol de tous côtés, crut découvrir la trace d'un animal pesant ; il fit donc signe à ses compagnons, et OEil-de-Faucon, accouru en toute hâte, s'écria d'un ton joyeux : « Voilà une trace, à ne pas s'y méprendre, et les » Hurons ne tarderont pas à recevoir notre visite. »

Ils se remirent donc tous en marche avec un nouveau courage, suivant avec exactitude les moindres traces du passage de leurs ennemis.

OEil-de-Faucon se pressait de plus en plus, puis, s'adressant à ses compagnons, il

leur dit : « Il me semble apercevoir une clarté au travers du feuillage, et si nous arrivons
» près du camp, il nous faut nous séparer afin d'y parvenir par des chemins diffé-
» rents. »

Ayant bien examiné la position, il parla à Chingachgook : « Tu tourneras, lui dit-il, la
» colline par la droite, Uncas marchera le long de la rivière pendant que le major et
» moi, nous continuerons à suivre la piste. Si vous découvrez quelque chose d'impor-
» tant et que vous vouliez nous prévenir, imitez trois fois le cri de la corneille ; je viens
» justement de voir passer un de ces oiseaux, ce qui me fait supposer que nous ne
» sommes pas loin d'une contrée habitée. »

Les deux Mohicans s'éloignaient dans la direction convenue, laissant OEil-de-Faucon
et Hegward poursuivre leur route.

Après quelques détours, le bois s'éclaira d'une vive lueur et permit aux deux hommes
de jeter un coup d'œil sur la plaine qui se déroulait devant eux ; ils purent distinguer
de nombreuses huttes dressées autour de la cabane principale située sur une hauteur, et
comprirent aussitôt qu'ils allaient arriver à un village peuplé de Hurons. A cette heure
le soleil allait disparaître derrière les montagnes, et les ombres allongées des arbres et
des cabanes annonçaient l'approche du crépuscule.

Une forme étrange s'agitait au milieu du camp, dont la mise ressemblait à celle d'un
blanc, mais la figure était peinte comme celle des naturels du pays. Ses regards s'arrêtèrent longtemps sur les nuages dorés par le coucher du soleil, puis elle se dirigea vers
la cabane du chef afin de lui parler.

Sous les traits d'un médecin, Hegward n'écoutant ni les conseils d'OEil-de-Faucon,
ni ceux des Mohicans, avait résolu de sauver les deux jeunes filles, au péril de sa vie.

Ses compagnons, cédant à son désir, le rendirent aussi méconnaissable que possible,
cherchant à lui donner l'aspect d'un de ces charlatans qui se font passer aux yeux des
Peaux-Rouges pour savoir guérir toutes les maladies ; ils auraient bien voulu le suivre à
quelque distance afin de pouvoir le secourir en cas de danger, mais c'était risquer de le
faire reconnaître, et ils se quittaient après avoir convenu entre eux, de plusieurs signes
de ralliement.

Suivi des Hurons étonnés, qui ne pouvaient s'expliquer la présence de cet étranger,
Hegward parvint jusqu'à la cabane du chef ; il entra d'un pas ferme dans l'intérieur,

ayant toujours à sa suite tous les habitants du camp qui l'examinaient avec méfiance.

Le chef parut enfin, un homme robuste, de grande taille, auquel Hegward adressa la parole, mais ne connaissant pas la langue des Hurons, il ne put se faire comprendre : « Aucun de vous, ne sait donc l'anglais ou le français, demanda Hegward en regardant ». autour de lui ?

» Le Huron parle la langue de ses pères, répondit le chef, en se servant de l'anglais » que parlent les Indiens. Que voulez-vous, mon frère ?

» Je viens du Canada, leur expliqua Hegward, ayant appris l'art de guérir les maladies, » et mon désir est de vous faire profiter de mon savoir.»

Tous les yeux se dirigèrent sur l'orateur, avec des regards si perçants, qu'il lui fallut rassembler tout son courage pour ne pas se trahir.

« Depuis quand les savants du Canada, se peignent-ils la figure? demanda le com- » mandant, il me semble qu'ils se font gloire au contraire de leur visage pâle.

» Quand un Indien vient chez les blancs, répondit Hegward avec fermeté, il quitte sa » peau de buffle pour endosser l'habillement qu'on lui donne, et mes frères rouges » m'ont fait présent de ces couleurs en reconnaissance de l'esprit malin que j'avais su si » habilement chasser. »

Ces paroles soulevèrent un murmure de joie, et le chef ayant fait un geste de conten- tement, tous les guerriers l'imitèrent. Un sauvage s'approcha pour demander des secours au médecin, mais soudainement on entendit d'effroyables cris dans le bois, et tous les guerriers se précipitèrent en dehors de la cabane.

Un grand nombre de guerriers s'approchaient de leur village natal, mais ils firent halte à une petite distance, et l'un d'eux cria quelques mots dans sa langue à un de ses com- pagnons venant à leur rencontre. Dans un ravissement sauvage, les Indiens tirèrent leurs couteaux, les firent étinceler au-dessus de leurs têtes, et formèrent une longue rangée d'hommes qui allaient, depuis l'endroit où les nouveaux arrivants avaient fait halte, re- joindre le campement. Tous les hommes étaient armés de massues et de haches, et les enfants, pour prendre part à la fête, portaient d'énormes bâtons. Pour égayer la fête, les buissons qui se trouvaient autour de la cabane du chef, furent livrés aux flammes.

Les guerriers qui venaient d'arriver emmenèrent deux hommes qui étaient appelés à jouer les principaux rôles de ce sombre spectacle, l'un à la démarche fière, le second au contraire ayant l'air d'avoir perdu tout courage. Hegward remarqua la noble stature du premier prisonnier, mais quoique le feu ne fût pas assez brillant pour distinguer les traits de son visage, il reconnut cependant que c'était un chef à son air fier et courageux.

Tout à coup, rapide comme l'éclair le prisonnier traversa les rangs des Hurons qui se mirent à sa poursuite en poussant des cris aigus.

Assailli de tous côtés, le guerrier ne put pas résister longtemps, et voyant l'impossibilité de s'enfuir, il se retourna avec rapidité et atteignit la maison du chef, en présence de ses ennemis.

Là, il était à l'abri des poursuites, car, d'après les coutumes indiennes, aucun prisonnier, se trouvant sur le territoire de la maison, du conseil, ne pouvait être persécuté, avant que toute la tribu n'ait arrêté son sort.

Les Hurons entourèrent le prisonnier, exaspérés de n'avoir pas pu massacrer leur victime, mais le guerrier ne leur lança pas même un regard, et resta paisiblement auprès de la maison du conseil.

Le feu qui continuait à brûler, éclaira soudainement ses traits, et Hegward, terrifié, reconnut dans le prisonnier son ami, le jeune Mohican Uncas.

Le chef le plus ancien entra dans la maison du conseil, accompagné de tous les autres chefs, puis venaient les guerriers parmi lesquels Hegward put se glisser afin d'être témoin de la scène qui allait se passer.

Les guerriers s'assirent en formant un cercle, tandis que dans le milieu, Uncas se tenait debout avec toute la noblesse qui convenait à un chef des Mohicans, sa contenance fit impression sur ses ennemis, car les Hurons restaient émerveillés de la fière tournure du jeune homme.

Quand on amena le deuxième prisonnier, Hegward craignait de reconnaître encore un de ses amis, mais il fut bientôt rassuré, celui-ci portant les insignes des Hurons.

« Jeune guerrier, dit le commandant à Uncas, ta conduite a été celle d'un héros, et les
» tomahawks qui sifflaient au-dessus de ta tête n'ont pas un instant ébranlé ton courage;
» trois de mes guerriers poursuivent ton compagnon, pendant que tu écouteras avec
» résignation la sentence qui décidera de ton sort, et qui sera exécutée au lever
» du soleil. » Les yeux d'Uncas lançaient des éclairs. « Les Hurons n'entendent donc
» pas, s'écria-t-il, car depuis que votre prisonnier est dans le camp, on a déjà tiré deux

» coups de fusil et les guerriers que vous avez envoyés ne reviendront point ! »

Le chef étonné répondit. « Mes guerriers ne sont pas morts, toutes les balles n'at-
» teignent pas leur but. »

« Vous avez raison, confirma Uncas, cependant les balles « du long fusil » ont tou-
» jours frappé juste. »

Ces paroles réveillèrent chez les Hurons le souvenir d'Œil-de-Faucon, et une certaine épouvante se répandit parmi les membres de la tribu.

Seul, le chef sut contenir son agitation, et d'une voix calme il dit à Uncas :

— « Puisque tes frères ont tant d'adresse, comment se fait-il qu'un de leurs vaillants
» guerriers soit tombé au pouvoir des Hurons ?

» Il était à la poursuite d'un sauvage, répondit fièrement Uncas, tandis qu'un brave
« guerrier ne fuit jamais. »

Uncas considéra l'effet de ses paroles sur le prisonnier Huron, vers lequel se dirigèrent
les regards de tous les assistants, tandis qu'un murmure parcourait les rangs.

Les chefs se concertèrent pendant quelques instants, puis un silence solennel régna
sur toute l'assemblée, chacun prévoyant la sentence sévère qui allait être décrétée contre
le lâche Huron.

Le chef le plus ancien s'avança avec dignité : « Faible roseau, dit-il d'une voix pleine
» de reproches, tu te montres hardi en temps de paix, mais lâche dans le combat, car
» la couleur de tes yeux est inconnue à tes ennemis.

» Si un guerrier te poursuit, au lieu de vaincre avec hardiesse, tu retournes en toute
» hâte vers la tribu. Ton nom ne sera plus prononcé parmi ceux de la race, il en est
» banni à jamais. »

En prononçant ces dernières paroles, le chef tira son couteau, pour le plonger dans
le cœur du coupable qui tomba en poussant un cri déchirant. Les guerriers s'éloignèrent
et Hegward s'apprêtait à les suivre quand une main se posa sur son épaule et Uncas lui
dit tout bas ces mots : « Chingachgook est en sûreté et Œil-de-Faucon veille toujours,
» par conséquent sois sans crainte. » Il le poussa ensuite en dehors de la porte, et à
peine Hegward était-il sorti que les Hurons envahirent la maison du conseil à la recherche de leur prisonnier.

A la lueur du feu, Hegward aperçut quatre Indiens qui portaient vers la forêt le corps du guerrier sacrifié afin de le donner comme proie aux bêtes fauves. — Ainsi s'exerçait la justice indienne.

CHAPITRE III

LE POUVOIR DE LA MÉDECINE

Hegward profita du temps pendant lequel les Hurons étaient occupés de leur prisonnier pour aller à la découverte des deux jeunes filles, mais malgré ses nombreuses recherches, aucun indice ne trahissait leur présence. Triste et abattu, il se remit en marche vers la maison du conseil, et vint s'asseoir auprès des guerriers rangés autour du feu, l'un d'eux, lui dit alors : « Mon frère, vous arrivez en temps opportun, un méchant » esprit s'étant emparé de la femme de mon fils. Votre savoir pourra-t-il le chasser ? »

Avant de le laisser partir pour le camp des Hurons, Œil-de-Faucon avait appris à Hegward quelques moyens qui pourraient lui servir contre les mauvais esprits dont les Indiens se croient possédés, aussi Hegward répondit affirmativement.

Le sauvage se rassit, attendant avec impatience, le moment où le chef donnerait à d'autres guerriers le signe de quitter leurs cabanes, pour venir remplacer ceux qui étaient installés auprès du feu.

On vit alors s'approcher un grand guerrier, et les Hurons s'écartaient pour lui faire une place, en signe de respect ; Hegward dirigea ses regards vers le nouveau venu, mais il faillit perdre contenance, en reconnaissant Magua.

Sans prononcer une parole, le guerrier s'assit près du feu, et se mit à allumer son calumet, puis après en avoir tiré lentement quelques bouffées, il s'informa des événements du jour, ayant quitté le camp dès la première heure du jour.

« Les ennemis se sont glissés autour des huttes, dit un des Indiens, espérant trouver » les Hurons ennemis ; l'un d'eux, même, s'est aventuré jusqu'au milieu du campement, » mais sa curiosité peut lui coûter cher ; car les chefs se réuniront pour délibérer sur » son sort. »

Sans s'être retourné vers le prisonnier qui était lié à un poteau, non loin du feu, Magua se remit à fumer ; sa pipe achevée, il se décida à aller examiner le prisonnier et fut stupéfait d'avoir devant les yeux « le cerf agile », surnom que les Hurons avaient donné au Mohican Uncas.

Bientôt son étonnement se changea en une expression de joie profonde, et il répéta ce mot « de cerf agile » avec un éclat de voix bruyant.

Aussitôt tous les guerriers se mirent à faire d'énormes sauts, comme saisis par une puissance invisible, et de toutes les bouches sortait le nom haï mais respecté de l'ennemi mortel de leur race. L'agitation cependant ne tarda pas à se calmer, et les guerriers se rassirent tranquillement autour du feu.

Pendant tout ce temps, Uncas s'était montré calme, se contentant de sourire, pour exprimer le mépris que lui inspiraient les Hurons. Ce sourire ne fut pas perdu pour Magua, qui, se précipitant avec fureur sur le jeune homme et agitant son bras avec colère, lui dit : « Mohican, tu vas mourir. »

« Uncas peut mourir, répondit le jeune homme avec une singulière audace, mais toutes » les eaux des fleuves réunis ne rendront pas la vie aux Hurons, qui ont péri par sa main. »

« Tu payeras pour eux », s'écria Magua, puis il appela les guerriers, afin d'être mis exactement au courant des faits de la journée.

Il profita de cette occasion pour leur raconter comment il avait été attaqué lui et ses camarades, par le « long fusil », augmentant ainsi contre Uncas la colère des Indiens.

« Les corps des guerriers sont-ils déposés dans le cimetière des Hurons ? demanda » Magua ? »

On lui répondit : « Non ! Leurs âmes se sont envolées au soleil couchant vers des rivages » plus heureux, mais abandonnées et sans secours. Frère, il nous faut penser aux morts, » et lorsqu'ils verront arriver Uncas succombant sous le poids de ses fardeaux, ils com- » prendront que nous ne les avons point oubliés, et qu'ils peuvent tranquillement con- » tinuer leur route.

» Une tache sur le nom des Hurons doit être lavée dans le sang et c'est ainsi que » périra le Mohican ! »

Un cri de vengeance échappé de toutes les poitrines fit comprendre à Magua que ses paroles avaient frappé juste et l'un des guerriers plus irrité que les autres lança son tomahawk contre Uncas, espérant lui-même, accomplir le sacrifice.

L'arme siffla dans l'air, arracha une des plumes qui se dressaient au-dessus de la tête du jeune Mohican, puis alla s'enfoncer dans le poteau qui retenait le prisonnier. Ce premier coup laissa Uncas impassible, il n'avait pas même baissé la tête afin d'éviter l'arme, et tout en souriant, prononça quelques paroles sur l'adresse des Hurons, ce qui mit le comble à la fureur de Magua.

« Arrêtez, s'écria ce dernier, car le soleil doit éclairer le lieu du supplice, puis
» emmenez le prisonnier, et nous verrons s'il peut dormir, quand la mort l'attend au
» réveil ! »

Les jeunes guerriers auxquels était confié le prisonnier, le conduisirent dans une cabane, tandis que Magua quittait aussi les environs du feu, satisfait des suites de son discours.

A ce moment, Hegward suivit un Indien qui était venu lui demander le secours de son art, mais au lieu de le conduire dans une cabane, ils ne tardèrent pas à se trouver en dehors du campement ; après avoir fait un assez long bout de chemin, l'Indien s'arrêta étonné, voyant un ours se dresser devant eux, mais il reprit aussitôt sa route et Hegward le suivit sans crainte, sachant que les Indiens considèrent l'ours comme un animal domestique.

Ils finirent par arriver à une hutte dissimulée derrière des buissons, mais après y avoir pénétré, le major remarqua que la cabane formait l'entrée d'une galerie qui s'enfonçait dans le rocher. Hegward voulut fermer la porte, mais avant d'y parvenir, l'ours fit irruption dans la caverne, et il mit plusieurs fois ses pattes sur ses épaules, ce dont le major ne paraissait pas charmé.

Un rayon lumineux vint enfin éclairer cette demeure mystérieuse, et la caverne se transforma en un vaste espace où les Hurons cachaient ordinairement leurs biens ; là également, ils avaient transportés la femme malade, craignant que le méchant esprit ne vienne à s'emparer des autres Hurons ; Hegward s'approcha alors de la couche, où reposait la malade entourée d'un grand nombre de femmes qui devaient la soigner, et du premier coup d'œil, il comprit que l'art médical était impuissant en face de la mourante. Quoiqu'il n'y eut rien à faire, il prit bien garde de ne pas laisser les Indiens deviner la pensée.

« Maintenant, mon frère, restez seul avec la malade et prodiguez-lui les remèdes de
» votre art », dit le Huron en se retirant avec les femmes qui étaient présentes.

La lumière vacillante d'une torche, la figure décomposée de la mourante, la présence de l'ours accroupi par terre, tout cela formait un tableau, propre à effrayer le plus courageux des hommes.

Hegward fut saisi de terreur lorsqu'il vit l'ours, se lever comme un homme, tirer un poignard caché sous sa peau, puis se secouant fortement, la fourrure tomba, et il vit apparaître la noble figure d'Œil-de-Faucon, qui ne pouvait s'empêcher de rire de la mine stupéfaite de son ami.

« Comment, c'est vous, s'écria Hegward, je ne puis vraiment pas le croire, expliquez-
» moi votre présence ?

— » Chut, fit le prévoyant chasseur, les Peaux-Rouges ne sont pas loin et ils pour-
» raient se méfier du moindre bruit.

— » Dites-moi, dit Hegward, comment vous avez eu l'idée de ce déguisement ?

— » Sûrement, répondit Œil-de-Faucon, si vous aviez pu deviner qui se cachait
» sous la peau de l'ours, vous n'auriez pas eu si peur, mais ne perdons pas notre temps
» en discours inutiles, car il faudra nous donner naturellement des conseils. Vous
» savez sans doute que Uncas est tombé entre les mains des Hurons. »

En prononçant ces paroles, toute sa gaieté s'envola, et on remarqua un léger tremble-
ment dans sa voix.

— « Malheureusement, le jeune homme a été fait prisonnier, dit Hegward en soupi-
» rant, et il doit mourir au lever du soleil, Magua ayant excité les guerriers à la ven-
» geance.

— » Je le pensais bien, telle fut la réponse d'Œil-de-Faucon, car on retrouve par-
» tout ce scélérat, mais écoutez-moi bien : Le jeune Mohican se trouva jeté avec Chin-
» gachgook et moi, au milieu d'une troupe de Hurons ; emporté par la bravoure, il se
» mit à la poursuite d'un guerrier qui fuyait, et fut ainsi fait prisonnier. Vous pouvez
» comprendre la douleur et le désespoir de Chingachgook, lorsqu'il vit son fils au pou-
» voir des Hurons, et sans moi il l'aurait suivi, mais je lui fis comprendre que cette
» audace ne pourrait qu'aggraver la situation. Chacun de nous chercha alors un moyen
» de délivrer Uncas, et lorsque je n'étais plus qu'à une faible distance du campement
» des Hurons, j'eus l'heureuse chance de rencontrer le plus célèbre conspirateur de la
» race.

» Lui assénant un violent coup sur la tête, il se trouva dans l'impossibilité de se
» défendre, puis bâillonné, les pieds et les poings liés, je parvins à m'emparer de la
» peau d'ours dont il était revêtu et que j'endossai à sa place.

— » Vous avez admirablement joué votre rôle, s'écria Hegward, car j'aurais juré
» d'avoir devant les yeux un ours en chair et en os !

— » On apprend quelque chose, en passant toute sa vie dans le désert, répondit
» Œil-de-Faucon, mais dites-moi, avez-vous atteint votre but, savez-vous ce que sont
» devenues Cora et Alice? »

La figure attristée d'Hegward fit comprendre à Œil-de-Faucon que jusqu'à présent
toutes les recherches avaient été infructueuses.

— « Je crois, répliqua le chasseur, que nous ne sommes pas loin d'atteindre notre
» but, les Hurons ayant dans cette caverne une chambre où ils cachent tous leurs tré-
» sors, et il serait bien possible que nous finissions par découvrir les deux sœurs. Pen-
» dant que je vais sonder la caverne, restez tranquillement ici, pour le cas où les Indiens
» reviendraient plus tôt que je ne le pense. »

Ces paroles ramenèrent un peu d'espoir dans le cœur d'Hegward, qui s'installa auprès
de la malheureuse Indienne, mais il ne pouvait s'empêcher d'être en proie à une vive
agitation, l'esprit animé de mille pensées diverses.

Au bout d'un court espace de temps, il entendit un bruit de pas légers, dans la direction où Œil-de-Faucon avait disparu et son cœur battit vivement. Bientôt il distingua
nettement son compagnon accompagné d'Alice qui se jeta dans les bras de son fiancé.

Hegward, transporté de joie, serra sa bien-aimée sur sa poitrine ; mais, une fois le
premier moment de bonheur passé, il demanda ce que Cora était devenue. Une ombre
de tristesse couvrit le visage d'Alice, puis baissant les yeux, elle répondit d'un ton dou-
loureux :

— « Hélas ! elle ne peut pas partager ma joie, car elle est entre les mains d'une autre
» tribu que les Hurons appellent les Delawares et avec laquelle ils viennent de signer la
» paix.

— » Si votre sœur est vraiment au pouvoir des Delawares, ne vous inquiétez pas, dit
» Œil-de-Faucon, car elle sera bientôt revenue auprès de vous. Maintenant, ne per-
» dons point de temps, afin que les Indiens ne puissent pas nous surprendre.

— » Mais comment faire sortir Alice de la caverne sans courir de danger, demanda
» Hegward.

— » Avec un peu d'audace, tout est facile, répondit OEil-de-Faucon ; vous allez mettre
» la jeune fille dans cette couverture, disant aux Indiens que vous avez enfermé dans
» la caverne l'esprit malin qui tourmentait la femme indienne, mais que pour la guérir
» complètement, vous l'emmenez dans la forêt, où se trouvent des plantes fortifiantes. »

Ayant achevé ces paroles, OEil-de-Faucon revêtit la peau de l'ours et reprit son rôle
au sérieux.

Hegward, suivant les indications qui lui avaient été données, parvint à sortir de la
caverne ; devant les portes se tenaient plusieurs femmes, puis l'Indien demanda au médecin :

— « Mon frère, êtes-vous parvenu à chasser le mauvais génie, le mal est-il guéri ?

— » Je tiens dans mes bras la convalescente, répondit Hegward, mais il faut la fortifier
» et je vais préparer dans le silence de la forêt la boisson miraculeuse qui doit achever
» la guérison. Demain, au lever du soleil, la femme de votre fils vous sera rendue. »

Là dessus, il disparut dans l'épaisseur du bois, suivi de l'ours maladroit.

Non loin du campement des Hurons, Chingachgook désolé, attendait avec impatience
le retour d'OEil-de-Faucon, les yeux fixés sur le feu allumé par les sauvages ; mais,
malgré ses regards perçants, il ne pouvait distinguer que des formes vagues se mouvant
çà et là.

Tout à coup, il entendit des pas rapides, puis un certain bruit lui fit comprendre
qu'OEil-de-Faucon approchait ; distinguant plusieurs pas, il conçut l'espoir que son fils
avait été délivré ; mais son bonheur fut de courte durée, ayant reconnu Hegward et Alice
qui accompagnaient OEil-de-Faucon.

Tout en poussant un profond soupir, il accueillit avec affection la jeune fille que l'on
avait sauvée, mais il ne put s'empêcher d'ajouter ces mots : « Que faire pour qu'Uncas
» revienne au milieu de nous ? » Le Major comprenant la douleur du père lui dit d'un
ton bienveillant. « Ayez un peu de patience, votre fils nous a porté secours lorsque
» nous étions dans le danger, et nous voulons tenter de le sauver. » Chingachook prit
la main du Major dans les siennes, mais ne trouvant pas de paroles pour exprimer sa
reconnaissance, il se contenta de lui lancer un regard plein de tendresse et d'espérance.

Si nous sommes revenus auprès de vous, OEil-de-Faucon et moi, dit Hegward, c'est pour vous prier de prendre ma fiancée sous votre protection.

Au moment d'une nouvelle séparation, les yeux d'Alice se remplirent de larmes. « Puisse ce bonheur entrevu ne pas s'envoler, dit-elle, car à peine réunis, il faut de » nouveau nous séparer.

— » Aie confiance dans la Providence », lui répondit Hegward, en essayant de la consoler puis ayant déposé un tendre baiser sur le front de sa fiancée, il disparut avec OEil-de-Faucon, dans la nuit sombre.

Arrivé au camp des Hurons, le Major y pénétra sans crainte, puis il se dirigea accompagné d'OEil-de-Faucon, toujours revêtu de la peau de l'ours, vers la hutte où Uncas était retenu prisonnier. Les guerriers qui gardaient la cabane, les laissèrent passer tous deux, car la peau de l'ours appartenait, pour eux, au partisan le plus fidèle de leur race ; un seul Huron accompagna les nouveaux arrivants dans la cabane pendant que les autres guerriers restaient tranquillement dehors. A peine la porte s'était-elle refermée, que Hegward et OEil-de-Faucon, qui avait rapidement enlevé sa peau d'ours, se précipitèrent sur l'Indien ; en un instant bâillonné, pieds et poings liés, on le mit à la place d'Uncas qui fut délivré de ses chaînes. Le jeune Mohican se releva et serra la main de son libérateur, mais sans oser exprimer à haute voix sa reconnaissance, à cause des guerriers qui environnaient la cabane ; il revêtit alors le vêtement de chasse du Huron et suivit les amis qui se dirigeaient vers la porte. Étonnés de ce prompt retour, les Hurons regardèrent sortir les trois personnes, mais voyant que l'Indien qui était chargé de les accompagner s'entretenait avec le médecin, ils n'eurent pas l'idée d'une trahison. Bientôt OEil-de-Faucon et ses compagnons se trouvèrent en dehors du campement, et gagnèrent en toute hâte la forêt.

Tout à coup, on entendit des cris de détresse qui partaient de la cabane où avait été enfermé Uncas ; OEil-de-Faucon se débarrassant de la peau de l'ours, engagea ses amis à se presser, puis tout en courant rapidement il leur dit : « Laissez seulement les » ennemis nous poursuivre, pour la seconde fois, nous leur échapperons ! »

Les gardiens hurons s'aperçurent au bout de quelques instants de la ruse de leurs ennemis, car l'Indien une fois remis du coup qu'il avait reçu, put se traîner péniblement vers la porte de la hutte ; comme il ne pouvait remuer aucun membre, ce fut pour

lui un pénible travail, mais la colère lui donnant du courage, il réussit à frapper fortement la cloison avec ses pieds. Entendant du bruit, les sentinelles pénétrèrent dans la
hutte et comprirent le tour qui leur avait été joué. La nouvelle se répandit immédiate-

Le Renard Subtil.

ment dans le camp, et les Hurons, en proie à une indescriptible colère, se précipitent à
la poursuite des fugitifs, mais l'obscurité profonde qui régnait dans la forêt, les força
de renoncer à leur course.

Sans avoir rien pu faire, les Peaux-Rouges durent reprendre le chemin de leur
camp.

Les ténèbres se dissipaient peu à peu pour faire place aux premiers rayons du jour
et une grande animation régnait dans le camp des Delawares.

Les guerriers armés se tenaient debout devant les cabanes, et leurs figures joyeuses faisaient pressentir un combat prochain. Plusieurs messagers avaient apporté la nouvelle qu'une insurrection venait d'éclater parmi les Hurons, et l'on vit bientôt apparaître un homme sur la hauteur qui domine le camp ; il ne possédait aucune arme, et ne paraissait animé d'aucune intention hostile, faisant des signes de paix, en levant son bras vers le ciel pour le laisser ensuite retomber sur sa poitrine. Les guerriers lui répondirent en l'engageant de s'approcher sans crainte ; aussi, il se mit à descendre la coline. Arrivé au camp des Delawares, il se dirigea vers le groupe des chefs qui le saluèrent avec respect, car ce nouvel arrivant n'était autre que le brave Magua, surnommé le *Renard Subtil*.

— « Que le chef des Hurons soit le bienvenu, dirent les Delawares, s'il vient avec des
» dispositions pacifiques. »

Magua baissa affirmativement la tête et, suivant le chef, il entra dans une cabane pour prendre part au repas du matin.

Lorsque la cérémonie de la réception fut terminée, Magua commença à parler, mais il racontait des choses si insignifiantes que le Delaware, changeant brusquement la conversation, lui dit : « Les tomahawks de vos guerriers ne vont-ils pas bientôt oublier
» la couleur du sang ? »

Magua lui répondit alors qu'ils étaient bien aiguisés, puis l'entretien fut interrompu pendant quelques instants. Tout à coup, Magua posa cette question :

— « Est-ce que la prisonnière donne des ennuis à mes frères ? »

« Elle est au contraire la bienvenue », lui répondit-on avec empressement.

Magua ayant renouvelé la même question, avec des termes différents, le chef Delaware changea de sujet, comprenant que Magua cherchait à rentrer en possession de Cora ; celui-ci avait en effet formé le projet de la sacrifier à sa vengeance à la place d'Uncas et d'Alice qui s'étaient successivement enfuis :

— « Les Hurons aiment leurs amis, les Delawares, continua Magua d'un ton flatteur,
» et les Peaux-Rouges doivent être alliés pour surveiller les Blancs ; puis il ajouta : n'avez-
» vous point découvert, mon frère, la trace d'un espion dans les bois ? »

» Il y a en effet des marques de pas étrangers qui arrivent jusqu'à nos cabanes, ré-
» pondit le Delaware. »

Ces paroles excitaient Magua qui s'empressa de demander si l'étranger était devenu un ami.

— « Tout étranger venant avec des dispositions pacifiques est le bienvenu parmi » nous, prononça le Delaware.

— « Oui, mais pas l'espion », risposta le Huron exaspéré, puis il continua en ces « termes : Mon frère, si vous considérez plus attentivement l'étranger dont vous venez » de parler, vous comprendrez que c'est un chasseur dangereux qui a tué bien des » guerriers Delawares et que nous avons surnommé le « Long-Fusil » !

Le chef tressaillit en entendant ce nom, car la réputation du courage d'OEil-de-Faucon était parvenue depuis longtemps au camp des Delawares, mais ils ignoraient que leur ancien compagnon était le même que le « Long-Fusil », redouté de tout le monde. Pendant les années qu'il avait passées avec Chingachgook, éloigné de ses compagnons, sa figure avait tellement changé qu'il n'était plus reconnaissable.

Le chef Delaware quitta brusquement Magua pour apporter cette nouvelle à ses guerriers, et l'on décida de tenir un conseil pour délibérer sur les mesures à prendre.

Lorsque tous les guerriers furent installés, on vit s'ouvrir la porte d'une hutte qui était bâtie avec plus de soin que les autres et un vieillard en sortit soutenu par deux des plus anciens chefs. Sa tournure, autrefois droite et fière, était maintenant courbée sous le poids de plus d'un siècle, et le pas léger de sa jeunesse était remplacé par une démarche traînante. Son visage noir et ridé offrait un singulier contraste avec les boucles de cheveux blancs qui pendaient sur ses épaules.

Un silence profond régnait partout, lorsque le vieillard arriva près de son siège. Magua interrogea du regard un guerrier, qui lui dit à voix basse le nom de « Tamenund », et il contempla alors avec étonnement le vieillard dont il avait entendu louer si souvent la sagesse et la justice.

Lorsque Tamenund se fut assis, les chefs les plus âgés se placèrent devant lui, puis tour à tour ils prirent ses mains pour les poser sur leur tête, en signe de bénédiction ; de leur côté, les jeunes gens prenaient plaisir à baiser le bord de son habit, et à toucher tout ce qu'il portait.

Cette cérémonie achevée, tous les guerriers se retirèrent, mais sur un signe du chef plusieurs jeunes gens se dirigèrent à pas sourds vers une cabane dans laquelle OEil-de-

Faucon, Hegward, Uncas, Alice et Cora se trouvaient enfermés. Chingachgook manquait, car il avait eu l'heureuse chance de ne pas les accompagner pour surveiller la conduite du rusé Magua. Au bout de quelques instants, les guerriers reparurent ramenant les étrangers, sauf Uncas qui était resté dans la hutte sous la surveillance de deux gardiens.

CHAPITRE IV

LE FILS DE LA GRANDE TORTUE

Les guerriers étaient immobiles, lorsqu'un des chefs se dirigeant vers les étrangers, leur adressa ces paroles :

— « Quel est celui de vous qui porte le surnom de « Long-Fusil »?

Hegward qui avait distingué dans l'assemblée la figure sinistre de Magua, comprit le danger que courait OEil-de-Faucon, mais se souvenant des secours que ce dernier avait portés à sa fiancée, il résolut de partager ses infortunes.

Avant que le hardi chasseur, que les Peaux-Rouges respectaient autant qu'ils le craignaient, ait eu le temps de répondre à la question qu'on lui avait adressée, Hegward s'avança et dit d'une voix ferme :

— « Si vous me donnez des armes, vous connaîtrez bientôt le « Long-Fusil ».

» Vous êtes donc le guerrier redoutable qui remplit de terreur le camp des » Delawares, demanda le chef, tout en examinant le Major avec une attention scrupu- » leuse ; quelle est donc la raison qui vous a conduit parmi nous?

» La misère, répondit Hegward, le souci pour des êtres qui me sont chers, puis le manque de nourriture et de gîte.

» La forêt est remplie de gibier, donc vous ne manquiez pas de nourriture, dit le » Delaware, et la voûte céleste n'est-elle pas un abri suffisant? Vous êtes venu plutôt » comme ennemi pour trahir les Delawares !

» C'est un mensonge, cria la voix d'OEil-de-Faucon, l'homme que vous avez » surnommé le « Long-Fusil », c'est moi, et non pas mon compagnon, qui voulait se » sacrifier à ma place. »

Les regards des guerriers se tournèrent vers la noble stature d'OEil-de-Faucon ; ils n'étaient pas étonnés de ce que les deux blancs se disputaient l'honneur de porter le nom redouté, car il leur était souvent arrivé que des ennemis pénétraient dans le camp sous le déguisement d'un nom d'emprunt.

Pour arriver à savoir la vérité, le commandant fit approcher l'envoyé Huron Magua et lui adressa ces mots :

— « Mon frère, un serpent s'est glissé parmi nous ; quel est celui de ces deux » étrangers dont vous jugez que nous devons nous méfier ? »

Le Huron désigna OEil-de-Faucon, alors le Major, ayant l'intention bien arrêtée de sauver son compagnon s'écria d'un ton moqueur :

— « Peut-on croire à la parole d'un homme aussi rusé, et de plus la vérité, est-elle » jamais sortie de la bouche d'un Huron ? »

Les yeux brillants de colère, Magua s'avança vers Hegward, mais à moitié chemin, il retourna sur ses pas, persuadé que la clairvoyance des Delawares saurait bien découvrir celui que l'on avait surnommé le « Long-Fusil ». En effet, après un court entretien, avec les compagnons les plus expérimentés, le chef Delaware se tournant vers Magua fit connaître son jugement :

— « Mon frère a été traité d'imposteur, et comme ses amis veulent le réhabiliter, » apprenez tous qu'il avait dit la vérité. Donnez des armes aux prisonniers, et ils nous » montreront celui qui a le plus de droit de porter le nom célèbre ! »

Hegward avait fait tout son possible pour décider OEil-de-Faucon à prêter la main à cette ruse, mais le chasseur avait un trop noble cœur pour accepter un aussi grand sacrifice. Les fusils apportés, on désigna aux deux hommes le but contre lequel ils devaient tirer et qui consistait en un vase de terre, placé sur un tronc d'arbre à une distance de soixante pas. Hegward savait bien que pour l'adresse, il ne pouvait pas rivaliser avec OEil-de-Faucon, mais il était résolu de poursuivre aussi longtemps que possible le rôle qu'il s'était proposé de jouer ; épaulant son fusil, il visa longtemps et fit feu : la balle s'enfonça à quelques pouces du vase, dans l'écorce de l'arbre, et un murmure général d'approbation lui fit comprendre que l'on admirait son adresse.

Le chef demanda alors à OEil-de-Faucon, tranquillement appuyé sur son fusil, s'il croyait pouvoir mieux faire.

— « Sans aucun doute », répondit en riant le second étranger, qui dirigeait son regard vers Magua, puis visant le Huron, il s'écria d'une voix de stentor :

— « Oui, coquin, ta vie n'est pas plus en sûreté dans ce moment que celle d'un » pigeon en présence d'un vautour et si je ne t'abats pas comme une bête sauvage, tu le » dois au Dieu chrétien, qui nous a défendu de donner la mort. Mon fusil ne lance sur » l'ennemi une balle meurtrière que lorsqu'il y est poussé par la détresse ; je te fais donc » grâce de ta vie, dont le sort se pose entre mes mains. »

Après avoir prononcé ces mots, il déchargea son fusil contre le but désigné, et l'abattit du premier coup ; un cri d'admiration s'échappa de toutes parts, plus prolongé que celui qui avait accueilli l'épreuve d'Hegward.

Malgré tout, le Major ne renonça pas au dessein qu'il avait conçu de protéger son compagnon, et il dit aux Indiens :

— « Personne ne peut atteindre le but sans viser, et c'est le hasard qui lui a fait remporter la victoire !

» Le hasard, riposta OEil-de-Faucon qui, malgré tous les signes d'Hegward, ne » voulait pas se laisser traiter d'inférieur, essayez si le hasard vous est aussi favorable, » et, si vous voulez mériter le surnom de « Long-Fusil », abattez cette gourde taillée » dans une citrouille et qui pend à l'arbre là-bas. »

Hegward saisit le fusil, espérant encore pouvoir sauver son compagnon, mais malheureusement le but se trouvait à une très grande distance ; cependant il ne perdit pas courage et visa avec autant de soin que si sa vie avait été en jeu ; enfin, il fit feu, et trois ou quatre Indiens qui s'étaient précipités vers le but, rapportèrent la nouvelle que la balle, perforant la gourde, avait été s'enfoncer dans l'arbre. Tous les regards se tournèrent vers OEil-de-Faucon, qui toujours appuyé sur son fusil, dit d'un ton calme :

— « J'espère que celui à qui appartient la gourde, en possède d'autres semblables, car » celle qui va me servir de but ne pourra plus contenir de l'eau. »

Il prit son fusil et visa le col étroit de la bouteille, le coup partit, mais les Indiens, malgré leurs recherches minutieuses ne purent trouver aucune balle.

— « Tu vises avec des paroles et non pas avec ton fusil, dit le patriarche indien avec » un air de désapprobation, ton frère est le « Long-Fusil », et toi tu n'es qu'une poule » mouillée. »

OEil-de-Faucon écouta tranquillement les paroles du vieillard, puis il s'écria en riant aux éclats :

— » Fous que vous êtes, vous cherchez la balle en dehors du but, tandis que si elle » la frappé juste, elle doit y avoir pénétré ! »

Les jeunes Indiens se dirigèrent une seconde fois vers l'arbre, détachèrent la gourde et la brandirent joyeusement au-dessus de leurs têtes ; le fond se trouvait percé d'un trou, fait par la balle qui avait pénétré par le col étroit de la bouteille. Ce furent partout des cris d'enthousiasme, tous les doutes étaient mis de côté, car personne mieux que ce tireur émérite ne pouvait mériter le surnom de « Long-Fusil ». Lorsque l'animation se fut un peu apaisée, le vieillard prit la parole en se tournant indigné vers Hegward : « Prends-tu toujours les Delawares pour des fous ? Sois sûr qu'ils savent dis- » tinguer le chat de la panthère et qu'aucun guerrier ne peut se vanter d'avoir trompé » les enfants de Tamenund ». — « Cependant, riposta Hegward, les sages Delawares ne » remarquent pas qu'un Huron les a conduits à côté de la vérité. » — « C'est ce que nous » allons voir, répondit le patriarche, qui se tournant vers Magua, lui ordonna de par- » ler. » Le chef Huron s'avança au milieu de l'assemblée, ayant tous les regards des guerriers dirigés sur lui, puis il commença en ces termes : « La puissance supérieure » qui créa les hommes, les colora de diverses nuances ; les uns, à la peau noire, qui » devaient employer leur vie à un travail continuel ; d'autres, blancs comme l'hermine » des bois, auxquels il donna la parole pour déguiser la pensée ; ensuite, il créa des » êtres dont la couleur est comparable à celle du soleil couchant et les plaça sur une » terre couverte des forêts riches en gibier ; cette peuplade se distingue par sa fidélité » et sa probité et ne recherche la guerre que pour exercer sa bravoure.

« L'être suprême envoya ses enfants dans toutes les directions, les uns vers des con- » trées couvertes de neige et peuplées d'ours, d'autres vers des pays où le soleil se » couche, d'autres enfin sur des terres environnées de tous côtés par la mer : Quant » à ses enfants préférés il les plaça sur les cités sablonneuses du lac Salé. Mes frères, » connaissez-vous ces hommes favorisés ? — Ce sont les Delawares, pour lesquels le » soleil ne se cache jamais. Mais pourquoi suis-je obligé, moi, le Huron des bois, de » vous raconter cette tradition, pourquoi rappeler la grandeur passée et la misère pré- » sente ? L'un de vous oserait-il avancer que je n'ai pas dit la vérité ? »

Les assistants comprenant la signification de la dernière phrase prononcée par le Huron, tournèrent leurs regards vers Tamenund. Le patriarche se leva avec peine de son siège et demanda d'une voix affaiblie par l'âge quel était celui d'entre eux qui parlait des aïeux des Delawares et faisait revivre des souvenirs effacés : « C'est un Huron qui a » parlé, dit Magua, un ami des Delawares » — « Un ami, répéta Tamenund, d'un air » de doute, c'est étrange, car les Hurons ont souvent brisé le pacte d'alliance qu'ils avaient » conclu avec les autres tribus. Pouvez-vous nous dire ce qui vous a amené ici ? » — » « Je suis venu pour demander justice, répondit Magua, au sujet des prisonniers. »

Le vieillard se tourna alors vers les chefs qui l'entretinrent des événements des derniers jours, puis reportant ses regards sur Magua, il lui répondit : « La justice est la » loi du grand Manitto, reprends ton bien et ne romps pas la paix signée avec les » Delawares. » — Ainsi fut décidé le sort des prisonniers ; les deux hommes eurent les mains liées et Magua allait s'emparer des deux prisonnières lorsque Cora s'échappa, et en proie au plus profond désespoir, alla se jeter aux pieds du vieillard : « Justice, véné- » rable chef, lui dit-elle d'un ton passionné, ne te laisse pas guider par un homme rusé, » qui se sert continuellement de mensonges pour pouvoir apaiser sa soif de sang. »

Les yeux à moitié fermés du patriarche se rouvrirent, pour admirer la jeune fille agenouillée devant lui.

— « Qui es-tu, lui demanda-t-il étonné ? »

« Une femme sans secours, répondit-elle, qui implore ta sagesse et ta bonté ; je ne » tiens pas à la vie, mais je te demande grâce pour ma sœur, afin qu'elle ne tombe pas » entre les mains du traître ; je ne sais pas si tu peux comprendre la douleur de mon père, » lorsqu'il viendrait à apprendre que ses deux filles n'existent plus, dis-moi, es-tu père ? »

Le guerrier jeta un regard de satisfaction et d'amour-propre sur tous les guerriers rassemblés et répondit : « Je suis le père d'une nation. » — « Alors, laisse-toi fléchir, » ajouta Cora, et montre la tendresse d'un père ! »

Tamenund se leva et dit d'une voix menaçante :

« Les Blancs sont un peuple fier, impérieux et arrogant ; aussi les Indiens veulent leur » faire sentir qu'ils sont égaux par la naissance, et ceux qui sont arrivés dans le pays avec » le lever du soleil, peuvent le quitter au déclin du jour. » Le vieillard épuisé retomba sur son siège, tandis que Cora pâle et tremblante, regardait sa sœur.

— « Il y a encore un guerrier que nous avons fait prisonnier, dit un chef, se tournant
» vers Tamenund et qui implore ta grâce, il est condamné au supplice, appartenant à
» une race ennemie, mais auparavant consens-tu à l'écouter ? » — « Amenez-le ici »,
ordonna le vieillard. Aussitôt deux Indiens se dirigèrent vers une cabane, tandis que le
plus profond silence régnait parmi les assistants.

Uncas regarda avec étonnement le vieillard auprès duquel on l'avait conduit, et qui
avait alors les yeux tout à fait fermés ; du reste, le jeune Mohican semblait complètement
oublier son entourage, et concentrait son attention sur Tamenund qui lui adressa alors
la question suivante :

— « Dans quelle langue notre prisonnier s'entretient-il avec Manitto ? » — « Dans
» celle de ses pères, répondit fièrement Uncas, la langue des Delawares ! »

Un murmure bientôt apaisé s'éleva parmi les guerriers, et Tamenund reprit la parole,
tout en fixant les yeux sur le jeune homme. « Est-ce un rêve, quelle voix résonne à mon
» oreille, une nouvelle carrière, s'ouvre-t-elle devant moi ? »

Le vieillard se plongea dans de sérieuses réflexions et aucun guerrier n'osa troubler le
silence ; cependant, au bout de quelques temps, un chef s'avança pour demander à
Tamenund, quel devait être le sort de ce prisonnier qui se faisait passer pour un Delaware,
et que personne ne connaissait.

Soudain le vieillard se leva, et avec l'aspect d'un juge sévère, il dit au prisonnier :
« Tu mérites bien peu le nom que tu t'attribues, et si tu appartiens à notre race, tu es
» un lâche d'avoir abandonné tes frères dans le malheur, puis s'adressant aux guerriers :
« Emmenez votre prisonnier et qu'il soit puni de ses fautes. »

Les Indiens se précipitèrent sur leur victime pour la conduire au supplice, et l'un d'eux
tira si fortement sur son vêtement, que sa poitrine tatouée fut mise à découvert. Aussitôt,
le guerrier s'arrêta stupéfait, comme saisi par une force invisible, et d'autres Indiens
s'étant approchés, furent en proie au même étonnement.

Sur la poitrine d'Uncas, brillait d'un bleu éclatant l'image d'une tortue.

Le jeune homme s'avança alors avec la majesté d'un roi, au milieu de la foule qui
s'écartait sur son passage, puis il s'écria d'une voix ferme :

— « Quel feu aurait eu le pouvoir de consumer l'enfant de mes pères, car le sang que
» vous feriez couler en aurait étouffé les flammes ? » — « Qui es-tu » demanda Tame-

nund, qui écoutait avec un nouvel étonnement la voix du Mohican. — « Je suis Uncas,
» le fils de Chingachgook, répondit le jeune homme, et le sang de Tamenund coule dans
» mes veines, car je descends d'Unamis, le père de toute la race !

    — » La nuit va se dissiper, dit le vieillard avec joie, le soleil reparaîtra ! Manitto a en-
» voyé celui qui est digne de me remplacer, et je puis enfin songer au repos. »

Le jeune homme s'avança d'un pas léger vers le vieillard qui le reçut dans ses bras, et
les Delawares regardèrent avec étonnement ces deux hommes si dissemblables : l'hiver
embrassant le printemps. Après un long silence, le patriarche reprit la parole : « J'en-
» tends de nouveau, dit-il, la voix des prophètes, prédisant que deux guerriers de l'an-
» cienne race des tortues s'étaient fixés dans les montagnes. Oh ! ajouta-t-il d'une voix
» pleine de tendresse, pourquoi laissaient-ils leurs places vides dans les réunions de
» leurs frères, et ne songeaient-ils pas qu'une tribu est bien près de périr, lorsqu'elle est
» abandonnée par ses plus nobles enfants ? » — « Mon père se souvient du temps, répondit
» Uncas, où les descendants d'Unamis gouvernaient le pays, mais lorsque les Blancs se
» montraient de tous côtés, ils suivirent les traces des sauvages qui les reconduisaient
» dans leurs vallées natales. Maintenant tous les chefs de la dynastie reposent dans la
» terre ; Chingachgook et Uncas en sont les seuls survivants, parcourant les bois, suivant
» l'exemple de leurs pères. » Uncas ayant achevé de parler, se dirigea vers ses amis,
puis avec le tomahawk d'un des guerriers, il rompit les liens d'OEil-de-Faucon et
d'Hegward ; suivi de ses compagnons et des deux sœurs il retourna auprès du vieillard et
lui dit : « Vois ces prisonniers, qui sont les amis de ton fils, et rends-leur la liberté ! »
« Le Huron les réclame comme étant son bien », répondit le vieillard.

    — « C'est une erreur », répliqua Uncas avec un geste de colère, tandis que Tamenund
faisait demander le Huron.

Magua, qui avait peine à cacher son mécontentement, s'avança, sans trop de hardiesse, vers le patriarche et lui dit : « Comment le sage et juste Tamenund peut-il vouloir
» garder ce qui appartient à un Huron. »

    — « Avez-vous remporté la victoire », demanda le vieillard ? — « Point du tout, in-
» terrompit OEil-de-Faucon, la panthère peut se laisser prendre au piège, que des
» femmes lui ont tendu, mais elle sait s'en débarrasser ! »

    — « Est-ce que l'étranger et la jeune fille qui sont arrivés ensemble dans mon camp

» lui appartiennent », demanda Tamenund. « La jeune fille a été sauvée par son fiancé
» courageux », expliqua Uncas. « Quelle est alors l'autre femme que le Huron a laissée
» dans mon camp », continua le vieillard ?

Ici le Mohican se tut. « Elle m'appartient », dit Magua triomphant, « tu le sais bien,
Uncas ! »

Tamenund demanda si le Huron avait dit la vérité. Alors Uncas, regardant tristement
devant lui, confirma d'une voix tremblante les paroles de son ennemi.

Au bout de quelques instants, Tamenund s'apprêta à parler et chacun attendait sa décision avec anxiété. « Éloigne-toi, dit-il au Huron, mais comme Manitto défend l'Injustice
» au guerrier, emporte ce qui t'appartient ! »

Magua se dirigea vers Cora avec des regards triomphants, mais au moment de l'emmener, Hegward, au désespoir, se jeta sur le Huron. « Demande-moi tout ce que tu veux,
» dit-il avec un accent suppliant, mais renonce à garder cette jeune fille. »

Malgré toutes les supplications, les prières, et même les menaces, Magua resta inébranlable.

OEil-de-Faucon et Uncas s'avancèrent auprès du Huron, et lui offrirent tout ce qui
peut paraître de plus précieux aux yeux d'un Indien, comme rançon, pour obtenir la liberté d'un prisonnier, mais Magua répondit avec un rire méprisant : « Ne prodiguez pas
vos paroles, car je suis sourd à vos demandes ! » puis, sans s'occuper davantage des
guerriers, il quitta le camp, traînant avec lui Cora résistante, mais ayant à peine la force
de lutter.

Selon les lois de l'hospitalité indienne, trois heures devaient s'écouler, avant que les
Delawares pussent faire la moindre tentative pour délivrer la malheureuse jeune fille,
mais Uncas avait promis au major de tout essayer pour la sauver, et la tribu entière suivit
son exemple.

Le patriarche et Alice ayant été reconduits dans leurs cabanes, les guerriers commencèrent tous les préparatifs annonçant un prochain combat, et lorsque le soleil se trouva
au zénith, ils se mirent en marche sous le commandement d'Uncas.

Ils n'étaient pas encore assez éloignés pour ne plus pouvoir distinguer les huttes du
campement qu'ils venaient de quitter, lorsqu'ils aperçurent un homme sur une hauteur
voisine ; Uncas poussa un cri de joie, car il avait reconnu son père.

Les guerriers reçurent avec enthousiasme le descendant d'Unamis, qui, après avoir échangé une poignée de mains avec Œil-de-Faucon et Hegward, pressa tendrement son fils sur sa poitrine.

En quelques mots, on lui raconta ce qui s'était passé. Chingachgook répondit alors qu'il y avait longtemps que les Hurons faisaient des préparatifs de guerre, et que c'était la raison de sa longue absence, n'ayant pas pu parvenir au camp des Delawares, à cause des Hurons qui gardaient tous les chemins et tous les sentiers ; il leur expliqua ensuite que les routes étant devenues libres après le départ de Magua, il avait quitté sa cachette dans la forêt, pour venir à leur rencontre.

Il pressa encore une fois les mains de ses compagnons, puis leur dit d'un ton décidé : « Avancez-vous surtout avec prudence, car les Hurons sont en embuscade.

— « Nous ne voulons rien négliger de ce que peut faire un brave et courageux guerrier », répondit Uncas, tandis que Chingachgook contemplait avec fierté l'air héroïque de son fils.

Il se joignit ensuite aux troupes qui se remirent en marche et ne tardèrent pas à atteindre le campement ennemi.

Des coups de feu répétés partant des profondeurs du bois, saluèrent l'arrivée des Delawares. « Magua s'est caché avec ces scélérats de Peaux-Rouges, pour nous surprendre, » dit Œil-de-Faucon, mais nous parviendrons bien à les faire sortir de leur retraite. » En avant, courage ! »

Les Delawares se précipitèrent avec une fureur sauvage sur leurs adversaires, et bientôt le combat s'engagea entre les deux partis. Guidés par la haine qui régnait depuis longtemps entre les deux tribus, les guerriers se montraient sans pitié, et bientôt le sol fut jonché de morts et de blessés. Uncas et Hegward ne perdaient pas de vue Magua, qui combattait en tête de son armée, mais sut toujours éviter avec adresse les coups dirigés contre lui.

Lorsque la victoire des Delawares parut certaine, les Hurons commencèrent à s'enfuir, et Magua cherchant à se dérober aux regards de ses ennemis, disparut dans un épais fourré.

Uncas courut après lui, mais il s'arrêta au bout de quelques instants et s'embusqua de manière à ne pas perdre de vue les divers mouvements du Huron qui, s'étant assuré que personne ne le poursuivait, s'introduisit dans la caverne où Hegward avait été conduit pour guérir l'Indienne malade. Il en sortit presque aussitôt, entraînant Cora et s'enfuit avec elle du côté opposé. Uncas, accompagné d'OEil-de-Faucon, se mit en devoir de rattraper Magua, mais celui-ci apercevant les ennemis, réunit toutes ses forces pour parvenir à leur échapper.

Il grimpa sur un rocher, avec une agilité surhumaine, se dérobant ainsi aux regards de ses persécuteurs, mais Cora à laquelle la voix de ses deux amis avait redonné du courage, s'arracha violemment des bras du Huron, pour se cramponner de toutes ses forces à un arbre. « Ne résiste pas », s'écria Magua au comble de l'exaspération et voyant ses ennemis s'approcher, « car ils ne te sauveront pas la vie ! » « Tue-moi », lui répondit Cora qui ne voulait pas lâcher l'arbre, « mais tu ne parviendras pas à me faire avancer d'un seul pas. » Le Huron prit son tomahawk et le brandit au-dessus de la tête de la jeune fille. « Choisis entre la vie et la mort, dit-il d'une voix irritée ! »

Toutes ces menaces laissaient Cora inébranlable, alors Magua essaya d'arracher la jeune fille de l'arbre auquel elle se retenait, mais au même moment, Uncas poussa un cri de triomphe.

« Eh bien, tu mourras ! » s'écria Magua furieux, et saisissant son tomahawk, il le laissa retomber sur la tête de la malheureuse jeune fille, qui fut blessée mortellement.

Uncas qui venait d'atteindre le sommet du rocher, allait emporter Cora dans ses bras, mais le lâche Huron profita de cette occasion pour enfoncer son couteau dans le dos du jeune homme ; le Mohican, avec la fureur d'un lion blessé, se précipita sur son ennemi, mais Magua, intrépide en présence du danger qui le menaçait, descendit hardiment le long de la paroi du rocher.

Lorsque OEil-de-Faucon arriva sur le lieu du combat, il trouva son jeune ami mourant, et comprit de suite que toute tentative de le sauver était inutile ; mais il résolut de venger ce meurtre.

Aussitôt il se dirigea vers le bord du précipice, le Huron l'ayant aperçu, cria d'une voix triomphante : « Magua s'est vengé ! » Ce furent ses dernières paroles, car il reçut en pleine poitrine une balle lancée par OEil-de-Faucon ; la mort fut instantanée et il roula dans l'abîme.

Le bruit du combat avait cessé, et les Hurons s'étaient enfuis sans que les Delawares abattus par la mort d'Uncas, aient songé à se mettre à leur poursuite. On n'entendait aucun air de triomphe, aucun appel joyeux, les guerriers se reposaient silencieusement.

Cora était étendue sur une civière, enveloppée dans des étoffes indiennes, entourée de fleurs et d'herbes odorantes ; à ses pieds, Alice et Hegward pleuraient sur cette sœur qu'ils venaient de perdre, et qu'ils n'avaient pu réussir à sauver. Les jeunes filles de la tribu des Delawares récitaient les chants des morts, dont l'écho se perdait dans le bois. OEil-de-Faucon restait immobile, appuyé sur son fusil, et ses yeux ne quittaient pas le corps d'Uncas, étendu sous un arbre et paré d'ornements indiens ; Chingachgook était agenouillé auprès du corps de son fils, et l'on voyait briller sur sa poitrine, *la tortue*, signe distinctif de sa race.

Tous les guerriers défilèrent, en louant les actions du défunt; pendant que les jeunes filles continuaient leurs chants funèbres.

Toutes ces démonstrations laissaient Chingachgook indifférent, car il ne pouvait détacher ses yeux de la figure d'Uncas, et il ne s'aperçut même pas du moment où les jeunes filles soulevant la civière, emportèrent le corps de Cora. Lorsque les guerriers vinrent prendre le jeune Mohican pour le déposer dans la tombe qu'ils avaient creusée, Chingachgook s'écria d'une voix tremblante : « Uncas, ne me quitte pas ! » Malgré cette supplication, les guerriers emportèrent la civière, que Chingachgook suivit à pas chancelants, ne quittant pas de vue les traits de son fils bien-aimé, mais quand les Delawares laissèrent glisser doucement dans la tombe le corps du jeune homme, la douleur du père ne put se contenir et il dit d'une voix entrecoupée par les sanglots : « Mon fils, ton père t'appelle ! » Cette prière ne fut point entendue, car les yeux d'Uncas, si obéissants autrefois, étaient fermés pour toujours. — Chingachgook ne se laissa pas abattre par le chagrin, ses fonctions de chef ne lui permettant pas de céder sous le poids de sa douleur. Rassemblant tout son courage, et ne voyant que des visages tristes autour de lui, il s'écria : « Pourquoi vous plaignez-vous, mes frères, et vous mes filles, quelle est la cause » de vos larmes? Vous devez au contraire vous rejouir qu'un jeune guerrier noble et » bon, soit parti vers la contrée, où Manitto l'appelait et où il sera récompensé de sa » bravoure. Il devait donc quitter les siens, mais son père reste seul, entièrement seul ». En prononçant ces derniers mots, Chingachgook s'affaissa sur la tombe de son fils, mais il sentit une main se poser affectueusement sur son épaule, et une voix lui

dit : « Chingachgook, tu n'es pas abandonné, ton ami n'est-il plus rien pour toi? »
Le Mohican se jeta en pleurant dans les bras d'Œil-de-Faucon, et les Delawares qui
conduisaient avec joie un ennemi au supplice, furent obligés de se détourner, pour ne
pas se laisser attendrir.

Après de touchants adieux, Hegward s'en alla avec sa fiancée pour porter au colonel
Munro, la triste nouvelle de la mort de Cora. Le temps, ce grand consolateur de l'humanité, guérit aussi leur douleur; cependant, après bien des années, lorsqu'Alice racontait à ses petits-enfants, les dangers qu'elle avait courus chez les Delawares et les Hurons, ayant pour protecteur Œil-de-Faucon, Chingachgook et Uncas, ses beaux yeux
se mouillaient de larmes, en songeant à la triste fin de la malheureuse Cora.

LE GUIDE

CHAPITRE PREMIER

LA TRAVERSÉE INTERROMPUE

Dans la seconde moitié du siècle dernier, s'étendaient encore à l'ouest de l'État de New-York, d'immenses forêts vierges, et à une centaine de kilomètres de ses limites occidentales, s'élevait, sur les bords du fleuve Mohawk, le fort de Stanwix occupé par les Anglais. Des voyageurs, au nombre de quatre, venaient d'arriver dans cette contrée, et d'eux d'entre eux, qui s'étaient engagés dans la forêt, regardaient avec attention dans une direction déterminée; l'un appartenait à la tribu Indienne des Tuscarores, établis anciennement dans la Caroline du Nord, mais qui par suite d'une guerre avec les colons du pays, avaient dû se réfugier dans l'intérieur de l'État de New-York; l'autre avait l'apparence d'un marin, de rang inférieur.

« Regarde là-bas », dit-il à son compagnon en lui montrant avec la main, un nuage de fumée noire qui s'élevait au-dessus des arbres, « il doit y avoir des habitations, et » peut-être pourrons-nous trouver quelque chose pour notre second déjeuner, car je » suis affamé comme un requin; cependant je n'ai guère envie d'entrer en relation » avec les Peaux-Rouges, de crainte qu'ils ne cherchent à s'emparer de mon scalp » pour orner leur *wigwams* ».

En achevant ces paroles il passait sa main sur son crâne presque entièrement nu auxquel pendait une longue queue enveloppée dans une peau d'anguille.

« Feu de l'homme blanc », répondit tranquillement le Tuscarore, qui avait ce noble extérieur guerrier, que l'on rencontrait encore souvent au siècle dernier parmi les

habitants de l'Amérique du Nord. Quoiqu'il eût été souvent en contact avec les colons
et les officiers des différents forts militaires, et qu'il connût leur langue et leurs
mœurs, il était resté en lui un mélange d'esprit sauvage et de dignité naturelle, signes
caractéristiques de sa race.

Après avoir encore examiné attentivement la fumée qui continuait à s'élever, il secoua
la tête et dit : « Sûrement, ce ne sont pas des Indiens ». — « A quoi le reconnaissez-
» vous » demanda le marin étonné ? » — « La fumée noire, continua le Tuscarore, avec
» un air entendu, provient toujours de bois mouillé, et les Indiens sont trop fins pour
» faire du feu dans ces conditions-là ». — « Vous pourriez bien avoir raison », répondit
son compagnon, et il se dirigea du côté de la forêt, où une jeune fille était assise
auprès d'une indienne, femme du Tuscarore.

« Ce sont des blancs qui demeurent là bas, cria-t-il à la jeune fille et nous pouvons
» nous approcher sans crainte. Qu'en penses-tu, Mabel ? » — « Je suis prête, » répondit-
» elle, nous pouvons nous remettre en marche, cher oncle ». La jolie figure de celle
qui parlait se colora d'une vive rougeur, à la perspective agréable de rencontrer des
hommes civilisés, après un pénible voyage de huit jours à travers des contrées sauvages.

La jeune fille n'appartenait pas à une classe plus élevée que son oncle *Charles Cap*,
mais sa figure expressive et son regard intelligent, lui donnaient beaucoup de charme.
Mabel se releva pour suivre les deux hommes, pendant que l'autre femme, d'après l'ordre
du Tuscarore, retournait vers le fleuve, où les voyageurs avaient laissé le canot, sur lequel s'était effectuée la traversée du Mohawk.

Le Tuscarore regardait attentivement autour de lui, s'avançant toujours avec précaution, mais soudain il s'arrêta et avisant un creux entre les arbres il dit au marin
avec un air de triomphe : « Voyez, là-bas, Eau-Salée, ce feu que nous voyons briller est
» bien allumé par des blancs ! » — « De toute façon, murmura Cap, je vois la figure pâle
» d'un jeune homme distingué, assis auprès de deux autres hommes en train de prendre
» leur repas, dont l'un est un Peau-Rouge de la plus belle race, tandis que l'autre me
» paraît tenir de l'un et de l'autre, le milieu entre le brick et la goëlette. » — « Dirigeons-
» nous donc vers les étrangers, dit Mabel à voix basse, en s'adressant à son oncle. » — « Pas
» encore, mon enfant, répondit Cap, il nous faut d'abord savoir si ce sont des amis ou

» des ennemis. Peut-être aussi, ce sont des Français ». Le Tuscarore secoua énergique-
» ment la tête et répondit : « Le Peau-Rouge est un Mohican, et le blanc doit être An-
» glais. Laissez la jeune fille se diriger seule vers eux ». — « Pour rien au monde »,
s'écria Cap effrayé. — « C'est cependant le parti le plus sage à prendre », répliqua
Mabel, « car sûrement les étrangers ne me feront point de mal, et ils comprendront, en
» me voyant arriver, que nous n'avons que des intentions pacifiques. »

L'oncle Cap ne céda qu'à regret. Alors Mabel, rassemblant tout son courage, s'approcha à pas légers du groupe en question. Le craquement d'une branche sèche sur laquelle
la jeune fille avait marché, fit tressaillir les hommes installés auprès du feu. L'Indien,
prit en toute hâte son fusil qu'il avait déposé contre un arbre, mais en apercevant Mabel,
il murmura à ses compagnons quelques mots pour les rassurer et se rassit auprès du
feu. L'homme que Cap avait désigné comme tenant le milieu entre le brick et la goëlette,
alla à la rencontre de Mabel ; il était grand, fortement charpenté et d'un âge moyen. Sa
figure portait l'empreinte d'une grande franchise, et d'un ton affable, il dit à Mabel
avant de la rejoindre : « Soyez sans crainte, vous êtes en face d'un honnête homme et
peut-être mon nom ne vous est-il pas étranger ; surnommée d'abord Tueur-de-Daims
par les Delawares, puis OEil-de-Faucon, je m'appelle maintenant le « Guide ». Ce nom
a bien sa raison d'être, ajouta-t-il, car il n'y a pas de sentier qui échappe à mon regard,
et tout en parlant il passait complaisemment la main dans sa longue barbe.

« Le Guide », s'écria Mabel d'un ton joyeux ; « s'il est vrai que je me trouve en pré-
» sence de cet homme courageux, j'ai été guidée par ma bonne étoile. »

« C'est bien la vérité », dit le chasseur en riant. « Mais comment me connaissez-
» vous ? » — « Vous êtes l'ami, répliqua Mabel avec un sourire, au-devant duquel mon
» père m'envoie. — « Ah ! reprit le chasseur d'un ton joyeux, vous êtes donc la fille du
» sergent Dunham, mais n'avez-vous personne avec vous ? » Mabel lui expliqua alors
» qu'elle était accompagnée de son oncle Cap et d'un Tuscarore, appelé « Pointe-de-
» Flèche ». Le ciel soit loué, ajouta-t-elle, que nous vous ayons rencontré ici, plutôt
» qu'au bord du lac. »

— « Etait-ce Pointe-de-Flèche qui vous conduisait, demanda le Guide en faisant une
» grimace avec la bouche ? Je ne suis pas ami des Tuscarores, et Pointe-de-Flèche est
» un chef très ambitieux. Junitau l'accompagne-t-elle ? » — « Sa femme est avec nous,

» répondit Mabel, elle est douce et soumise. » — « Elle possède un cœur d'or, ajouta le
» Guide, et l'on ne pourrait pas en dire autant du chef. Je suis heureux de pouvoir vous
» conduire, car j'ai promis à votre père de vous remettre saine et sauve entre ses mains
» et c'est dans cette intention que j'avais laissé le canot près des cascades, afin d'aller à
» votre rencontre, au travers de la forêt. » Après avoir parlé, il se dirigea vers les hommes qui accompagnaient la jeune fille et qui venaient de sortir de leur cachette. « Ap-
prochez seulement, leur cria-t-il, nous ne voulons pas vous attaquer ! » L'oncle Cap,
reprit une figure sereine, toucha la main du Guide, puis ils se dirigèrent tous vers le feu.
Là, ils trouvèrent deux hommes dont le plus jeune se leva avec empressement et les
salua en retirant son chapeau, tandis que l'Indien au regard profond, resta tranquillement assis, et salua seulement avec la main selon la coutume des chefs.

— « Voilà les hommes courageux auxquels votre père vous confie, dit le Guide en
» s'adressant à la jeune fille ; je vous présente Chingachgook, mon ami depuis de lon-
» gues années, et Jasper Western, un jeune marin, mais n'allez pas en conclure qu'il ne
» se trouve à son aise que sur l'Océan, comme votre oncle Cap, car il navigue de préfé-
» rence sur l'Ontario. »

En entendant ces paroles, Cap parut vivement intéressé et il s'approcha du jeune
homme pour lui tendre la main. « Vous m'avez l'air d'un vaillant camarade, lui dit-il,
» il est seulement regrettable que vous passiez votre vie sur l'Ontario. »

Cap s'étendit alors sur tous les agréments d'une longue traversée, jusqu'à ce que le
Guide l'arrêtât dans son discours et lui dit : « Ne sentez-vous pas le besoin d'employer
» votre bouche à un travail plus important ; dites-moi par hasard si vous n'avez pas faim. »

« C'est-à-dire que je suis affamé », répondit Cap, tout en saisissant quelques morceaux
de gibier que le Guide lui tendait.

Chacun s'installa pour manger, et bientôt le plus profond silence régna autour du
feu.

Jasper Western eut mille attentions aimables pour Mabel, mais on remarquait dans
ses manières une timidité que l'on rencontre chez les jeunes gens si éloignés de la
société des femmes. Il prépara pour la jeune fille un siège confortable, sur un tronc
d'arbre, lui apporta les meilleurs morceaux d'un gigot de cerf et alla chercher de l'eau
fraîche à une source voisine.

Comme remerciement, Mabel leva ses beaux yeux bleus sur Jasper et le regarda avec reconnaissance.

Lorsque l'oncle Cap eut apaisé sa faim, il se releva, quitta le feu, et témoigna au Guide le désir de lui dire quelques mots en secret. Le chasseur s'empressa de se rendre à sa demande, et ils s'éloignèrent sous les arbres. Cap expliqua alors qu'il n'avait confiance en aucun Indien et qu'il désirait connaître la manière dont ils allaient continuer leur voyage.

— « Le Tuscarore, ajouta-t-il, m'a parlé d'un lac Ontario, près duquel doit se trouver le
» fort Oswego, où mon beau-frère Dunham commande, en sa qualité de plus ancien ser-
» gent. Dans votre pays, on donne le nom de lac à la plus petite mare, aussi je ne me
» fais pas une idée bien nette de ce que peut être le lac Ontario et je désire savoir com-
» ment nous y arriverons.

— » Tout simplement, répondit le Guide, en laissant notre bateau descendre le courant
» de l'Oswego, qui se jette dans le lac Ontario. » — « Ne me parlez pas toujours d'un
» lac, s'il ne s'agit pas d'une grande étendue d'eau », dit Cap irrité.

— » Pour nous, c'est un lac, répliqua le Guide, avec un sourire ironique ; mais on peut
» le trouver étroit parce qu'il a deux bouts, ce qui permet un mouvement tournant à
» l'ennemi.

— » A la bonne heure ! répliqua Cap d'un air moqueur, voilà bien vos mares d'eau
» douce, combien je préfère notre Océan Atlantique ! Là, on n'a pas à redouter les attaques
» subites des ennemis, et les gens qui demeurent sur ses bords n'ont pas à craindre
» pour leur vie. Chacun peut aller se coucher tranquille, bien sûr de retrouver le lende-
» main matin ses cheveux sur sa tête. » — « Il n'en est pas de même pour nous, dit
» le Guide en riant, surtout maintenant en temps de guerre, où les deux rives de l'On-
» tario sont peuplées d'Iroquois. »

A ces mots, Cap tressaillit. « Comment se fait-il que mon beau-frère ne m'en ait
» pas averti, car je n'ai pas la moindre envie de laisser ma tête en souvenir aux enne-
» mis ; si je n'étais pas avec ma petite Mabel, je retournerais immédiatement à bord,
» et me dirigerais sur New-York. » — « Voyons, courage, lui dit le Guide pour le conso-
» ler, le fort d'Oswego n'est pas loin, et en suivant le courant, nous y arriverons rapide-
» ment. » — « Enfin, grommela Cap, en se grattant derrière l'oreille, il faut bien pren-

» dre les événements comme ils se présentent », puis ayant regagné le lieu du campement il dit à sa nièce : « Mabel, prépare-toi, nous allons partir ! »

La jeune fille se rendit sans retard à l'invitation de son oncle, après avoir écouté avec intérêt Jasper qui lui parlait de son père qu'elle n'avait pas revu depuis son enfance, au moment de la mort de sa mère.

Les préparatifs terminés, la petite société se mit en marche, et atteignit bientôt les bords de l'Oswego, où la femme du Tuscarore gardait le canot avec lequel l'oncle Cap, sa nièce et le couple indien, avaient traversé le Mohawk, depuis le dernier port militaire, le fort de Stanwix. Les voyageurs s'installèrent dans leur embarcation, qui se trouvait maintenant trop petite à cause du Guide et de ses deux compagnons qui s'étaient joints à la société.

Le canot avançait avec une grande rapidité, grâce à l'habileté des rameurs et à la force du courant, et la couleur sombre de l'Oswego, assez étroit dans cette partie, contribuait à donner à cette scène un aspect pittoresque.

Sur les deux rives, coupées par de nombreuses anfractuosités, s'élevaient de beaux arbres dont les branches formaient comme une muraille de verdure s'étendant au-dessus de l'eau et sous laquelle passaient les voyageurs. Le pilote du canot, devait manœuvrer avec prudence, à cause des arbres abattus par l'orage, qui émergeaient de l'eau et obstruaient la route.

Le Guide tournait ses regards vers le pays couvert de forêts, puis il dit en soupirant : « Que faire, pour voir revivre ces temps de paix où l'on pouvait sans crainte parcourir » les bois en tous sens. Je suis fatigué de la guerre, ajouta-t-il en regardant Mabel, lors- » que je songe à tous les combats que nous avons soutenus, le sergent Dunham et moi, con- » tre les Français et les Mingos. » — « Vous êtes alors le jeune ami », dit Mabel joyeuse, « que mon père mentionnait si souvent dans ses lettres. »

— » Parfaitement, répliqua le Guide en inclinant la tête, et vous pouvez dire son jeune » ami, car il a trente ans de plus que moi. » Au même instant un bruit étrange traversa l'air, comparable à celui des vagues venant s'abattre sur le rivage et Cap demanda au Guide, d'où il pouvait provenir. »

« A un quart d'heure d'ici, répondit le Guide, le fleuve se précipite en bas d'un rocher ; » du reste, vous verrez la cascade de vos propres yeux puisque nous devons aller au delà

» pour gagner le port. » — « Comment, s'écria Cap effrayé, vous voulez franchir une chute
» d'eau sur une aussi frêle embarcation ? »

— « Pourquoi pas ? » ajouta tranquillement le Guide, « vous verrez alors que, quoique
» marins d'eau douce, nous avons appris quelque chose » — « Songez bien, dit Cap en se
» retournant de nouveau, que nous avons des femmes avec nous. » — « Si vous voulez,
» nous les déposerons sur le rivage avec les deux Indiens, et elles feront la route à pied,
» pendant que nous franchirons la cascade avec le canot. Vous n'avez pas peur, je
» pense? » — « Ce serait honteux pour un vieux loup de mer comme moi, répondit
» Cap vivement, je suis décidé à vous suivre partout où vous irez. » Mais malgré ces
paroles courageuses, sa figure avait une expression d'inquiétude.

Avant d'atteindre la cascade, le canot aborda et les deux femmes en descendirent
avec Chingachgook et Pointe-de-Flèche. L'embarcation, ainsi allégée, alla reprendre le
milieu du fleuve, et le Guide rama de toutes ses forces, pendant que Jasper se tenait
debout et dirigeait le bateau du côté de la chute. Cap ferma les yeux et se cramponna au
canot qui bientôt plongea profondément, mais il entendait le mugissement des eaux fu-
rieuses qui faisaient danser comme une coquille de noix la légère embarcation.

Le marin avait vu bien des tempêtes sur mer, sans éprouver jamais la moindre crainte,
et cependant dans le tourbillon de la cascade, il était saisi par un sentiment de terreur.

Une fois, la chute d'eau franchie, il rouvrit les yeux, et s'aperçut avec joie que le canot glissait sur le fleuve redevenu calme.

— « Voilà de l'adresse, s'écria-t-il, et je vois que les marins d'eau douce, peuvent être
» des hommes habiles », puis il accompagna ces paroles d'une poignée de main affec-
tueuse.

Ils atteignirent bientôt la place où Jasper avait caché son canot, dans un buisson ; la
société se partagea alors en deux parties ; Cap, Mabel et Jasper dans un bateau, le Guide
et le couple Indien dans un autre. Chingachgook était allé en avant le long du fleuve, afin
de guetter s'il n'y avait aucun ennemi dans le voisinage.

« C'était un coup hasardeux », dit Mabel au Guide, lorsqu'elle se fut installée dans le
bateau, « pourquoi n'avez-vous pas choisi de préférence de faire la route à pied ? Le
» canot aurait bien pu se guider tout seul et vous l'auriez rattrapé après le passage de la
» cascade. »

Le Guide se mit à rire et lui expliqua que l'on n'aurait plus retrouvé que les épaves du canot, mais soudain il interpella Jasper : « Est-ce une erreur, ou bien Chingachgook » nous fait-il vraiment des signes depuis ce rocher, là-bas ?

— » Oui, c'est bien lui, répondit Jasper, mais que peut-il nous vouloir ». — Nous » allons le savoir de suite, reprit le Guide, suivez-moi avec votre canot ». Le chasseur, imprimant aux rames un mouvement plus rapide, ne tarda pas à approcher du bord, et ayant interrogé Chingachgook, il apprit que des Mingos étaient dans les bois. « Quel ennui, s'écria-t-il, à cause de Mabel », puis il descendit du canot et grimpa sur le rocher.

Les deux amis disparurent dans la forêt, mais au bout d'un quart d'heure, le Guide revint sans Chingachgook, le visage empreint d'un profond souci.

« Qu'est-il arrivé, demanda Cap au chasseur? »—« Rien d'agréable répondit le Guide, » nous avons découvert une trace qui nous fait redouter un danger, et je crains beau- » coup que nous ne puissions pas passer au milieu des broussailles sans recevoir une » décharge en règle. »

Les voyageurs parurent peu satisfaits de cette nouvelle; Jasper, seul, conserva tout son sang-froid.

« Il ne faut pas désespérer si facilement », dit-il. « Si Dieu le veut », ajouta le chasseur, « nous échapperons au danger, mais il faut réunir toutes nos forces, car ces » diables de Mingos sont fins comme des serpents, les canots sont cachés à leurs regards » par les rivages élevés et la verdure du bois, ici, nous sommes donc en sûreté, mais nous » ne pouvons pas y rester indéfiniment. Il nous faut parvenir à lancer les Mingos d'un » autre côté, pour traverser le fleuve sans crainte d'être attaqués. Vous Jasper, montez » sur le rocher et allumez-y un grand feu près du marronnier; peut-être les Mingos, » cerneront-t-ils la place dans l'espoir de nous surprendre dans notre sommeil et, dans » ce cas-là, nous pourrions continuer sans encombre notre voyage. »

Jasper partit, et l'on vit bientôt s'élever d'épais nuages de fumée dans la direction indiquée; pendant ce temps les canots furent amenés à un endroit où les arbres for- maient un bosquet si touffu que les voyageurs ne risquaient pas d'être découverts par les ennemis. « La cachette est bonne, dit le Guide, mais nous allons la rendre encore » plus sûre ». Il descendit du bateau avec le Tuscarore, et tous deux s'enfoncèrent dans le fourré; là ils coupèrent des branches de jeunes aulnes et de différents arbustes qu'ils disposèrent sur les bords des canots, mais qu'ils avaient eu soin de plonger auparavant dans la vase, afin que l'illusion fut complète. Cette couche de verdure faisait que l'on ne pouvait pas distinguer, à une certaine distance, les embarcations des buissons environnants.

Depuis cette retraite, le Guide surveillait Jasper, qui passa le gué avec prudence, tournant ses regards de tous côtés, afin de s'assurer qu'il n'allait pas être attaqué par l'ennemi, mais aussi pour arriver à découvrir les canots de ses amis.

Il arriva tout près de la cachette, sans se douter que les bateaux y étaient amarrés, approcha du rivage jusqu'à ce qu'il aperçut entre deux branches, la figure loyale du Guide, qui lui fit signe de monter dans l'embarcation.

« Regardez, là bas, dit-il à Jasper, ne voyez-vous pas Chingachgook? D'après sa con- » duite, il doit apercevoir les ennemis, car il tourne autour du rocher comme pour » éviter d'être découvert.» — « Sans doute, il ne pourra pas découvrir notre retraite, dit » Cap, il faudrait l'appeler.» — « Soyez sans crainte, répliqua le Guide, Chingachgook » comprendra bien notre ruse ».

Pendant cette conversation, le Mohican s'était approché du bosquet de verdure; il aperçut les canots si bien dissimulés dans le feuillage, se dirigea vers ses amis, et sauta dans le bateau. «Eh bien! dit le Guide, que deviennent les ennemis ? » Chingachgook leur expliqua que ce n'étaient pas des Mingos, mais bien une autre tribu des Iroquois et qu'il craignait que la ruse du feu eut été découverte il attira son ami vers l'extrémité du canot afin de lui faire part de la situation, et pour éviter d'effrayer les femmes lorsqu'elles entendraient le danger qui les menaçait.

— « Approchez-vous », dit Jasper tout d'un coup d'une voix douce, « les Indiens sont en vue ».

Il s'agissait de trois Iroquois que l'on distinguait au milieu du fleuve, mais qui ne paraissaient pas sûrs de la direction qu'ils voulaient prendre.

Le Guide dit à Chingachgook et à Pointe-de-Flèche de se tenir prêts, car d'un instant à l'autre, les Indiens pouvaient fondre sur eux, mais il ne fallait faire feu qu'à la dernière extrémité, le bruit de la décharge faisant découvrir leur retraite.

Les trois ennemis s'approchaient de plus en plus, et les voyageurs installés dans le canot osaient à peine respirer, de peur d'être entendus. Deux des Indiens passèrent devant eux, sans les remarquer, mais le troisième, un tout jeune guerrier, fixa ses regards sur des feuilles jaunies qui pendaient aux branches des aulnes. Il fouillait avec précaution dans le fourré, lorsque Chingachgook lui asséna un coup violent avec son tomahawk. Blessé à

La traversée interrompue,

mort, il tomba dans l'eau sans pousser un cri, ce qui aurait pu éveiller l'attention de ses compagnons.

Chingachgook sauta en dehors du bateau, afin de continuer à épier les divers mouvements des Iroquois, et grâce à l'épaisseur du feuillage, il pouvait échapper aux regards de ses ennemis. Bientôt un cri de douleur, lui fit comprendre que le corps du jeune In-

dien venait d'être retrouvé par les autres Iroquois. « En avant, si vous tenez à la
vie, commanda le Guide », tout en ramant activement pour faire sortir le bateau de
dessous le feuillage. Jasper, imita son exemple, aidé de Pointe-de-Flèche et de sa
femme qui poussaient le canot devant eux. Au commencement, les deux embarcations
s'en allèrent rapidement mais soudain elles s'arrêtèrent. Quel ne fut pas l'étonnement de
Jasper, lorsque s'étant retourné, il s'aperçut que Pointe-de-Flèche s'était enfui avec Junitau. Il en avertit immédiatement le Guide, qui répondit d'un ton méprisant : « Ne vous
» en inquiétez-pas, ce sont des lâches ! » Jasper, qui avait dans son canot Cap et sa
nièce, se dirigea vers la rive opposée, pendant que le Guide continuait dans la même
direction, afin de soustraire, si possible, ses compagnons, à la poursuite des ennemis.
Son projet réussit, car les Iroquois ne s'inquiétèrent pas de l'autre bateau et firent feu sur
lui, sa haute stature leur offrant un but facile à atteindre, mais le chasseur sut manœuvrer son bateau avec tant d'adresse, qu'il évita les nombreuses balles qui sifflaient autour
de lui.

Pendant ce temps, le canot conduit par Jasper avait abordé à l'autre rive et les voyageurs en descendirent en toute hâte, afin de s'enfoncer dans la forêt pour éviter les décharges des sauvages. Le Guide, entouré d'une troupe d'Iroquois, se trouvait dans une
situation très grave.

La force du courant l'empêchait de diriger l'embarcation à son gré. Il résolut alors
de gagner un bloc de rocher qui émergeait de l'eau à une distance de cinquante pas, en
ayant soin de préserver de l'humidité son fusil et sa poire à poudre. Bientôt il eut atteint
son but et attendit avec calme la suite des événements.

Le canot qu'il avait abandonné, était lancé tantôt d'un côté, tantôt de l'autre par la
force du courant, puis soudain, le flot l'entraîna du côté des Iroquois qui l'attirèrent à
eux avec des exclamations de joie.

Le Guide n'était pas loin de la rive occidentale où ses amis s'étaient réfugiés, mais la
couleur sombre de l'eau lui fit comprendre qu'il devrait franchir à la nage l'espace qui
le séparait de la terre ; pour effectuer cette traversée, il lui aurait fallu abandonner son
fusil, mais il s'y décida d'autant moins qu'il aperçut sur la rive orientale, le traître
Pointe-de-Flèche au milieu des Iroquois.

Bientôt on entendit la voix de Jasper criant au Guide : « Faites attention, il s'agit de

» vous tirer de ce mauvais pas. Cap va lancer à l'eau une branche, depuis une place où
» le courant n'est pas trop fort; si elle vous parvient, faites-lui un signe et il enverra le
» canot dans la même direction. »

Ainsi dit, ainsi fait. La branche arriva vers le chasseur, qui en avertit aussitôt le marin,
et le bateau lancé du même côté, ne tarda pas à toucher le rocher.

Le Guide sauta dedans, et ramant avec force, il se dirigea vers Jasper. Les deux amis
se cachèrent dans un buisson, jugeant inutile de courir au-devant du danger, pendant
que le canot tombé entre les mains des Iroquois remontait le courant, conduit par
trois guerriers. Avant que le Guide et Jasper aient eu le temps de tirer, un coup partit
qui frappa celui des trois ennemis qui tenait le gouvernail. « C'était un coup de Chinga-
» chgook, dit le chasseur joyeusement, ce brave Mohican arrive toujours à temps ! »

Les deux Iroquois qui restaient dans le canot, ne savaient pas manœuvrer, aussi
l'embarcation, emportée par la force du courant, alla échouer contre un rocher, et les
Indiens se sauvèrent à la nage.

« Regardez là bas, dit Jasper en s'adressant au Guide, quelle est cette forme étrange
» que l'on voit surgir de l'eau ? Le chasseur examina avec attention, se mit à rire et
répondit : « Vraiment, le Mohican est rusé comme pas un dans le désert; ne le recon-
» naissez-vous pas ? Il pousse devant lui un morceau de bois, sur lequel il a posé son
» fusil, puis afin de dissimuler sa tête, il l'a recouverte de broussailles au-dessus des-
» quelles se trouve attachée la poire à poudre. Quelle merveilleuse invention ! »

Chingachgook arriva ainsi sur la rive occidentale, et Cap s'était joint aux autres hommes afin de discuter sur la manière dont on pourrait continuer le voyage, sans exposer
Mabel à de nouveaux dangers. Les derniers rayons du soleil couchant jetaient une
faible clarté dans l'épaisseur de la forêt et semblait favoriser le projet d'une évasion dont
le Guide entretenait ses compagnons.

— « Comme un bateau ne nous suffit pas, ajouta-t-il, et que d'autre part Mabel ne pour-
» rait pas supporter les fatigues d'un long trajet à pied, il faut réunir toutes nos forces,
» pour rentrer en possession du canot que nous avons perdu. » — « Vous avez raison,
» répondit Jasper, et tandis que nous irons, Chingachgook et moi, à la recherche
» du bateau, vous resterez avec Cap auprès de Mabel. »

Les deux hommes se débarrassèrent aussitôt de tous leurs vêtements superflus, et ne gardèrent comme armes que couteau et tomahawk. Lorsque la nuit fut venue, le Guide alla chercher Mabel, que l'on avait cachée dans le creux d'un arbre, la conduisit dans le bateau où ils attendirent avec Cap, le résultat de l'entreprise hardie de leurs deux compagnons. Chingachgook et Jasper se mirent à nager avec ardeur, mais l'eau étant devenue très basse, ils passèrent le gué en se donnant prudemment la main ; mais l'obscurité était si profonde qu'ils avaient beaucoup de peine à se rendre compte de la direction qu'il leur fallait prendre pour atteindre le rocher, contre lequel le canot était venu échouer. Ce fut seulement après bien des tours, qu'ils finirent par se rapprocher du but, mais le Mohican s'arrêta subitement et apercevant une forme sombre qui se mouvait devant lui il murmura à son compagnon : « Attention, voilà des Iroquois. » L'Indien, venait également de les découvrir, mais comme la nuit était très sombre, il les prit pour des camarades, et leur dit : « Le canot est retrouvé, aidez-moi à l'éloigner du rocher. » — « Conduis-nous », répondit Chingachgook en dialecte Iroquois, et au bout de quelques minutes ils avaient atteint leur but. Les trois hommes, relevèrent le canot, le remirent à flot, et l'Iroquois le remorqua vers la rive orientale où ses compagnons étaient rassemblés. Chingachgook avait déjà levé son tomahawk pour en frapper son ennemi, mais il se ravisa à temps, pensant que le moindre cri poussé par l'Iroquois, ne manquerait pas d'attirer les autres Indiens qui se trouvaient alentour. En effet, il aperçut bientôt quatre Iroquois qui se dirigèrent vers le bateau avec l'intention d'aider à le conduire vers le rivage.

Une fois arrivés, le plus âgé des Iroquois, ordonna aux premiers d'aller chercher des armes ; Jasper et l'Indien qui avait le premier découvert le bateau, restèrent seuls dans l'embarcation. Chingachgook plongea et arriva ainsi auprès du canot sans être aperçu, et les Indiens étant partis, il s'installa à côté de l'Iroquois, mais celui-ci étonné de voir un homme émerger de l'eau, sauta pardessus le bord. Immédiatement le Mohican chercha à éloigner le canot du rivage, mais l'Indien se mit à sa poursuite et le rejoignit au milieu du fleuve. Une lutte terrible s'engagea entre les deux Peaux-Rouges, et l'Iroquois se cramponna si fort à Chingachgook que celui-ci perdit l'équilibre, et tomba à l'eau ; le canot s'en alla à la dérive, Jasper n'ayant plus de rames pour le diriger. Il ne tarda pas cependant à atteindre la rive, où le Guide et Cap, attendaient avec impatience le résultat de l'entreprise.

En apercevant le canot, le Guide poussa une exclamation de joie, mais ce fut pour lui une triste surprise de ne pas revoir Chingachgook ; des cris partant de la rive opposée leur firent comprendre que leur ami était tombé entre les mains des Iroquois, mais malgré sa douleur le Guide ne se laissa pas abattre et il engagea ses amis à fuir le plus promptement possible.

Il fallait prendre de grandes précautions pour plonger les rames dans l'eau, car le moindre bruit pouvait donner l'éveil aux Iroquois. « Vous ne pensez pas sérieusement à » abandonner notre ami dans le danger, dit Jasper, avec un ton de reproche, lorsqu'il » vit le Guide diriger le canot dans le sens du courant. »

— « Cela m'est très pénible », répondit le chasseur, « mais s'il y a quelque chance de se » sauver, le Mohican saura bien en profiter, et nous ne lui serions pas d'un grand secours.

» Nous devons conduire Mabel jusqu'au fort, et aucune considération ne doit nous em- » pêcher d'accomplir notre devoir. » Sans donner de plus longues explications, il se mit à ramer rigoureusement, et Jasper le suivait dans son canot.

Il y avait une heure environ que la petite société était en route, lorsque le Guide arrêta subitement le bateau dans lequel il se trouvait avec Cap et Mabel et écouta attentivement du côté de la rive orientale ; Jasper imita son exemple, mais il n'entendit rien d'extra- ordinaire. « Je ne perçois aucun bruit », dit-il en secouant la tête et en saisissant de nou- veau les rames. — « Silence, fit le Guide, un homme côtoie la rive, et la précaution » avec laquelle il avance me fait supposer que c'est un Peau-Rouge. » Cependant l'idée leur étant venue que le voyageur égaré pourrait être Chingachgook, Jasper demanda de se diriger vers le rivage et le Guide accéda à son désir.

Les amis attendaient avec impatience le retour du bateau, et l'oreille exercée du Guide ne tarda pas à entendre des voix, et à distinguer le léger coup de rames de Jasper ; ce fut une véritable joie lorsque le Guide, ayant aperçu une forme sombre qui bougeait dans le canot, reconnut Chingachgook.

« Je savais bien, ajouta le chasseur, que les scélérats ne réussiraient pas à t'avoir, » mais sois le bienvenu, car nous étions en souci de toi ! »

Les canots reprirent leur marche interrompue, et Chingachgook raconta à ses com- pagnons comment il était tombé aux mains des Iroquois, et par quels moyens il avait ensuite réussi à se sauver.

6

Après la disparition de Jasper, le Mohican avait fait tous ses efforts pour devenir maître de son adversaire ; ayant un bras libre, il avait saisi son tomahawk et frappé son ennemi qui avait disparu dans le fleuve, puis gagnant le bord, il s'était mis en marche dans l'espoir de rejoindre ses compagnons. Plusieurs fois il fut interpellé, mais connaissant à fond la langue des Iroquois, il put continuer sa route, sans éveiller aucun soupçon.

D'après les conversations des ennemis, il avait compris que leur but était de s'emparer de Mabel et de son oncle dans l'espoir d'obtenir une forte rançon. Après avoir traversé le camp ennemi, il ne s'accorda aucun repos, impatient de rejoindre ses compagnons, car d'après les délibérations des Indiens, il avait aussi appris qu'ils comptaient rejoindre les voyageurs, lorsqu'ils aborderaient, et renonçaient par conséquent à toute poursuite le long des rives. Ils pensaient qu'à cause des rapides se trouvant aux environs du fort, leurs ennemis feraient à pied la dernière partie du voyage et qu'ils n'atteindraient pas avant midi le fort de Stanwix.

— « Les Peaux-Rouges verront ce que sait faire un marin habile », dit Jasper en réponse aux paroles de Chingachgook. « Avant que le soleil se lève, nous aurons franchi » l'endroit rapide du courant et Mabel sera remise saine et sauve entre les mains de son » père. » En effet Jasper à l'aide d'un coup de rames violent et hardi, lança l'embarcation dans le tourbillon ; le Guide le suivait de près dans le second canot, et grâce aux manœuvres habiles de Jasper que le Guide imitait fidèlement, les deux bateaux eurent bientôt franchi ce mauvais pas. Dès lors, il n'y avait plus aucun danger à redouter, car jusqu'au fort, l'Oswego coulait paisiblement, sans cascade ni tourbillon.

L'horizon s'empourprait des premières lueurs du soleil, lorsque les voyageurs épuisés, atteignirent le fort, accueillis avec joie par le père de Mabel, le vieux sergent Dunham.

CHAPITRE II

UN SERVITEUR FIDÈLE

Les journées passent rapidement, quand on se trouve réunis après une longue séparation. Seul, Chingachgook était reparti le jour même de son arrivée, avec plusieurs soldats, pour se mettre à la poursuite des Iroquois qui faisaient cause commune avec les Français, contre la garnison Anglaise du fort. Il était donc dans l'intérêt du commandant du fort de marcher contre les Peaux-Rouges, et comme Chingachgook connaissait mieux que personne les coutumes des ennemis, on lui donna le commandement de la petite troupe. Le sergent Dunham employa tous les moyens, pour prouver sa reconnaissance à ses amis qui furent enchantés de leur installation dans le fort, quoiqu'une semblable habitation n'offrît pas beaucoup d'agrément.

Il n'y avait pas d'annexe à la forteresse, qui lui aurait permis de soutenir un siège en règle, mais une haute ceinture de fortifications la mettait à l'abri des assauts des Indiens. Au-dessous du fort se trouvaient quelques blockhaus où l'on déposait la cargaison des bateaux qui venaient d'aborder.

L'Oswego versait le contenu de ses eaux dans le lac Ontario, en passant entre deux digues assez élevées ; au bord du rivage étaient amarrés plusieurs bateaux, barques, canots parmi lesquels on distinguait un cutter « le Scud » appartenant à la marine Anglaise et dont Jasper était le capitaine.

Un jour, vers le soir, le sergent Dunham accompagnait ses hôtes dans une promenade, lorsque le major Lundin, le commandant de la forteresse, le fit demander.

« Comme vous le savez, » dit le major au sergent qui lui faisait le salut militaire. « les Français sont dans le voisinage des Mille Iles. Il nous faut un homme de » toute confiance pour mettre à la tête de nos troupes, et nous avons pensé à vous, » sachant avec quelle ardeur vous remplissez toujours votre devoir. Le maréchal des » logis *Muir*, grâce à son grade, aurait droit à cette distinction, mais il lui manque votre » expérience, et il vous suivra comme volontaire. »

Dunham remercia son supérieur de cette marque de faveur, puis le major reprit: « Le » Scud pourra facilement vous conduire, dirigé par Jasper, sans compter votre beau-» frère qui est un marin expérimenté et tous les soldats que vous choisirez prendront » part volontiers à cette entreprise. » — « Avec votre autorisation, repartit Dunham, » j'emmenerai le « Guide » dont l'expérience pourra nous être d'une grande utilité, et si » Chingachgook revient à temps, je ne l'abandonnerais qu'à regret. » — « A votre vo-» lonté, répondit le major, prenez bien tous vous arrangements, car votre tâche n'est pas » facile à accomplir. »

Lundin prit congé du sergent et celui-ci retourna vers sa demeure où ses amis, réunis, écoutèrent avec attention la nouvelle qu'il leur apportait. « Tous mes compliments », s'écria Cap qui tirait de grosses bouffées de sa pipe, « comptez sur moi, d'autant plus que » nous n'avons pas à traverser de petits fleuves, ce qui ne convenait guère à mon goût » dominant pour l'Océan.

— « Tu peux te réjouir, » lui dit Dunham, « car notre expédition se dirige vers un groupe » de petites îles situées non loin de l'endroit où le lac Ontario verse le trop plein de ses » eaux dans l'Océan. Ainsi tu verras assez d'eau ! » Le sergent ayant également demandé au Guide s'il voulait bien les accompagner, celui-ci s'y montra tout disposé. « Si tout le » monde abandonne le fort s'écria Mabel, ne trouvera-t-on pas une petite place pour » m'emmener ! » — « Brave Mabel ! tu es bien la fille d'un soldat », s'écria le sergent en lui serrant affectueusement la main. « Ce n'est qu'à regret que je me serais de nou- » veau séparé de toi. Maintenant il faut nous préparer, car demain soir, nous devons » avoir quitté le fort, embarqué sur le cutter, commandé par Jasper, et que le major a » désigné pour cette entreprise. Nous avons devant nous une rude tâche, parce que les » Français, dont le fort de Frontenac domine les îles, sont en nombre supérieur, sans » compter les renforts que peuvent leur envoyer d'autres garnisons. D'autre part nous » aurons à lutter contre les Iroquois qui reçoivent une forte récompense, s'ils viennent » à s'emparer du scalp d'un Anglais. »

Là-dessus les amis se séparèrent plus tôt que de coutume, afin de terminer les derniers préparatifs du départ.

Le lendemain matin, Chingachgook revint, mais sans avoir pu découvrir les Iroquois, qui s'étaient sans doute enfuis pour échapper aux poursuites de leurs ennemis. Le Guide lui fit part de la prochaine expédition, et le Mohican n'hésita pas un instant à en faire partie. En compagnie de quelques soldats, il se dirigea le long de l'Oswego, vers le lac Ontario afin d'examiner la contrée et de s'assurer que les Français et les Iroquois n'étaient point en embuscade pour surprendre ses amis. Vers le soir, quinze hommes choisis par Dunham se rendirent à bord du cutter ; le Guide, Cap et Mabel ne tardèrent pas à les rejoindre et tout fut prêt pour le départ. Seul, le sergent Dunham manquait en-core, mais il se trouvait auprès du major qui lui donnait les dernières instructions ; avant de se séparer, le major lui communiqua également une lettre anonyme qu'il avait reçue et dans laquelle on parlait de Jasper comme d'un espion.

— « Je ne puis ajouter aucune foi à cette supposition », répondit Dunham, « Jasper est
» un très honnête garçon. » — « Mais il sait à fond la langue française, reprit le major. »
— « Cela vient de ce qu'il a passé sa jeunesse de l'autre côté du lac, où les Français pos-
» sèdent des bateaux ; là il a appris leur langue, mais son éducation a été faite par un
» marin anglais, qui servait dans la flotte royale. » — « Malgré tout, soyez prévoyant,
» dit le major, et surveillez Jasper, car la réussite de votre entreprise est d'une grande
» importance. »

Là dessus, les deux hommes se serrèrent la main, et Dunham se rendit en toute hâte à
bord du cutter, qui leva aussitôt l'ancre, et descendit le cours de l'Oswego, commandé par
l'habile Jasper. Dunham ne pouvait pas chasser de son esprit l'avertissement du major
et quoiqu'il fût persuadé de sa fidélité, il surveillait toutes ses actions avec des regards
soupçonneux. Poursuivi par cette idée, il résolut d'aller trouver le Guide et de lui en parler.

— « Qu'avez vous donc ? » lui dit le chasseur étonné, « on pourrait croire en voyant
» votre figure sombre, que vous venez de découvrir des traces qui vous font redouter
» une attaque des Iroquois.

— « Il ne s'agit point de cela », répliqua Dunham, puis après une courte pause il se décida à aborder franchement la question. « Que pensez-vous de l'honnêteté de Jas-
» per ? » — « Sur mon âme, répondit le Guide, il est aussi fidèle que ce fusil qui ne
» me quitte jamais.

— » Telle est mon opinion », ajouta Dunham, « mais le major m'a montré une lettre,
» dans laquelle on affirme le contraire. » — « Comment, s'écria le chasseur indigné,
» vous avez plus de foi dans un misérable morceau de papier, que dans votre propre ex-
» périence ? » — « Vous avez raison, convint Dunham, il ne faut pas tout de suite parta-
» ger la croyance d'une autre personne, surtout quand elle n'a pas le courage de se
» nommer, mais il n'en est pas moins vrai que cette lettre a ébranlé ma confiance. Jas-
» per est traité comme un espion et son intention est de prévenir les Iroquois de notre
» passage. » — « Quelle sottise ! » dit le Guide avec colère, mais il ne put rien ajouter
d'autre, car Cap s'apprêtait à les rejoindre. Dunham lui ayant communiqué également-
ment la conversation qu'il avait eue avec le major, il se montra moins rebelle que le
chasseur. « J'en avais eu le pressentiment, répondit Cap, n'ayant guère confiance dans

» les marins d'eau douce, et je crois que le plus sage parti à prendre serait de lui retirer
» le commandement.

   » Vous allez vite en besogne, lorsqu'il s'agit de punir un innocent », dit le Guide au
» marin, « d'autant plus que Jasper vous a été d'un grand secours. Sans lui vous repose-
» riez depuis longtemps dans le lit de l'Oswego, ou bien votre scalp servirait d'ornement
» dans une habitation Indienne! » — « Ne vous emportez pas ainsi », interrompit Cap,
« je croyais pouvoir donner mon avis.

   — « Vous êtes trop violent », ajouta Dunham en s'adressant au Guide, « chacun est libre
» d'avoir son opinion. Le mieux est de surveiller secrètement les différentes manœuvres
» de Jasper. » Cet entretien terminé, les trois hommes se rendirent sur le pont. Le Scud
filait rapidement, toutes voiles déployées, et, la nuit devenant de plus en plus sombre, les
hommes se livrèrent à une double surveillance. « Attention, cria Cap! » Jasper accourut
et il distingua le long du rivage un canot qui les suivait. — « Prenez le vent devant »,
commanda-t-il au pilote. — « Un ennemi doit se cacher dans ce bateau », dit-il au
Guide, « car il rame de toutes ses forces pour pouvoir nous croiser. » — « Prenez le vent
devant » répéta Jasper, et l'ordre ayant été exécuté, le cutter ne tarda pas à rejoindre le
canot que l'on accrocha avec une gaffe. Les deux personnes qui se trouvaient dans l'embarcation furent obligées de monter à bord du cutter au moyen d'une échelle de cordes,
mais quel ne fut pas l'étonnement des passagers lorsqu'ils reconnurent Pointe-de-Flèche
et sa femme. « Traître, tu expieras ta faute », cria Jasper en saisissant le Tuscarore, mais
le Guide l'arrêta, voulant interroger lui-même le fugitif.

   Pointe-de-Flèche affirma qu'il n'était en aucune façon l'allié des Iroquois, mais qu'il
s'était enfui à cause de sa femme qu'il ne voulait pas voir tomber entre les mains des
ennemis; il ajouta également qu'il n'aurait pas quitté les Blancs s'il avait pu leur être de
quelque secours. Le Guide eut l'air d'être persuadé de la vérité du récit de Pointe-de-
Flèche, et se rendit auprès de ses amis pour le leur communiquer.

   En mettant de côté l'idée que l'Indien avait menti, Dunham ne put se décider à
prendre des mesures sévères, la faute ne pouvant pas être prouvée. Il résolut cependant
de surveiller de près, l'Indien et sa femme; cette décision leur fut soumise et on les au-
torisa à s'installer pour la nuit, dans l'entrepont, sur des voiles qui y étaient déposées.

   — « Les Tuscarores n'ont pas besoin des biens d'autrui », dit Pointe-de-Flèche avec fierté, « Junitau ira chercher les couvertures qui se trouvent dans le canot. » — « Cela vous regarde », répliqua Dunham, « je vous autorise à aider votre femme, mais vous rapporterez en même temps les rames de votre bateau ; quoique vous appartenant je les garde jusqu'à nouvel ordre.

L'Indien se dirigea avec sa femme, vers l'échelle de cordes, pour regagner le canot. Un des soldats les suivit et il allait mettre le pied dans le canot, lorsque Pointe-de-Flèche coupa avec son tomahawk la corde qui l'attachait au cutter. Le bateau anglais continuait à filer avec rapidité tandis que la petite embarcation était presque immobile. Quant au soldat qui se trouvait sur l'échelle de cordes, il fut si étonné de cet événement, qu'il manqua perdre l'équilibre et être précipité dans l'eau.

A peine Dunham s'était-il aperçu de la tentative de fuite des Indiens qu'il donna l'ordre de changer la direction du cutter, mais Jasper voyant que la distance était trop grande pour avoir la chance de rattraper les fugitifs, le pria d'y renoncer. « Avant que » nous ayons tourné, dit-il, Pointe-de-Flèche aura déjà abordé au rivage, et l'obscurité » est trop grande pour que nous puissions suivre sa trace. » Le Guide fut du même avis que le jeune homme, et le cutter continua sa route.

— « Je persiste dans mon idée », déclara Cap à Dunham, lorsqu'ils eurent tous deux quitté Jasper, « le jeune homme est d'accord avec le Tuscarore, si nous nous étions mis de » suite à la poursuite de l'Indien, nous l'aurions peut-être rattrapé ainsi que sa femme. » Mon avis est qu'il faut retirer le commandement à Jasper, ou ce serait une surprise peu » agréable, si au lieu d'atteindre les Mille Iles, nous allions aborder dans un port fran- » çais. »

Le Guide doutait toujours de la culpabilité de Jasper, mais Dunham n'y fit pas grande attention, et il se rendit auprès du maréchal des logis pour lui faire part de ses soupçons. *Muir* fut tout à fait d'accord avec le sergent sur les mesures de précaution qu'il fallait prendre et Dunham, sans tarder davantage, avertit Jasper que le commandement lui était provisoirement retiré, et qu'il ne devait pas jusqu'à nouvel ordre, quitter la cale du bateau. Le jeune homme fut saisi d'étonnement, mais le sergent lui ayant ordonné d'abandonner son poste, il se décida à obéir et descendit dans la cale, pendant que Cap le remplaçait dans ses fonctions.

— « Vous avez agi avec prudence », dit Cap à Dunham, « car nous n'avons plus à redou-

» ter d'être trahis. Donnez-moi les cartes et les plans, et de cette manière nous attein-
» drons bientôt notre but.

» Des cartes et des plans, répéta le sergent, mais nous n'en avons pas; Jasper trouve
» toujours sa route, sans avoir recours à ce moyen. » — « Je le crois facilement, répon-
» dit Cap, il connaît cette contrée comme son mât de misaine. Vraiment, vous ne pou-
» vez pas exiger que je sois familier avec les ports et les lieux de débarquement d'un
» pays qui m'est étranger?

» Ce n'est pas nécessaire, dit Dunham pour apaiser son beau-frère, il suffit que
» nous abordions à l'île où se trouve le blockhaus afin de pouvoir relever nos sol-
» dats qui s'y trouvent. » — « Est-ce qu'un œil exercé peut apercevoir cette con-
» struction à quelques milles de distance? reprit Cap. » — « Mais, répondit le sergent
» en riant, comment peux-tu nous croire assez naïfs, pour ne pas dissimuler le plus
» possible notre fort aux yeux des ennemis? L'œil le plus exercé, ne distinguerait
» qu'avec peine, sur quelle île se trouve notre blockhaus.

» La situation est plus grave, riposta le marin avec colère, que si le vent avait abattu
» notre grand mât. Puisqu'aucun homme ne peut découvrir l'île, vers laquelle nous de-
» vons nous diriger, s'il n'a pas navigué pendant des années dans ces parages, tu pré-
» tends donc que je fasse l'impossible? » Cap aurait sans doute donné un libre cours
à son indignation, si le Guide ne s'était pas trouvé à côté de lui regardant malicieuse-
ment les figures déconcertées de ses compagnons.

« Eh bien, arriverons-nous prochainement au fort, dit-il au marin, ne regrettez-vous
» pas l'absence de Jasper?

— » Laissez-moi tranquille répondit Cap avec humeur, c'est une honte pour un loup de
» mer de naviguer ici au hasard, sans plans et sans cartes. » — « Le mieux est de rap-
» peler Jasper qui nous tirera d'embarras, hasarda le Guide, et Dunham y consentit par
» un signe de tête.

— » Ce serait prendre la fuite, en face du combat », dit Cap indigné!

« Je ne suis pas un lâche et je ne désespère pas de vous conduire au but. »

Il se rendit auprès des hommes de l'équipage dans l'espoir de saisir quelques paroles
qui pourraient peut-être le guider, mais aucun d'entre eux ne put lui donner des rensei-
gnements, Jasper ayant toujours l'habitude de renvoyer les hommes dans la cale, lorsque

le cutter s'approchait de son but. — Cap, découragé, prit le timon et dirigea au hasard le bateau, dans la même direction qu'il avait suivie alors depuis son départ. La nuit était venue, et partout régnait le plus grand silence. Les hommes à bord du cutter, allèrent se reposer, à l'exception de celui qui faisait le quart, et Cap lui-même s'étendit sur le pont. Il s'endormit profondément et ne se réveilla qu'au bruit que faisaient les mâts et les voiles en s'agitant sous les coups de vent répétés, qui annonçaient un violent orage. Il regarda avec effroi l'aspect du ciel, car l'atmosphère était chargée d'épais nuages qui obscurcissaient complètement la vue et rendaient ainsi la navigation très dangereuse.

Un bruit particulier dans les cordages, bien familier au marin, le confirma dans sa crainte, qu'ils allaient avoir à lutter contre une tempête. Il courut à la boussole, vit que la direction du cutter n'avait pas changé, mais soudain il s'arrêta se rappelant que la boussole ne lui était d'aucune utilité puisqu'il ignorait complètement la position des Mille Iles. D'autre part, le rivage, qui pouvait encore l'aider à se guider, disparaissait dans l'épaisseur des ténèbres.

Découragé, Cap resta immobile auprès de la boussole, mais Dunham qui venait également de se réveiller, l'aborda avec un air inquiet. « Nous sommes, lui dit-il, dans une si-
» tuation grave ; comme soldat, je ne suis pas expérimenté en ce qui concerne la navi-
» gation, mais cependant ce temps orageux m'inquiète. » — « Donnez-moi des cartes et
» des plans, et je réponds de tout répartit Cap, avec un mouvement de colère.
» Sans cela, d'un moment à l'autre, le cutter peut aller se briser contre un écueil. » —
Le sergent raconta au Guide sa conversation avec le marin, et ils ne laissèrent pas de repos à Cap, jusqu'à ce qu'il ait remis le commandement à Jasper. Le jeune homme reparut aussitôt sur le pont, et sans perdre un instant, il saisit la roue du timon et ordonna d'arriser les voiles. Tout ce qu'il commandait était aussitôt exécuté et lorsque l'orage se fut un peu apaisé, l'embarcation fila avec rapidité vers son but. Dès le matin, le cutter aborda aux postes anglais, et les soldats accueillirent avec joie les nouveaux arrivants qui venaient les remplacer. Cap poussa un soupir de satisfaction, car il avait craint de se trouver soit en présence d'un fort français, soit vis-à-vis d'une troupe d'Indiens.

CHAPITRE III

ENTRE LA CRAINTE ET L'ESPÉRANCE

La *Station*, comme les soldats appelaient cette île, semblait avoir été créée pour un poste militaire, et sur la moitié de son étendue, on avait abattu les arbres, afin qu'ils ne puissent pas servir à protéger les ennemis en cas d'attaque.

Les rives étaient couvertes de buissons épais qui contribuaient à dissimuler le block-khaus enfoui au milieu d'arbres. L'édifice était construit à l'aide de fortes poutres qua-drangulaires, et se composait de deux étages surmontés d'une plate-forme avec créneaux, pour protéger les soldats du fort contre les balles des ennemis.

On releva les postes des îles et le lieutenant ayant remis le commandement à Dunham, repartit sur le cutter dont Jasper avait repris la direction.

Mabel choisit comme demeure une des huit cabanes qui servent à l'officier et à ses soldats, et elle l'arrangea avec soin pour elle et son père. Il y eut une longue conversa-tion entre Muir et le sergent après laquelle les soldats reçurent des ordres secrets, et d'après les différents préparatifs que l'on fit pendant la journée, tout faisait présumer une guerre prochaine.

Le sergent Dunham avait appris par l'officier qui venait de quitter le poste, que les Français devaient envoyer des bateaux chargés de vivres et de poudre à leurs alliés, les Peaux-Rouges, et son intention était d'empêcher ces bateaux d'arriver à leur but. Il se rendit ensuite auprès de Mabel et lui fit part de ses projets de partir pendant la nuit avec le Guide et quelques soldats, en laissant la garde de la Station à Cap et au lieutenant Muir, secondés par quelques hommes.

« La femme d'un des soldats, qui a accompagné son mari jusqu'à la Station, est » chargée de veiller sur toi, ma chère Mabel, dit Dunham, et pendant que je suis absent, » c'est ton oncle qui me remplace, et le caporal *M'Nab* veillera à la sécurité de la Station.

Mabel se sépara avec chagrin de son père, ainsi que du « Guide » fidèle, qui ne tar-dèrent pas à quitter l'île, en compagnie de quelques soldats.

Le lendemain matin, après avoir déjeuné, Mabel se promena le long du rivage, mais quel fut son étonnement en apercevant Junitau, la femme du Tuscarore. La figure ouverte de l'Indienne lui avait toujours été sympathique, et elle était persuadée que cette femme ne pouvait avoir aucun mauvais dessein.

Néanmoins, elle attendit tranquillement qu'elle vint auprès d'elle : « Junitau est une amie, lui dit l'Indienne en lui serrant affectueusement la main.

— « J'en suis persuadée, s'empressa de répondre Mabel, mais quelle est la raison » qui t'amène ici?

— » Junitau répondra volontiers, mais l'endroit n'est pas sûr, murmura la femme du » Tuscarore, en montrant les soldats occupés à prendre leur repas sur une place voi-- » sine. »

Mabel conduisit l'Indienne vers le blockhaus, dans un lieu où les soldats ne pouvaient pas les apercevoir. « Maintenant, parle, lui dit elle, et explique-moi pourquoi tu es ici? »

Junitau réfléchit un instant puis parlant avec précaution : « Le blockhaus est un lieu » sûr pour les femmes, les poutres sont solides, on ne risque pas d'y être scalpé. »

Mabel demanda à la femme du Tuscarore si Pointe-de-Flèche ne tenterait pas une attaque avec ses compagnons, mais Junitau ne voulut pas répondre, disant qu'elle risquerait d'être tuée par son mari. Toutes les questions de Mabel restèrent infructueuses, et elle se préparait à aller rejoindre son oncle Cap lorsqu'elle entendit une détonation.

Mabel courut vers une meurtrière, mais elle s'arrêta subitement, ayant aperçu non loin du blockhaus, le caporal qui baignait dans son sang pendant qu'une troupe d'Indiens bondissaient sur les soldats et faisaient Cap et Muir prisonniers. Ils disparurent avec la même rapidité avec laquelle ils étaient venus, si bien que Mabel aurait eu de la peine à croire ce qui venait de se passer, si elle n'avait eu devant les yeux, les victimes ensanglantées, auxquelles elle allait porter secours si Junitau ne l'avait pas retenue. « Prenez » garde, lui dit la femme du Tuscarore, Pointe-de-Flèche pourrait bien s'emparer de » vous, rester Blockhaus, poutres solides. » — Mabel comprit la justesse de cet avertissement, mais il lui en coûtait beaucoup de ne pas secourir les soldats, et elle allait sûrement leur venir en aide, si son attention n'avait pas été attirée par une autre scène.

La femme du soldat dont Dunham avait parlé à Mabel et qui était occupée à un travail assez loin de l'endroit où les hommes campaient, arrivait en toute hâte vers le lieu du combat.

A peine avait-elle aperçu les soldats étendus sur le sol, qu'elle poussa un cri dé-

chirant en reconnaissant le corps de son mari ; elle se pencha vers lui, couvrant son
visage de baisers et criant d'un ton désespéré. « Sandy, Sandy, pourquoi m'as-tu
quittée ? »

Mabel, en présence de cette scène déchirante, surmonta la résistance que lui oppo-
sait Junitau, et se précipita en dehors du blockhaus, pour sauver la femme du soldat.
Au même instant, un Indien s'approchait de la veuve abattue par le chagrin : — « Prends
» garde, Jennie, sauve-toi », cria Mabel à la veuve ; mais celle-ci ne quitta point sa place,
et le tomahawk de l'Indien retomba lourdement sur sa tête. Les sauvages sortirent de
leur cachette, faisant retentir l'air de leurs cris triomphants et scalpant les têtes des
morts.

Mabel restait là, immobile de terreur, lorsqu'une main la saisit violemment et l'entraîna
vers le blockhaus.

Junitau était arrivée à temps pour sauver la jeune fille, car les sauvages, ayant attaché
les scalps des ennemis à leurs ceintures, regardaient attentivement dans toutes les
directions, dans le but de découvrir l'autre femme, qu'ils savaient séjourner dans
l'île.

Mabel s'était à peine remise de son effroi, qu'elle serra avec effusion la main de l'Indienne, qui l'avait arrachée à une mort terrible ; mais, loin d'être rassurée, elle était
poursuivie par la pensée que les Indiens allaient incendier le blockhaus, Junitau la calma
en lui disant que le fort ne brûlerait pas, par ce qu'il était tombé trop de pluie, puis elle
ajouta : — « Pointe-de-Flèche attendre, jusqu'à ce que le père revienne avec les autres.
» Si blockhaus parti, sauront qu'il y a eu des ennemis, Pointe-de-Flèche trop rusé pour
» cela [1] ».

Mabel, par une meurtrière, vit les sauvages qui, avec l'aide de vivres recrutés
dans les huttes, préparaient un joyeux repas. Ils s'assirent en formant un cercle et firent
circuler des bouteilles d'eau-de-vie ; aussi, on entendit bientôt des cris de plaisir, causés
par les effets de leur boisson favorite.

Junitau pensa que le moment était favorable pour quitter le blockhaus ; elle avait sauvé
Mabel, mais, d'autre part, elle savait qu'elle était perdue si Pointe-de-Flèche venait à
savoir ce qu'elle avait fait. Mabel remercia encore une fois sa bienfaitrice et l'accompagna

1. Manière de parler de l'Indienne.

jusqu'à la porte. Celle-ci tourna sans bruit sur ses gonds, et Junitau se glissa au dehors, pendant que Mabel prenait la précaution de pousser le verrou.

Elle se trouvait maintenant entièrement seule dans le blockhaus, n'ayant pour la guider que sa propre expérience.

Fatiguée des différents événements de la journée, Mabel s'endormit de bonne heure ; de leur côté, les Indiens accablés par la quantité d'eau-de-vie qu'ils avaient bue, songèrent à prendre du repos, de sorte que le plus grand calme régnait dans l'île.

Le premier soin de Mabel à son réveil fut de se diriger vers la meurtrière, mais elle resta stupéfaite en apercevant le caporal M'Nab et deux soldats assis auprès d'un feu entièrement éteint. En regardant de plus près, elle comprit que les Indiens avaient installés ainsi les morts, soutenus par des supports, pour que le sergent Dunham les aperçût de suite à son arrivée et ne soupçonnât pas à première vue les événements qui avaient eu lieu pendant son absence. Mabel se recula avec horreur, mais son attention fut bientôt attirée par une troupe d'Indiens, commandés par le capitaine français *Sanglier*, qui s'approchaient du blockhaus emmenant avec eux deux prisonniers, Cap et et Muir.

Les nouveaux arrivants s'arrêtèrent devant le fort, plaçant leurs prisonniers au premier rang, afin d'empêcher Mabel de tirer sur eux. — « Mabel, écoutez ce que nous » avons à vous dire, lui cria le maréchal-des-logis Muir. Nous sommes perdus si vous » n'ouvrez pas de suite la porte du blockhaus. Ouvrez-nous donc et nous serons » sauvés ! »

Mabel était très perplexe. Elle n'aimait pas le maréchal-des-logis, toute sa personne lui déplaisait ; mais, dans cette situation dangereuse, elle mit de côté toute appréciation personnelle, d'autant plus que son oncle était également perdu si elle ne cédait pas à la volonté des sauvages.

Après les scènes horribles qu'elle avait vues le jour précédent, elle ne pouvait pas espérer que les Indiens se montreraient généreux, mais elle pouvait craindre au contraire que toute cette tactique ne fût qu'une ruse pour arriver à s'emparer d'elle.

Ne sachant pas quel parti elle devait prendre, elle laissa à son oncle le soin de la décision : — « Que dois-je faire, oncle, cria-t-elle au marin, faut-il ouvrir ou essayer de me » défendre? » — « Le ciel soit loué, puisque j'entends ta voix, répondit Cap avec joie.

» Je craignais déjà que tu aies eu le même sort que la pauvre Jennie. Je suis aussi peu
» apte à te conseiller qu'à conduire un cutter quand je n'ai pas de cartes ; de toute façon,
» je puis t'assurer que je n'ai jamais été aussi mal à mon aise qu'à présent, mais que
» cela ne te chagrine pas, car l'entreprise étant commandée par un officier français, je
» pense que l'on nous traitera comme des prisonniers de guerre. S'il en est autrement,
» et que tu abandonnes ta cachette, tu subiras le même sort que nous. »

Cap fut interrompu dans son discours par le maréchal-des-logis qui interpella de nouveau Mabel.

« N'écoutez pas le babil d'un fou auquel le malheur a fait perdre la tête. Ouvrez promp-
» tement, sans cela vous êtes responsable de nos têtes. »

Muir ne parlait pas avec un ton effrayé, aussi Mabel ne crut pas le danger imminent et
répondit : — « J'agirai comme mon oncle me l'a conseillé. »

Le maréchal-des-logis essaya encore de la faire changer de résolution, mais Mabel
trouva qu'il était plus sage de ne pas continuer cette conversation et elle se retira de la
meurtrière. Les Indiens, s'étant éloignés du blockhaus avec les prisonniers, délibérèrent
sur les mesures à prendre.

Mabel ne pouvait pas se dissimuler qu'elle se trouvait dans une situation dangereuse,
car avant que le sergent ne revienne avec ses soldats, les Indiens pouvaient détruire le
blockhaus, et dans ce cas, son sort n'était que trop certain. En attendant, elle se rendit
sur la plate-forme, d'où l'on avait une vue très étendue, pensant que son père rentrerait
peut-être plus tôt qu'il n'avait été convenu, mais d'aussi loin que les yeux pouvaient sonder l'horizon, elle n'apercevait rien qui put lui faire espérer le prochain retour de ses
amis.

Elle allait se retirer lorsque son regard s'arrêta sur un objet : les îles étaient si rap-
prochées les unes des autres que l'on comptait de six à huit rubans d'eau qui se dé-
roulaient entre elles, et dans l'un de ces passages étroits, Mabel découvrit un bateau.
Elle hissa le pavillon qui se trouvait sur la plate-forme, mais les passagers n'aperçurent
point le signal.

Dans le cas où le bateau serait monté par des ennemis, le signal ne pouvait pas lui être
nuisible, tandis que dans le cas opposé, le sergent, voyant le pavillon, pouvait hâter la
marche du bateau et arriver assez tôt pour lui porter secours.

Découragée, elle allait renoncer à faire d'autres signaux, quand elle vit un homme agiter une rame et diriger en toute hâte le bateau vers l'île. Mabel, à sa grande joie, reconnut Chingachgook ; le Mohican savait qu'elle faisait partie de l'expédition, aussi elle ne mit pas en doute qu'il ne fît la tentative de la sauver, mais il fallait attendre patiemment jusqu'à la nuit, moment propre pour une évasion.

Mabel retourna dans la partie inférieure du blockhaus, et cacha un pistolet sur elle, pour le cas où elle aurait à se défendre.

Le jour baissait avec rapidité ; Mabel en profita pour ouvrir une des meurtrières et regarda attentivement vers la place où les Indiens campaient avec leurs deux prisonniers.

De nouveau, ils étaient en train de boire de l'eau-de-vie, oubliant alors tous les autres événements, ce qui donna à Mabel le courage de quitter le blockhaus et d'aller à la rencontre du Mohican, dans la direction où elle avait aperçu le bateau. Elle comprenait bien le danger de son entreprise, mais elle n'eut pas d'hésitation, ne voulant pas que Chingachgook tombât entre les mains des ennemis. Sa main trembla en tirant le verrou de la porte, puis au moment de sortir, sa respiration s'arrêta ; surmontant sa frayeur, elle allait s'élancer au dehors, mais apercevant une forme sombre qui marchait au-devant d'elle, elle retourna avec effroi sur ses pas.

Une sueur froide mouilla son front, et elle aurait été incapable d'appeler au secours. Elle entendit quelqu'un qui franchissait le seuil de la porte, puis elle distingua une voix qui murmurait le nom de « Mabel » et retentit à son oreille comme un appel des anges. Se remettant peu à peu de son effroi, elle vit le Guide qui se trouvait devant elle et lui serrait affectueusement la main. La jeune fille éprouva un sentiment de joie indéfinissable, en se sentant protégée par un ami aussi fidèle, mais elle demanda avec anxiété des nouvelles de son père, craignant qu'il ne lui soit arrivé quelque chose en voyant le Guide qui revenait tout seul.

— « Soyez sans crainte, lui répondit le chasseur, le sergent se porte à merveille, il » est très gai, mais le point capital est qu'il a remporté la victoire. Notre excursion a » admirablement bien réussi ; mais comme le sergent ne pouvait pas avancer vite, à cause » des bateaux chargés de vivres qu'il ramenait avec lui, il m'a envoyé avec Chingach- » gook, qui s'était joint à nous, pour vous faire part de cette heureuse nouvelle.

» Ce matin, nous avons pris des directions différentes, afin d'examiner s'il n'y avait

» point de danger à craindre, et c'est alors que j'aperçus un de nos soldats assis au bord
» de l'eau et qui semblait occupé à pêcher; en m'approchant, je compris la ruse des
» ennemis : le pauvre soldat était mort, mais les Peaux-Rouges ne sont pas aussi adroits
» que je l'aurais cru, car le hameçon était placé trop haut pour qu'aucun poisson puisse
» y mordre et, d'autre part, un pêcheur qui a la mauvaise chance de ne rien attraper
» ne reste pas dans une telle immobilité. »

Mabel raconta alors au Guide qu'elle avait vu Chingachgook et qu'elle l'attendait dans
le blockhaus.

— « Ne comptez pas sur lui, répondit le chasseur, car celui qui tient à sa liberté ne se
» hasarde pas dans les murs d'un fort. Si je suis venu, c'est parce que je savais votre
» situation dangereuse, pendant que Chingachgook se remet en route pour aller pré-
» venir votre père. »

Mabel était désormais tout à fait tranquillisée, ayant déjà eu des preuves de l'adresse
de Chingachgoock, et ne doutant pas qu'il arrive à temps pour mettre le sergent au courant de sa position.

La soirée se passa sans que les Indiens fissent la tentative d'attaquer le blockhaus, et
le Guide distingua, au commencement de la nuit, un bruit comparable à celui que font
les rames en enfonçant dans l'eau. Il se dirigea alors vers la porte et, prêtant l'oreille,
il entendit distinctement les coups de rames de deux bateaux qui se suivaient à une petite
distance.

Le Guide alla trouver Mabel et lui apprit que, son père s'approchant du blockhaus, il
voulait aller à sa rencontre; mais la jeune fille refusa de rester seule dans le fort et suivit
le chasseur.

A peine avaient-ils franchi le seuil de la porte, qu'ils entendirent une forte détonation,
suivie aussitôt des cris de guerre des sauvages.

Le Guide était indécis sur ce qu'il devait faire; l'obscurité était trop grande pour pouvoir reconnaître la position des ennemis. Il saisit le bras de Mabel pour l'entraîner de
nouveau vers le blockhaus et ils parvinrent à atteindre la porte avant que les Indiens
aient pu s'emparer d'eux.

Le bruit s'apaisa rapidement et l'île retomba dans un calme profond. Mabel, qui regardait avec anxiété par une des meurtrières, dit au Guide qu'elle venait d'entendre un

gémissement, et le chasseur, ayant écouté avec attention, distingua bientôt le même bruit. — « Ne serait-ce point mon pauvre père ? » s'écria Mabel, luttant contre les angoisses de la mort, et elle allait s'élancer au-dehors, lorsque le Guide la retint.

Le chasseur demanda d'une voix sourde par la meurtrière ouverte : — « Qui est là, est-ce un ami ou un ennemi ? »

— « C'est le sergent Dunham, répondit une voix affaiblie, mais ne vous occupez pas » de moi, sans cela les Peaux-Rouges achèveront de me tuer. »

Aussitôt la porte s'ouvrit et le pauvre sergent, que l'on trouva étendu par terre, fut transporté dans l'intérieur du blockhaus. C'était un spectacle touchant de voir la jeune fille se pencher sur le blessé et l'appeler par les noms les plus tendres; mais le sergent se contentait de presser la main de sa fille, car les forces lui manquaient pour pouvoir parler.

Le Guide prit le blessé dans ses bras et le déposa sur un lit, à l'étage supérieur, puis il s'éloigna afin de cacher à Mabel ses yeux remplis de larmes, convaincu que la blessure était trop grave pour que son ami puisse se rétablir.

CHAPITRE IV
UN TRAITRE DÉMASQUÉ

Pendant que Mabel restait auprès de son père, le Guide entendit heurter à la porte : il se leva pour demander au nouveau venu, ce qu'il désirait, et reconnaissant la voix de Cap, il s'empressa de tirer le verrou. « Dieu soit loué », s'écria le marin, « depuis vingt-quatre » heures, voilà le premier moment où je suis bien sûr que mon scalp m'appartient. » Il raconta alors comment il avait pu s'échapper pendant le combat et gagner le blockhaus sans être aperçu mais de temps en temps il saisissait une mèche de ses cheveux et les tirait fortement, afin de s'assurer que son scalp était bien solide.

Lorsque le marin eut fini de parler, le Guide lui annonça le malheur arrivé au sergent Dunham, et comme Cap aimait beaucoup son beau-frère, il se rendit auprès de lui avec empressement et lui serra affectueusement la main. Il s'assit à côté de Mabel, regardant avec chagrin son beau-frère qui n'avait plus la force de parler. Le Guide, qui était allé sur la plate-forme pour voir ce qui se passait aux alentours, revint et fit signe à Cap de le suivre; le marin quitta immédiatement sa place et, le chasseur l'ayant prié de regarder par une meurtrière, il aperçut les Peaux-Rouges qui attendaient devant le block-

haus, et Muir, leur prisonnier, qui était au milieu des guerriers : — « Venez ici », dit le
maréchal des logis en s'adressant au Guide, « j'ai à vous parler ! » — « Que me voulez-
» vous », demanda le Guide ? — « Je viens vous conseiller de livrer le blockhaus, répondit
» Muir, car les Indiens veulent nous traiter comme des prisonniers de guerre ! Il n'y a
» plus rien à espérer, puisque les hommes qui se trouvaient dans les bateaux sont
» également prisonniers ; en outre le sergent Dunham ne peut plus compter parmi les
» vivants, et Cap a perdu la vie dans la mêlée. » — « Là dessus, je peux vous rassurer,
» dit le marin par une meurtrière, je me sens frais et dispos, comme un poisson dans
» l'eau ; quand au sergent il est grièvement blessé, et on l'a transporté dans le block-
» haus. Vous voyez donc qu'il ne faut pas songer à une capitulation. » — « Je suis
» heureux d'entendre que vous faites encore partie des vivants », répondit Muir, mais
« si vous tenez à la vie, hâtez-vous de livrer le blockhaus, sans cela les Indiens vont
» y mettre le feu. » — « Nous attendrons les événements », répliqua le Guide, mais
« dites aux Peaux-Rouges de se retirer, ou bien mon fusil les couchera par terre ».

Les Indiens qui craignaient le Guide se retirèrent pour obéir à cette aimable som-
mation, et les alentours du blockhaus furent bientôt déserts. Des Peaux-Rouges on peut
toujours craindre une ruse, aussi Cap et le Guide arrivèrent au bon moment sur la plate-
forme pour enlever des flèches enflammées, lancées par les Indiens et qui allaient s'enfoncer dans les poutres de la construction. Malgré toutes leurs tentatives, les ennemis
ne réussirent pas à incendier le blockhaus, à cause d'une grande quantité d'eau que les
habitants avaient à leur disposition. D'autre part, les Indiens se tenaient toujours hors
de la portée des balles, car ils savaient que le fusil du « Guide » ne manquait jamais
son but, aussi ne sachant plus quel moyen ils pourraient employer pour nuire aux
assiégés, ils se décidèrent à se reposer pendant le reste de la nuit.

Le lendemain matin le soleil était à peine levé, lorsque le Guide et Cap remontèrent
sur la plate-forme, pour se rendre compte de la situation où ils se trouvaient. Le marin,
dont les regards se dirigeaient plus volontiers vers l'eau, distingua une embarcation qui
n'était pas très éloignée de l'île : — « C'est le Scud » s'écria-t-il avec joie. « Ainsi, prenez
» garde, Peaux-Rouges ». Le Guide venait également de reconnaître le bateau, et un éclair
de courage brilla dans ses yeux. — « Maintenant, il n'y a plus rien à craindre », dit-il,
« Dieu veuille seulement que le cutter n'aborde pas, sans cela les Peaux-Rouges pour-

» raient lui jouer un mauvais tour. Mais non, reprit-il aussitôt, nous n'avons rien à re-
» douter, car j'aperçois sur le pont, la barque de Chingachgook, et le Mohican fera sûre-
» ment son devoir. Il est sans doute retourné à la rencontre des alliés, lorsqu'il a vu que
» le fort était bloqué, afin de lui donner un compte rendu exact de notre situation. Eh bien »,
» dit-il en s'adressant à Cap, « êtes-vous toujours persuadé que Jasper est un traître ? »

Le marin se mit à rire, mais il était un peu confus de son injuste accusation.

Le cutter se dirigeait en droite ligne vers le blockhaus. Cap mettant toute prudence
de côté, accueillit les nouveaux arrivés avec un joyeux « Hurrah » auquel Jasper et les
matelots répondirent par trois cris d'allégresse.

Les Indiens, qui devaient avoir remarqué le cutter depuis longtemps, étaient cependant invisibles, voulant probablement laisser aborder les gens de l'équipage, pour se
précipiter ensuite sur eux et les massacrer.

Jasper déjoua leur projet; il n'aborda point, mais se hasarda assez près du rivage pour
détacher hardiment les canots indiens de leurs amarres, enlevant ainsi toute possibilité
aux ennemis de quitter l'île, sauf à la nage. Les Indiens sortirent de leur cachette, en
proie à une violente colère, et coururent en hâte vers le rivage dans l'espoir de sauver
leurs bateaux ; Jasper avait bien pensé qu'ils agiraient ainsi et tout était prêt pour les
repousser. De nombreux coups de fusils partirent de tous côtés, blessant les uns, tuant
les autres, aussi les sauvages s'enfuirent pour regagner leur retraite.

Jasper avait enfin atteint son but: il connaissait maintenant la cachette des Indiens
et le cutter se dirigea en droite ligne vers les buissons où les sauvages s'étaient réfugiés.
Le *Scud* avait un obusier à son bord, et le commandant prit la résolution de s'en servir ;
au bout de quelques instants, une bombe tomba au milieu des Indiens, et, en éclatant, en
blessa un grand nombre. Les sauvages s'enfuirent affolés pour chercher une nouvelle retraite, mais avant que l'obusier fut rechargé, Junitau apparut portant un drapeau blanc,
accompagné de l'officier français et de Muir. « Les Indiens demandent la paix », dit
le maréchal des logis, avec une voix si forte qu'on pouvait l'entendre aussi bien depuis le
blockhaus que depuis le Scud. « Ils quitteront l'île, restitueront les scalpes et relâche-
» ront les prisonniers. Vous ne pouvez rien exiger de plus et en accordant la paix, vous
» mettez un terme à l'effusion du sang. Ils reconnaissent en outre que vous avez rem-
» porté glorieusement la victoire. »

— « Quelle est votre opinion, Jasper », demanda le Guide au jeune homme qui était à bord du cutter, « devons-nous consentir à faire la paix? » — « J'y consens, répondit-il ; » mais, avant de rien conclure, il faut consulter Cap et Mabel qui ont été opprimés par ces » cruels Peaux-Rouges, tandis que, pour mon propre compte je n'ai pas eu à en souffrir. »

Après une courte délibération, les habitants du blockhaus se montrèrent disposés à accepter la paix. Les sauvages devaient se rassembler à une centaine de mètres du blockhaus et amener les soldats qu'ils avaient fait prisonniers lors de l'expédition du sergent Dunham ; ils quitteraient ensuite l'île sur les bateaux que Jasper avait saisis, mais en abandonnant toutes leurs armes. Les seuls ennemis restant dans l'île étaient le Tuscarore avec sa femme et l'officier français, qui avait encore différents papiers à mettre en règle, concernant la capitulation.

Muir prit le commandement en chef sans en avertir même le sergent, et il employa son autorité à faire dénoncer Jasper comme traître.

— « Assez sur ce sujet », dit le Guide au maréchal-des-logis, « c'est en dehors de votre » compétence ; du reste, vous trouveriez avec peine une preuve de la culpabilité du » jeune homme, car celui-ci, qui se conduit aussi bravement que Jasper dans les com- » bats, ne peut pas être un traître, ou alors j'ai perdu le don d'observation. »

— « Eh bien ! » s'écria Muir irrité, « le capitaine Sanglier m'a dit que Jasper était un » espion et qu'il ne s'était enrôlé dans l'armée anglaise que pour pouvoir exercer plus » librement son métier de traître. »

Tous les regards se dirigèrent vers le témoin que Muir venait de nommer et qui fit un mouvement de tête affirmatif.

Jasper était pâle comme la mort, incapable de proférer une parole.

Il avait voulu se précipiter sur le maréchal-des-logis et le terrasser ; mais celui-ci, ayant deviné son dessein, se réfugia derrière le Guide.

— « Saisissez le traître », cria Muir avec une voix de stentor, « enchaînez-le, afin qu'il » n'échappe pas à sa punition. »

Le Tuscarore, qui était resté muet pendant toute cette scène, ne put contenir son indignation en entendant les calomnies de Muir ; il saisit avec violence le bras du maréchal-des-logis et s'écria avec un ton menaçant : — « Assez de mensonge, le traître ment tou- » jours ! Où sont mes guerriers ! Tous trahis ! »

Muir se retira en arrière avec effroi ; mais Pointe-de-Flèche s'étant mis à sa poursuite, le maréchal-des-logis tira son épée avec l'espoir de rendre son ennemi incapable de continuer la lutte, mais Pointe-de-Flèche avait déjà eu le temps de saisir son tomahawk et de l'abattre sur la tête de son adversaire.

Muir tomba en poussant un cri terrible, et ses yeux jetèrent un dernier regard de haine à l'Indien qui l'avait frappé. Les témoins regardaient avec effroi cette scène sanglante ; seul, le capitaine français resta impassible. Il s'approcha du cadavre sans éprouver aucune émotion et dit aux assistants : — « Regardez, vous avez devant vous le corps d'un traître ! »

Le Guide invita le Français de s'expliquer plus clairement ; alors, celui-ci fit part aux assistants que Muir avait été pendant longtemps un espion, qui avait fait découvrir la station en trahissant les ennemis, et qu'il s'était ensuite laissé faire prisonnier pour ne pas combattre contre ses alliés. — « Je devais garder son secret, ajouta le capi- » taine, car il pouvait me rendre des services ; mais, puisqu'il est mort, je ne pourrais » souffrir qu'un innocent soit puni à sa place. On a besoin de l'espion, mais on le » méprise. » Le capitaine se tourna ensuite vers le Tuscarore qui s'appuyait avec fierté sur son arme vengeresse.

Le Guide, Cap et Jasper se dirigèrent vers le blockhaus, pendant que Chingachgook regagnait le cutter. Mabel vint à leur rencontre, et, en la voyant tout en larmes, ils comprirent qu'ils étaient revenus trop tard pour dire adieu à leur ami Dunham et lui faire part de l'heureux résultat des événements.

Le lendemain, trois hommes et une jeune fille, plongés dans une profonde douleur, étaient réunis devant une tombe nouvellement creusée et le simple cercueil qu'ils y laissèrent glisser avait été fait par des mains inexercées à ce genre de travail.

La jeune fille priait, laissant de temps à autre échapper un sanglot, pendant que les trois hommes, tout en disant un dernier adieu au défunt, recouvraient de terre son cercueil.

Ils placèrent ensuite une petite croix de bois sur la tombe, avec le nom de leur ami, et Cap y peignit une épée, afin de perpétuer le souvenir de la bravoure du sergent Dunham.

Cette triste cérémonie terminée, les amis regagnèrent le cutter, qui leva aussitôt l'ancre. Peu de temps après, Pointe-de-Flèche et Junitau quittèrent également l'île pour aller rejoindre leurs compagnons.

Le major Lundin reçut les voyageurs avec beaucoup d'égards et leur témoigna toute

la part qu'il prenait au malheur qui venait de les frapper. Tout le monde parlait de la
noble conduite de Dunham, et lorsqu'une année après Jasper épousa Mabel Dunham, le
major eut soin que rien ne manquât à leurs désirs, réparant ainsi le tort qu'il avait fait
au jeune homme, en doutant de sa fidélité. Il comprit alors que la lettre anonyme qu'il
avait reçue venait du traître Muir.

Le Guide ne tarda pas à quitter le fort avec Chingachgook, la maison lui paraissant
triste et solitaire depuis la mort de son ami. — « Espérons », dit-il, en prenant congé de
Mabel qui pleurait, « que le sort nous conduira peut-être encore une fois sur le même
» chemin ; mais je te quitte sans inquiétude, maintenant que tu es devenue la femme
» d'un honnête homme. Que le Seigneur vous bénisse tous deux ! »

Mabel, trouvant aussi le fort trop triste depuis la mort de son père, partit pour New-
York avec son mari, comme le désirait depuis longtemps son oncle Cap, et Jasper, par
des spéculations heureuses, devint un des négociants les plus estimés de la ville.

Les époux ne revirent jamais le Guide, mais Mabel reçut souvent de riches cadeaux
de fourrures de prix, et quoique l'expéditeur eut soin de ne point se nommer, la jeune
femme devinait sans peine que le fidèle Guide continuait à donner ainsi une preuve de l'at-
tachement dévoué qu'il avait toujours témoigné à la fille de son ami, le sergent Dunham.

LA COLONIE DU LAC OTSÉGO

CHAPITRE PREMIER

UN FUNESTE COUP DE FEU

On était à la veille de Noël de l'année 1793. Un pâle soleil d'hiver jetait ses derniers rayons sur une étroite vallée couverte de neige, et traversée par un chemin qui se dirigeait vers une des collines environnantes.

Près de deux siècles auparavant, dans cette même vallée qui était arrosée par le Susquehanna, les Hollandais avaient combattu contre les Delawares établis dans le pays jusqu'à ce que les Anglais prissent possession de la colonie pour enrichir leur couronne.

Les Delawares étaient aussi peu capables de résister que les Hollandais, ayant perdu leur indépendance sous la domination des Iroquois, et ils avaient fini par s'établir sur un territoire indien, non loin du fleuve Verdigri. — La contrée conquise par les Anglais fut adjugée sous Charles II, à son frère, le duc d'York, et reçut d'après lui le nom de New-York, mais les mesures exigeantes du gouvernement anglais irritaient les habitants, et une révolution éclata en 1775. — L'insurrection ne tarda pas à se propager dans toute l'Amérique du Nord, elle ne se termina qu'en 1783 par la proclamation de l'Indépendance des États-Unis. — A cette époque, arrivèrent de nombreuses troupes de colons pour exploiter ce sol fertile, et les belles forêts aux arbres gigantesques, disparurent bientôt sous les coups de hache, pour faire place à de vastes champs de blé.

Le 24 décembre à la tombée de la nuit, on remarquait sur la route étroite qui traversait la vallée, un traîneau dont les chevaux fougueux étaient conduits par un jeune nègre.

Quoiqu'il souffrît d'une manière sensible des atteintes d'un climat qui lui était étranger, sa figure avait une expression de gaieté, en songeant aux surprises agréables que lui réservait la veille de Noël, dans une chambre bien chaude, chez son maître qui habitait le village de Templeton.

Dans le traîneau se trouvaient un homme de quarante-cinq ans environ et sa fille âgée de dix-huit ans, tous deux étaient enveloppés dans d'épaisses fourrures ; le monsieur avait un bonnet de martre qui descendait jusqu'aux oreilles, et la jeune fille avait la tête cachée dans un capuchon de soie noire tout ouaté, si bien que l'on n'apercevait que les yeux de ces deux personnages. Élisabeth regardait avec curiosité le paysage couvert de neige, tandis que le regard de Marmaduke annonçait une profonde tristesse.

Il se souvenait d'une belle journée de printemps, quatre ans auparavant où il avait parcouru la même route, seulement en sens inverse, pour conduire sa fille à New-York, dans un grand pensionnat. Sa femme n'y avait consenti qu'avec regret, pressentant peut-être qu'elle ne reverrait pas son enfant, car elle mourut quelques mois après. Comme Marmaduke se trouvait très solitaire depuis la mort de sa femme, il avait été rechercher sa fille, quoique son éducation ne fut pas entièrement achevée.

L'aboiement d'un chien l'arracha à ses réflexions et il s'aperçut alors que le traîneau se trouvait sur un plateau boisé au sommet de la colline : « Retiens tes chevaux », Aggy, cria-t-il, car ce chien qui aboie est sans doute celui du vieux Bas-de-Cuir, en train de chasser dans la forêt. Voilà justement la trace d'un cerf, ajouta-t-il en descendant du traîneau et en cherchant son fusil au milieu des malles et des cartons qui encombraient le devant de l'équipage. Quelques instants après, un cerf passa rapidement dans la forêt, et la sûreté avec laquelle Marmaduke visa et fit feu, dénotait un chasseur expérimenté. Le cerf détourna la tête, mais continua sa course sans paraître blessé, et une seconde décharge de l'arme de Marmeduke ne l'atteignit pas davantage. Soudainement, un violent coup de feu retentit dans les bois, le cerf fit un bond, puis un second coup partit, qui renversa sa victime. Un joyeux hallo se confondit avec des nouveaux aboiements, et tandis que deux hommes apparaissaient sur la lisière de la forêt des chiens de chasse noirs tachetés de jaune, couraient en bondissant vers la place où l'animal était tombé.

— « J'avais donc deviné juste, cria Marmaduke au plus âgé des deux hommes, en
» croyant reconnaître l'aboiement de vos chiens. J'aurais pu assurément m'épargner la
» peine de tirer, mais j'avais espéré qu'une de mes balles atteindrait ce beau cerf. » Il
s'approcha de l'animal et ajouta : — « Deux balles l'ont blessé, une au cou et l'autre
» au cœur ; qui sait si l'un de ces coups n'a pas été tiré par moi ?

— « Vous avouerez cependant, répondit le vieux chasseur que le cerf est tombé long-
» temps après que vos deux coups ont été tirés ; en tout cas, le coup décisif a été porté
» par une main plus sûre et plus jeune que les nôtres. — Quelle est votre opinion, de-
» manda joyeusement Marmaduke au jeune chasseur?

» C'est moi qui ai envoyé la balle meurtrière», répondit-il avec fierté. — Marmaduke
se mit à rire, mais le jeune homme l'entraîna pour lui prouver la vérité de son asser-
tion :

— « J'ai tiré dans cette direction, lui dit-il en désignant un tronc d'arbre, et voilà
» quatre balles. — Mais où se trouve donc la cinquième de mes balles, demanda
Marmaduke ?

— « Ici » répondit le jeune chasseur, en rejetant son manteau en arrière, et en montrant
son épaule gauche toute couverte de sang; Marmaduke se recula avec effroi, et
Élisabeth, qui était restée dans le traîneau, ne put s'empêcher de crier.— « Juste ciel ! »
s'écria son père, « est-ce possible que ma balle ait causé un semblable malheur ? Pau-
» vre jeune homme, votre blessure me fait plus souffrir que si j'avais été atteint par dix
» balles, montez vite dans le traîneau, et dans peu de temps, nous arriverons à Tem-
» pleton, où vous recevrez les secours d'un chirurgien.

» Il va sans dire que vous resterez dans ma maison jusqu'à ce que votre blessure soit
» entièrement guérie.

— « Vous êtes bien bon, répondit le blessé, mais je ne puis pas accepter votre offre. —
» Quelle est la raison, demanda Marmaduke, étonné. — Parceque j'ai un ami qui
» m'attend, répondit le jeune chasseur, d'une voix triste et soumise, et qui serait in-
» quiet en apprenant mon accident. Je suppose maintenant, noble maître, que vous ne
» m'accuserez plus de ne pas avoir tué le cerf?

— « Certainement non, dit Marmaduke avec émotion, et dès ce jour, je vous accorde
» le droit de chasser dans toutes mes propriétés. Jusqu'à présent, maître Bas-de-Cuir

» avait seul ce privilège, et dans peu de temps, une telle permission prendra une
» grande valeur. — Naturellement, dit le vieux chasseur avec humeur, en donnant
» volontairement une fausse interprétation à ces paroles, le gibier va devenir de plus en
» plus rare à mesure que les Européens abattent de nouvelles forêts. Quant à une loi
» défendant à un Américain libre de chasser quand il lui plaît, je n'en ai pas encore en-
» tendu parler », ajouta-t-il avec un ton de colère. — Marmaduke ne prêta aucune
attention à ce discours, puis se tournant vers le jeune chasseur il lui dit : — « Vous
» me ferez grand plaisir en m'autorisant à acheter le cerf que vous avez tué. » — « Je
» vous l'aurais déjà offert, répondit le jeune blessé, si je n'avais pas désiré le garder
» pour moi. Encore mille remerciements, pour votre offre aimable de me faire soi-
» gner dans votre maison.

— « Vous ne voudriez pas, s'écria Élisabeth, que mon père abandonne sans secours
» au milieu de la forêt un homme qu'il a involontairement blessé.»

Le chasseur se laissa fléchir et Marmaduke l'attira doucement vers le traîneau, pendant que Bas-de-Cuir, toujours appuyé sur son fusil, dit à son compagnon : — « Le
» mieux est que tu acceptes l'offre du maître, car je n'ai plus la main assez sûre pour
» retirer la balle des chairs. »

— « Merci, Bas-de-Cuir, » dit Élisabeth avec joie, en mettant les paquets de côté dans
le traîneau, pour préparer une place confortable au nouveau voyageur. Le blessé sur les
instances renouvelées des assistants se décida à monter dans le traîneau et le cerf y
fut également installé avec l'aide du nègre.

— « Ne voulez-vous pas aussi être des nôtres ? » demanda Marmaduke à Bas-de-Cuir.
« Non, répondit le chasseur, j'ai différentes occupations, mais dans le cas où vous ren-
» contreriez l'Indien John, emmenez-le avec vous. Il pourra aider le docteur pour l'opé-
» ration, étant très expérimenté en ce qui concerne les blessures ».

Le jeune chasseur dit à son ami : « Ayez soin, Natty, de ne pas parler de ma blessure
» ni de dire l'endroit où j'ai été transporté ! » — Le vieux Bas-de-Cuir se mit à rire puis
ajouta : « Depuis plus de cinquante ans que je mène une vie nomade, j'ai appris à
» connaître les habitudes indiennes, par conséquent, n'aie aucune inquiétude ». — Il
siffla ensuite ses chiens, et s'éloigna dans la forêt.

Il y avait quelque chose de singulier dans les manières du vieux chasseur ; toute sa personne portait une empreinte d'originalité. Sa maigreur le faisait paraître encore plus grand qu'il ne l'était en réalité. Il portait un bonnet en peau de renard qui cachait en grande partie sa figure osseuse et fortement hâlée, deux yeux gris brillaient sous des sourcils épais ayant à la fois une expression de hardiesse et de grande bonté. Son vêtement consistait en une peau de cerf retenue à la taille par une ceinture, et descendant jusqu'aux genoux. Il avait également des pantalons en peau de cerf, auxquels se rattachaient des guêtres, toujours de la même peau, ce qui lui avait valu le surnom de Bas-de-Cuir donné par les habitants du pays. Ses chaussures étaient aussi en peau de cerf, et ornées, d'après la mode indienne, de dards de porc-épic. — Les chevaux du traîneau étaient lancés au galop sur une route à pente rapide, car le soleil commençait à disparaître derrière une chaîne de montagnes. Marmaduke regardait attentivement son nouveau compagnon, puis il rompit soudainement le silence, pour lui adresser la parole. « Les » traits de votre visage », dit-il, « ne me sont pas inconnus, et cependant je ne puis pas » me rappeler votre nom. » — « Il y a peu de temps que j'habite dans la contrée », répondit froidement le blessé, « et comme vous êtes depuis deux mois absent de Templeton, il est » impossible que vous m'ayez déjà rencontré. » Le juge de Templeton continua à fixer le jeune homme, jusqu'à ce que son attention fût attirée par des colonnes de fumée qui s'échappaient des cheminées de sa maison de campagne. « Le ciel soit loué, Beth, » dit-il à sa fille, « nous voilà bientôt arrivés. » Élisabeth regardait avec curiosité tous les changements qui avaient eu lieu dans le pays, pendant les années où elle avait été absente ; le traîneau traversait alors une vallée étroite et riante, se dirigeant vers un grand lac au bord duquel s'élevait le village de Templeton. Ce village se composait d'une cinquantaine de maisons construites en bois, et peintes de couleurs éclatantes.

Les plus riches habitations se distinguaient pas des contrevents verts et un bouquet d'arbres devant les portes ; au nombre de ces dernières, on remarquait celle de Marmaduke, le personnage le plus important de la localité ; en outre sa maison était construite en pierre, montrant ainsi sa supériorité sur tous les autres habitants.

Lorsque le traîneau entra dans le village, toutes les femmes et les enfants accoururent dans la rue pour saluer l'arrivée du juge et de sa fille. Élisabeth avait le visage entièrement caché par son capuchon, le froid étant devenu beaucoup plus intense depuis le coucher du soleil.

Il faisait tout à fait nuit, lorsque le traîneau franchit la porte de la campagne de Marmaduke et, sans une lumière vive qui brillait dans la maison, on aurait eu de la peine à trouver son chemin. Quelques domestiques femmes et un serviteur masculin, qui se tenaient debout sur le seuil de la porte, reçurent les voyageurs avec des acclamations de joie. Le maître de la maison les remercia amicalement, puis, se tournant vers les deux plus proches serviteurs, il leur dit : — « Regarde, Benjamin, voici la jeune maîtresse, » Élisabeth, — et vous, Mademoiselle Brigitte, ayez la complaisance d'aider à ma fille » pour descendre du traîneau ? »

La gouvernante s'empressa d'exécuter l'ordre de son maître, pendant que Benjamin, qui remplissait à la fois les fonctions d'intendant et de valet de chambre, marchait en avant, tenant un chandelier aussi haut que possible, afin de donner plus de clarté dans la grande salle du rez-de-chaussée qui ne recevait de la lumière que de deux bougies fixées dans d'antiques flambeaux de cuivre.

— « Eh bien, Ben ! est-ce ainsi que tu reçois la jeune héritière de la maison ? » s'écria Marmaduke en se dirigeant vers une immense cheminée où pétillait un bon feu, qui répandait dans toute la salle une chaleur agréable. — « Sur mon âme, noble maître, » j'allais allumer les bougies du lustre et des bras, lorsque Mademoiselle Brigitte est » accourue pour me prévenir que le traîneau entrait dans la cour », dit le gros Benjamin, tandis que sa longue tresse oscillait comme le balancier d'une pendule.

Au bout de quelques instants, la salle resplendissait sous les feux de nombreuses lumières ; elle était richement meublée, le sol couvert de tapis épais; cependant, on remarquait dans l'arrangement un manque de bon goût. Marmaduke éprouvait comme sa fille Élisabeth un sentiment de bien-être en se retrouvant chez lui, mais tous deux songeaient à l'épouse et à la mère qui s'était montrée si douce et si gaie, pendant la dernière soirée qu'avait passée Élisabeth dans la maison paternelle, avant son départ pour le pensionnat.

Mademoiselle Brigitte arracha la jeune fille à ses réflexions, en l'engageant à se débarrasser de ses fourrures et de ses vêtements, étant très désireuse d'examiner plus attentivement la fille de la maison, à laquelle elle allait être obligée de remettre les rênes du gouvernement domestique. Élisabeth, dégagée des châles et des vêtements qui la préservaient du froid, apparut alors avec sa tournure gracieuse et sa jolie tête aux traits si fins. Mademoiselle Brigitte allait sans doute faire mille compliments à sa jeune maîtresse, mais Élisabeth appela son père pour lui rappeler qu'il ne fallait pas oublier l'hôte blessé.

— « Soyez sans inquiétude », répondit le jeune chasseur qui était assis dans un coin de la salle, non loin de la porte d'entrée, « votre père a, dès son arrivée, envoyé un » messager auprès du chirurgien. » — « Ce serait vraiment triste », dit Marmaduke, en inclinant la tête, « si j'oubliais ainsi mon devoir; songe maintenant au tien, ma » chère Beth, et fais préparer une chambre confortable pour notre hôte. »

Élisabeth fit signe à la gouvernante qu'elle vienne l'aider à remplir ses devoirs de maîtresse de maison, mais avant de quitter la salle, elle lança encore un regard au jeune chasseur dont la figure fine et distinguée offrait un singulier contraste avec la grossièreté de ses vêtements.

Élisabeth venait de sortir, lorsque le chirurgien Nathan Todd entra. Marmaduke alla au-devant de lui et, tout en lui serrant affectueusement la main, il lui dit : — « Voici » un patient, cher docteur, qui réclame vos bons soins, et que j'ai eu le malheur de » blesser en visant un cerf! »

Todd sortit sa trousse de sa poche, pendant que l'étranger découvrait son épaule, dont la blessure s'était arrêtée de saigner à cause de l'intensité du froid. Il suffit au chirurgien de faire une seule incision dans la peau pour en retirer la balle; mais il allait terminer l'opération et faire différentes prescriptions, lorsque le blessé l'arrêta et lui dit en se tournant vers la porte, restée ouverte : — « Mille remerciements pour vos services, » mais cet homme se chargera de me guérir autrement. »

Marmaduke et le chirurgien regardèrent avec étonnement dans la direction de la porte et aperçurent un vieillard indien derrière lequel se tenait un petit homme enveloppé dans un manteau de fourrure et dont le visage très rouge n'indiquait non seulement une bonne santé, mais encore un certain faible pour les liquides. Il s'avança vers le maître de la maison, lui tendit la main et s'écria :

— « Je suis l'homme le plus malheureux de la terre, mon cher cousin, d'avoir ignoré » votre retour et celui d'Élisabeth, mais je me suis empressé d'aller saluer ma petite » cousine, une ravissante enfant, au teint de lis et de rose. J'étais à l'église, occupé à » faire différents préparatifs pour le service divin de ce soir, car notre ministre, l'excel-

» lent Monsieur Grant n'y songeait guère, lorsqu'un de vos serviteurs est venu m'an-
» noncer votre arrivée. Je suis accouru en toute hâte, accompagné de la fille du ministre
» qui a déjà fait connaissance avec Élisabeth. Mais qui est ce jeune homme », demanda-t-il, en indiquant le blessé, qui causait avec l'Indien. Marmaduke s'empressa de
satisfaire à la curiosité de son cousin en lui racontant l'histoire de ce funeste coup de
feu, qui avait eu un si fâcheux résultat.

— « Cela peut arriver », répondit le cousin en riant, « et le danger n'est pas bien
» grand, puisque notre savant docteur a pu de suite retirer la balle. » En disant ces paroles, il fit au chirurgien un signe de tête affectueux.

Marmaduke s'approcha du vieillard indien, qui regardait avec attention l'épaule du
blessé et tenait à la main un petit panier tressé avec des branches de frêne. — « Sois le
» bienvenu, John », lui dit le maître de la maison ; « tu arrives à propos, car ce jeune
» homme a l'air d'avoir plus de confiance dans ton savoir que dans celui de notre bon
» docteur Todd. Tu as sans doute rencontré Bas-de-Cuir, qui t'a informé de l'acci-
» dent. »

L'Indien secoua sa longue chevelure, restée noire malgré ses soixante-dix-sept ans,
puis regardant Marmaduke avec un air de méfiance, il se mit à parler en anglais avec un
son de voix guttural particulier à sa race :

— « Je me dirigeais, dit-il, vers l'Église, lorsque Benjamin m'appela et, d'après la
» description qu'il me fit du blessé, je compris qu'il s'agissait de mon jeune ami, souf-
» frant par la faute de quelqu'un qui ne voulait pas lui faire de mal. » — « T'imaginerais-
» tu, par hasard, que j'ai blessé ce jeune homme avec intention », s'écria Marmaduke ?
« Tu devrais avoir honte de concevoir un pareil soupçon, mon vieux John, qui n'est pas
» digne d'un chrétien comme tu l'es. » — « Le méchant esprit envahit souvent le meil-
» leur des cœurs », répondit l'Indien, qui avait conservé d'anciennes croyances malgré
ses relations continuelles avec des hommes civilisés. Toute sa personne, jusqu'à son
habillement, indiquait un certain mélange de coutumes indiennes et européennes.
Comme en entrant dans la salle il avait ôté son manteau, on pouvait voir ses pantalons
et ses chaussures tous deux en peau de cerf ; le haut du corps était couvert par une chemise de laine grossière, laissée entr'ouverte, afin de montrer une médaille d'argent à
l'effigie de Washington, qui brillait sur sa poitrine. A chaque mouvement brusque de

l'Indien, la médaille se déplaçait et laissait voir l'image d'un animal, marquée à l'aide d'un fer chaud ou bien tracée par le sillon d'un couteau.

L'Indien saisit alors la main du maître de la maison et dit :

L'Indien John.

— « Il est écrit dans le Livre Saint que celui qui ne veut pas être jugé, ne doit pas ju-
» ger lui-même !.... Je crois à l'innocence de mon frère, quand il m'assure qu'il n'avait
» pas l'intention de blesser mon jeune ami. »

L'Indien fit ensuite avec adresse le pansement qui se composait d'une écorce d'arbre concassée et trempée auparavant dans un jus d'herbes. Ensuite il fit signe au cousin de Marmaduke de venir l'aider, car il ne savait pas se servir du fil et de l'aiguille pour coudre ensemble les bandages.

— « C'est l'affaire du chirurgien », répondit le cousin, en souriant dédaigneusement, « mais comme le Docteur s'est empressé de se retirer, je m'acquitterai volontiers de » cette besogne. Je ferai le bon Samaritain, n'est-ce pas ? »

L'Indien jeta un regard méprisant à celui qui venait de parler, connaissant mieux que lui les Saintes-Écritures. Lorsque le cousin eut achevé de coudre les bandages, le jeune chasseur remit son vêtement et dit à Marmaduke : « Je ne veux pas abuser davantage de » votre bonté, et mon intention est de retourner auprès de Bas-de-Cuir ; il ne reste plus » qu'à prendre une décision concernant le cerf que j'ai tué.

— « Ah ! s'écria le cousin, en faisant des signes à Élisabeth qui se montrait à la porte, » ne faites pas tant d'embarras pour si peu de gibier. Le maître vous paiera l'animal et » ne gardera que le filet pour faire un bon rôti, un jour de fête. » — « C'est justement » le filet que je désire avoir, répondit le jeune chasseur ; quant au reste, vous pouvez » le garder. » Marmaduke avait bien le désir de répliquer vivement, mais un regard d'Élisabeth l'arrêta, et il appella Benjamin pour lui donner l'ordre de reconduire le blessé jusqu'à la demeure de Bas-de-Cuir, en ayant soin de recharger le cerf sur le traîneau.

— « Vous voulez donc nous quitter, » dit Élisabeth avec surprise, au jeune chasseur ?

— « Il ne veut pas rester », dit Marmaduke, avec mécontentement, puis il ajouta en se tournant vers le blessé. — « Je regrette de ne pas pouvoir vous appeler par votre » nom, mais vous savez que je ne le connais pas. » — « Je me nomme Oliver Edwards », répondit le chasseur, « et je ne cherche pas à cacher ni mon nom ni ma demeure, n'ayant » jusqu'à présent fait de mal à personne. » — « C'est par nous que vous avez appris » à connaître la souffrance », dit Élisabeth en soupirant, « mais soyez sûr que mon » père est désolé du malheur qui vous est arrivé bien involontairement par sa faute. » — « Tout est possible dans ce monde, » répliqua Oliver, pendant que ses beaux yeux regardaient autour de la salle, animés par une expression d'inimitié.

Là dessus, il s'éloigna en faisant une courte révérence, accompagné de son ami, le vieillard indien.

— « C'est étonnant » dit Marmaduke « qu'un jeune homme puisse être aussi irréconciliable. » — « Quelle insolence ! » ajouta le cousin.

Élisabeth seule ne fit aucune réflexion ; la petite société se dirigea alors vers la salle à manger, mais Élisabeth continua à être silencieuse pendant toute la durée du repas.

CHAPITRE II

NOËL

Une nombreuse assistance était réunie, la veille de Noël, dans un bâtiment situé au bout du village et dont une salle avait été spécialement attribuée à la célébration du culte. Beaucoup de personnes avaient eu un très long chemin à parcourir pour arriver jusqu'à cette église, car les colons étaient établis à de grandes distances les uns des autres. L'attention des assistants se porta sur la fille de Marmaduke qui assistait au service avec son père et son cousin, tandis que trois personnes seulement n'avaient aucun intérêt pour elle et ceux qui l'accompagnaient : c'étaient maître Bas-de-Cuir, John et Oliver. Le premier s'était installé au bout d'un banc, son fusil entre les jambes, et il paraissait plongé dans des réflexions peu réjouissantes. Non loin étaient assis Oliver et le vieux Indien, ce dernier enveloppé dans son manteau de telle façon qu'on ne pouvait apercevoir qu'une partie de son visage ; il resta dans la même position pendant toute la durée du service divin, et écouta avec une grande attention les paroles du digne ministre. Lorsque la prédication fut terminée, les assistants s'en allèrent successivement. Marmaduke quitta la salle, après avoir présenté sa fille au ministre, accompagné d'Élisabeth et de son cousin Richard, puis le vieil Indien se leva de sa place et Bas-de-Cuir suivit son exemple. Le chasseur se conduisait toujours respectueusement envers John, ce qui faisait croire que son ami avait dû remplir anciennement les fonctions d'un chef.

Oliver attendait ses deux compagnons à la sortie de la salle. Le vieillard indien laissant glisser son manteau en bas de ses épaules, et rejetant ses cheveux en arrière, marcha au-devant du pasteur : — « Je vous remercie mon père », lui dit-il, « pour les sages » leçons que vous avez données ce soir à vos enfants. Vos demandes ont été entendues » par le Grand Esprit, qui nous envoie sa bénédiction. » — « Aie toujours confiance » en Dieu », répondit le ministre Grant « et il t'accompagnera partout. » — « Que dites-

8

» vous, maître Bas-de-Cuir ? » — « Il ne faut pas vous adresser à moi », répliqua le chasseur, « car je pense qu'il suffit de vivre honnêtement, pour être sauvé. » — Il sortit ensuite de la salle et dit à ses amis ; « Le froid est tellement intense que j'éprouve des dou-
» leurs dans l'estomac, et je boirais un grog avec plaisir ; je me dirige donc vers la ta-
» verne, ne voulez-vous pas m'accompagner ? » — « Non, » répondit Oliver, « je re-
» tourne à la cabane au bord du lac », et il s'éloigna accompagné du vieil Indien ».

A l'intersection des deux rues les plus importantes de
Templeton, s'élève l'auberge du « Dragon hardi », maison composée d'un seul étage et qui n'avait pour ornement qu'une enseigne représentant un cavalier armé
d'un sabre et d'un pistolet, et portant un bonnet de fourrure d'une hauteur inusitée. Ce cavalier était l'hôtelier
lui-même, ancien militaire auquel on avait donné le
surnom de « Dragon hardi. »

Depuis qu'il avait reçu une balle dans un combat contre les Français, il était devenu
invalide et boiteux, mais le souvenir de sa bravoure était perpétué par l'enseigne de
l'auberge, due au pinceau du cousin de Marmaduke.

L'auberge « du Dragon hardi » avait une très nombreuse clientèle, et même, dans certai-
nes occasions, le seigneur du village ne dédaignait pas d'y entrer avec quelques amis, à
la grande satisfaction des hôteliers, le sergent Hollister et sa femme.

Dans la grande salle commune, trois côtés étaient garnis de banquettes, tandis que du
quatrième côté, on remarquait deux grandes cheminées, une petite porte de sortie, et un
buffet avec des verres et des bouteilles derrière lequel trônait la femme de l'aubergiste.

La veille de Noël, après le service divin, les bancs se trouvaient garnis de monde et
sur un canapé était assis le docteur Todd avec un jeune homme assez pauvrement vêtu,
qui prisait beaucoup de tabac en regardant continuellement l'heure à une grosse montre
en argent, et souriait toujours avec un air dédaigneux. Ce personnage était le savant ju-
risconsulte de la contrée, l'avocat redouté Lippet, qui prenait part ce soir-là à la conversation générale ayant pour sujet le coup maladroit tiré par Marmaduke.

Il se faisait un grand silence lorsque maître Bas-de-Cuir apparut dans la salle avec son fusil, ami inséparable ; il se dirigea vers une des cheminées et s'assit sur une bûche de bois.

L'aubergiste lui tendit un verre de grog, qu'il s'empressa d'accepter, et il se mit à causer pendant quelques instants avec l'ancien sergent, ayant été soldats ensemble dans leur jeunesse.

— « Ah ! » dit Bas-de-Cuir, en rendant son verre vide, « les temps ont bien changé. Lors-
» que je marchais contre les Français, sous le commandement de Sir William, nous étions
» presque toujours victorieux, et Chingachgook, aujourd'hui le vieux John, peut racon-
» ter bien des histoires d'autrefois, car dans ce temps-là il était un vaillant guerrier. »
— « Quel singulier nom, Chingachgook, dit l'hôtelière, il n'a rien de chrétien. » —
« Vous avez raison, répliqua Bas-de-Cuir en riant, ce nom est indien, et signifie « le grand
» serpent » — « Je me souviens fort bien maintenant », reprit l'hôtelier « d'un grand
» serpent dont on parlait toujours dans la dernière guerre, et qui était un chef célèbre.
» En tout cas, je ne pensais guère le retrouver converti au christianisme et portant le
» nom de John. » — « C'est l'œuvre des frères Moraves qui ont une très grande influence
« sur les Delawares », expliqua Bas-de-Cuir.

La porte de la salle de l'auberge s'ouvrit pour livrer passage au juge Marmaduke, à son cousin Richard et à quelques amis ; Chingachgook entra à leur suite et alla se placer modestement au bout d'un banc, à proximité du buffet. L'avocat Lippet se retira avec le docteur, et Marmaduke ayant échangé de nombreuses poignées de mains avec des personnes qui se trouvaient dans la salle, alla s'installer avec son cousin Richard, sur le canapé resté libre.

L'hôtelière servit à boire, et tendit au vieux John une coupe de métal étincelant : « Buvez
» avec confiance, lui dit-elle, c'est du cidre excellent mélangé avec du whisky [1]. » L'Indien fit un signe de tête amical, et porta avec empressement la coupe à ses lèvres.

— « Eh bien ! » demanda l'un des assistants, « quelles nouvelles apporte le juge du corps
» législatif ? Les Français ont-ils encore livré des batailles ? » — « Depuis qu'ils ont déca-
» pité leur roi », répondit Marmaduke, « ils sont sans cesse en révolte. Mais parlons d'au-
» tre chose ; notre assemblée a décrété tout récemment des lois importantes dont l'une
» défend, suivant les époques, la pêche au filet, et la chasse au cerf. J'espère aussi que
» l'on frappera d'une amende la manière immodérée dont on coupe les forêts. » Bas-de-

1. Eau-de-vie.

Cuir, qui avait écouté avec attention les paroles du juge, se mit à rire bruyamment.

— « J'aimerais bien savoir », dit-il, « quand on pourra empêcher à un chasseur expéri-
» menté de tuer du gibier quand il en rencontre. Ce droit date de loin, et une loi ancienne
» vaut mieux que deux nouvelles ; malgré la peine que se donneront les jurisconsultes,
» il n'y aura pas de changement, car je ne vois pas la possibilité de monter la garde
» jour et nuit dans les bois, dans les montagnes, pour traduire en justice un chasseur
» qui aurait tiré à une époque prohibée.

— « Avec le texte de la loi en mains », répondit sérieusement Marmaduke, « on peut
» arriver à modifier des abus, grâce auxquels nous n'aurions bientôt plus de gibier dans
» nos forêts.

— « Quelle erreur », répliqua Bas-de-Cuir, « ce sont les colons et non les chasseurs
» qui font ainsi diminuer le gibier.

— « Le pays n'est pas créé pour le gibier », s'écria le cousin Richard, « ce sont les
» chrétiens qui doivent en profiter.

— « Dans les bois », répondit Bas-de-Cuir avec un air méprisant, « on rencontre sou-
» vent des hommes meilleurs et qui ont plus de respect pour Dieu que ceux qui encom-
» brent vos églises ; la forêt est la voûte la plus grandiose que Dieu ait créée, et ce sont
» vos haches qui viennent l'abattre. »

Après avoir prononcé ces paroles, il appuya ses coudes sur ses genoux et cacha sa
figure entre ses mains.

— « Laissez toute discussion de côté », dit Marmaduke d'une voix douce, « rappelez-
» vous que c'est aujourd'hui la veille de Noël.

— « Dans ce cas », s'écria le cousin Richard, « entonnons un chant d'allégresse, mais
» auparavant, il faut que l'hôtelière nous prépare du *flip*. »

Cette proposition fut accueillie avec enthousiasme ; la célèbre boisson composée de
bière, d'eau-de-vie et de sucre fut aussitôt préparée, et le vieil ami indien de Bas-de-Cuir
lui-même en eut sa portion. Mais le vieux John ne mêla point sa voix à celle des assistants ; il émettait seulement des sons plaintifs tout en balançant doucement la tête. Peu
à peu, sa figure prit une expression sauvage, son chant devint plus fort et plus animé,
si bien que les assistants cessèrent brusquement leurs chants d'allégresse. Ils regardaient en riant l'Indien excité par la boisson, et Bas-de-Cuir lui dit dans la langue des

Delawares : « Comment peux-tu célébrer ainsi la gloire des combats, lorsque tu sais » que l'ennemi est proche, qui refuse « au jeune aigle » de lui restituer ses droits ? » Ces paroles produisirent l'effet voulu. L'Indien sembla alors rassembler ses idées égarées, rejeta ses cheveux en arrière, et fixa des regards hostiles sur Marmaduke.

Il saisit ensuite le tomahawk suspendu à sa ceinture, mais aussitôt Richard s'approcha de lui et lui tendit une coupe pleine dont il but le contenu à longs traits.

— « Certainement », reprit Bas-de-Cuir avec colère, « donnez de l'eau-de-vie aux Indiens » et vous serez sûrs de leurs armes. L'eau-de-vie fait du plus brave un lâche. »

Peu de temps après, le vieux John était étendu sur de la paille, dans un bâtiment voisin et enveloppé dans une couverture de laine ; il passa ainsi le reste de la nuit.

Dans l'auberge on vida encore bien des verres, et lorsque Marmaduke s'en alla avec Richard, celui-ci se trouvait dans un état de grande surexcitation.

Benjamin vint à leur rencontre pour les éclairer. — « Joyeux Noël », lui cria la voix de Richard, qui cherchait à se dégager d'un monceau de neige dans lequel il était tombé. Benjamin l'aida à se relever et le conduisit jusqu'à son lit, car la veille de Noël américain était achevée et on allait bientôt apercevoir les premières lueurs du jour.

Le lendemain, un léger vent du sud soufflait dans la vallée et annonçait l'approche de la pluie. Le jour n'était pas encore bien clair lorsque Élisabeth, enveloppée dans un manteau de fourrure, ouvrit la porte de la maison et en franchit le seuil, afin d'aller voir dans le voisinage les changements qui s'étaient produits pendant son absence. Elle croyait que tout le monde était encore endormi, aussi quel fut son étonnement en voyant s'ouvrir la fenêtre de la chambre du cousin Richard et celui-ci lui crier : — « Joyeux Noël, » cousine ! Tu es levée de bien bonne heure, mais je suis le premier à t'adresser mon » souhait de fête. » Il retira ensuite sa tête coiffée d'un bonnet de nuit et Élisabeth rentra en riant dans la maison ; au bout de quelques instants, elle fit une nouvelle apparition, tenant à la main un rouleau couvert de plusieurs cachets et sortit définitivement un peu plus tard avec son cousin Richard qui lui offrait son bras en criant de toutes ses forces.

— « Modère la voix, cher cousin », lui dit Élisabeth, « sans cela tu réveilleras mon » père. » — « Il ne manquerait plus que cela », répondit Richard en continuant à marcher avec sa cousine, « ton père veut toujours être le premier en tout, mais ce n'est

» pas de lui que tu auras reçu les premiers vœux, le jour de Noël. En outre, je suis fati-
» gué de l'importance qu'il se donne toujours. » — « Silence, silence », supplia Élisabeth, « c'est mon père, mon bon père, et si tu savais tout ce qu'il a fait pour toi pen-
» dant que nous étions à Albany, où avait eu lieu l'assemblée législative, tu émettrais
» sans doute tes opinions avec plus de prudence ! » — « Comment, il a fait quelque
» chose pour moi », s'écria Richard stupéfait, puis il ajouta après un instant de réflexion :
« Il m'a peut-être proposé comme directeur de la commission des travaux publics ! »

Élsabeth haussa les épaules avec un air mutin et lui montra le rouleau : — « Ton sort
» est là dedans », lui dit-elle, « et ta position, loin d'être seulement honorifique, te rap-
» portera, au contraire, un revenu suffisant. Telles furent les paroles de mon père lors-
» qu'il me remit ce rouleau, pour te l'offrir comme cadeau de Noël. »

Le cousin arracha avec impatience le pli officiel des mains de la jeune fille :
« Je suis nommé shérif du canton », s'écria-t-il avec surprise, « aussi, je peux re-
» connaître que mon cousin Marmaduke possède un bon cœur. Malgré tout, c'est un
» patron rusé, qui connaît bien son monde, et il sait parfaitement que je suis l'homme
» propre à remplir cette fonction. Naturellement, j'aurai besoin d'aides », ajouta-t-il en
» relevant fièrement la tête et en serrant le pli dans son habit; « je diviserai le canton
» en arrondissements dont Templeton sera le principal. »

Il entendit subitement des voix dans un massif voisin et se mit à écouter, pensant
que cette conversation pouvait avoir quelque intérêt pour lui en sa qualité de shérif supérieur.

Les deux promeneurs étaient arrivés à la lisière d'une forêt de pins, et le vent qui sif-
flait au travers des arbres, empêchait d'entendre le bruit de leurs pas; en s'approchant
d'une clairière, ils aperçurent Bas-de-Cuir avec le vieil Indien et Oliver en train de causer
avec animation. — « Éloignons-nous », dit tout bas Élisabeth, « nous n'avons pas le
» droit d'écouter la conversation de ces gens. » — « Oh! » répondit Richard à mi-voix,
« j'ai la charge de veiller à ce que la paix règne dans le canton, et qui sait ce que ces va-
» gabonds sont en train de comploter ! »

L'Indien ne semblait pas s'intéresser à la discussion et son maintien dénotait un grand
abattement; sa tête était inclinée sur sa poitrine, et ses longs cheveux cachaient entièrement ses traits

— « Il nous faut absolument abattre l'oiseau », expliquait Bas-de-Cuir; « mais comme
» nous n'avons presque plus d'argent dans nos bourses, nous ne pouvons hasarder
» qu'un seul coup. Billy Kirby est celui qui a le plus de chance de s'emparer du coq
» d'Inde, à moins que John ne veuille bien tirer dessus, en ce qui me concerne, je sens
» que ma main tremblerait au moment de presser la détente. »

L'Indien regarda pendant longtemps ses compagnons, sans prononcer une parole,
puis il répondit enfin : — « Quand John était jeune, sa balle suivait une ligne aussi droite
» que le rayon de ses yeux ; mais maintenant », ajouta-t-il en leur tendant ses mains
avec un accent de tristesse, « je tremble comme le cerf quand il entend le hurlement
» du loup. » — « Pourquoi », dit Oliver avec un ton de reproche, « t'adonnes-tu ainsi
» à la boisson et t'abaisses-tu au niveau de la bête? » — « C'est vrai », répondit l'Indien
avec lenteur, « tu ne mens pas et mes pères, qui fuyaient devant la tentation de l'eau-
» de-vie, vivaient heureux. J'étais un homme, tant que nous passions notre vie dans
» les bois, rassemblés autour du feu ; mais les colons sont venus qui ont dévalisé notre
» pays ; ils ont répandu au dehors le mauvais esprit renfermé dans leurs cruches et
» voilà comment je suis arrivé à me trouver dans un pareil état. »

— « Pardonne-moi de t'adresser des reproches », dit le jeune homme, « mais tu
» sais que je suis fier de faire partie de ta famille. »

Le visage du Mohican s'éclaira et, saisissant la main d'Oliver, il lui répondit :

— « Tu pouvais parler ainsi, mon fils, car tu es un Delaware. »

— « Eh bien ! » murmura Richard à l'oreille de sa cousine, « je ne me trompais pas
» en pensant que ce jeune homme avait du sang indien dans les veines. Malgré cela, il
» faut que le pauvre diable puisse tirer deux coups contre le coq d'Inde, et je vais lui
» faire cadeau d'un shilling. Il me semble que j'entends déjà là bas les réjouissances
» de Noël qui commencent. »

— « Si tu veux protéger monsieur Oliver », répliqua Élisabeth, « il faut le faire d'une
» manière plus délicate, et je parlerai à ta place. »

Sans attendre la réponse de son cousin, elle s'approcha de Bas-de-Cuir et de ses deux
compagnons. Le Mohican et Bas-de-Cuir ne témoignèrent pas une grande surprise de
son apparition; mais Oliver très étonné, qui avait eu au premier moment l'idée de
s'enfuir, resta debout et lui fit un gracieux salut avec son chapeau.

— « Excusez-moi », dit la jeune fille aux trois hommes, « je viens pour vous faire
» une demande. Ayant entendu que le tir aux coqs faisait toujours partie des divertis-
» sements de Noël en Pensylvanie, je désirerais tenter la fortune ; quel est celui de vous
« qui veut prendre cet argent, payer la mise et tirer pour moi ? »

— « Je le ferai bien volontiers », s'empressa de dire Bas-de-Cuir, en riant sous cape,
et en prenant la pièce de monnaie qu'Élisabeth lui tendait ; « mais dépêchons-nous de
» partir afin que Billy-Kirby n'ait pas abattu le coq avant notre arrivée. »

— « N'oubliez pas, Natty », dit Oliver, « que je dois tirer avant vous ; vous ne me
» trouverez peut-être pas galant, miss Marmaduke, mais songez qu'il s'agit de gagner
» un coq d'Inde.

— « Votre excuse n'est pas nécessaire », répliqua Élisabeth, « nous courons tous
» deux après la bonne fortune et maître Bas-de-Cuir est mon chevalier. »

Le chasseur, très flatté de cette mission, se dirigea, avec le reste de la société, vers la
place où le tir avait été installé.

Beaucoup de jeunes gens s'y trouvaient déjà rassemblés, sans compter tous les nombreux écoliers qui, les mains dans leurs poches, regardaient avec étonnement ceux qui
passaient pour les meilleurs tireurs et parlaient entre eux de leurs prouesses.

Billy Kirby était celui qui faisait le plus d'embarras ; de grande taille, avec une figure
sans expression, mais un regard bienveillant, il parlait d'une manière bruyante et grossière.

Il se distinguait parmi ses camarades, dans son métier de bûcheron, par une persévé-
rance remarquable et une force toujours égale.

Quand son travail était achevé, et qu'il avait reçu son salaire, il s'abandonnait à la pa-
resse, allant d'auberge en auberge, et était toujours le héros de toutes les fêtes po-
pulaires. Mais lorsque son argent était dépensé, il se remettait à travailler avec une
ardeur fébrile. Il existait une grande jalousie entre Bas-de-Cuir et lui. Tous deux étaient
tireurs accomplis, mais jusqu'alors l'occasion ne s'était jamais présentée de mettre leurs
talents en rivalité. Ce matin de Noël, lorsque le vieux chasseur parut sur la place du tir
avec ses deux compagnons, une grande agitation s'empara des esprits. L'organisateur
de ce divertissement étrange était un nègre libre, qui s'était procuré une grande
quantité de différentes volatiles, et l'enjeu variait suivant la valeur de l'animal.

On suspendit l'oiseau à une cible qui avait été taillée dans un large tronc d'arbre, et contre lequel allait s'exercer l'habileté des tireurs, cette cible était éloignée de soixante mètres de l'endroit où l'on devait tirer. Lorsqu'Élisabeth arriva sur la place avec son cousin, on venait justement d'attacher le coq à la cible, le corps entièrement couvert de neige sauf la tête et une partie du cou.

Billy Kirby avait déjà payé sa mise (1 shilling = 1 fr. 25) et le nègre était occupé à lui expliquer dans quelles conditions l'oiseau devait être tué pour devenir la propriété du tireur.

— « C'est très bien », répondit le bûcheron, en prenant son fusil, « vous pouvez faire vos » adieux à votre coq » — « Ne vous vantez pas ainsi », répliqua Bas-de-Cuir d'un ton bourru, en enfonçant son fusil dans la neige, « vous n'êtes pas le seul bon tireur de la contrée. » — « Morbleu », s'écria le bûcheron, vous êtes déjà prêt ? C'est une bonne raison de m'appliquer davantage !

Pendant que Billy Kirby visait l'animal, une grande impatience se lisait sur tous les visages et le nègre interpella le coq : « Attention, Puter ! Bouge donc la tête, ne vois-tu » pas que l'on va tirer sur toi ? » On entendit alors le bruit que fait le chien en retombant, et le coup partit.

Le coq remua légèrement la tête, et regarda avec étonnement autour de lui. — « Bravo, Puter », dit joyeusement le nègre en courant vers le coq, comme s'il allait le prendre dans ses bras. — « Maintenant c'est mon tour », hasarda Oliver. — « Ce serait préférable », répondit Bas-de-Cuir, « si tu me laissais tirer, car la tête d'un coq est un » but bien difficile à atteindre pour une personne qui a le bras blessé, nous nous arrange- » rions ensuite avec la jeune dame au sujet de l'oiseau. » — Le jeune chasseur secoua la tête, prit en hâte son fusil et fit feu, mais le coq ne bougea pas, car la balle n'avait même pas atteint le tronc d'arbre.

Élisabeth qui regardait attentivement le tireur, s'aperçut combien Oliver était contrarié de sa maladresse.

La joie du nègre disparut bien vite, lorsqu'il vit Bas-de-Cuir s'approcher ; le vieux chasseur posa le pied en avant, visa longtemps, puis tira. Ce fut un bravo général, et une troupe de jeunes garçons se précipitèrent vers la cible pour rapporter le coq d'Inde dont la tête était à peu près détachée du cou.

— « Déposez l'oiseau aux pieds de la jeune dame », ordonna Bas-de-Cuir ; « ayant tiré » à sa place, le coq lui appartient. » — « Mon but était d'être témoin de votre habileté », répondit Élisabeth de sa voix douce, puis se tournant en rougissant vers Oliver, elle ajouta :

— « Voulez-vous bien accepter cet oiseau comme un léger dédommagement, de » n'avoir pas remporté vous-même le prix, grâce à votre blessure ? »

Des sentiments très différents se livrèrent un combat dans l'âme d'Oliver, puis il se décida à relever l'oiseau que l'on avait déposé par terre.

Élisabeth tendit une pièce d'argent au nègre pour réparer sa perte, et demanda ensuite à son cousin de bien vouloir la reconduire chez elle. Au même instant Richard sentit une main qui se posait sur son épaule, et il distingua une voix qui lui disait : « Joyeux Noël, Cousin Dick ! » Il se retourna avec un air mécontent, Marmaduke ayant pu s'approcher de la société sans être vu, et lui adresser le premier les vœux de jour de fête.

La présence du juge ne changea en rien la gaieté qui régnait dans le tir et les jeunes gens continuèrent à se quereller avec le nègre, sur les conditions dans lesquelles on devait tuer un oiseau de moindre valeur.

Marmaduke ayant reçu les remerciements de Richard, s'approcha d'Oliver qui, appuyé sur son fusil, contemplait le coq d'Inde dont on lui avait fait l'hommage.

— « Je suis heureux », dit le juge, « de pouvoir réparer dans une certaine mesure, » le tort que je vous ai fait, par cette malheureuse blessure. Mon cousin qui jusqu'à » présent me servait de secrétaire, vient d'être appelé à remplir une autre fonction, » mais ayant jugé d'après votre conduite que vous aviez reçu une bonne éducation, je » suis persuadé que vous seriez à même de le remplacer. J'ai besoin de suite de quel- » qu'un qui puisse m'aider dans mes travaux, si vous voulez bien accepter mon offre, » votre bras aura ainsi le temps de se remettre entièrement, et nous n'aurons plus qu'à » nous mettre d'accord au sujet de la rétribution. »

Une vive rougeur de colère colora le visage du jeune homme, mais il put se maîtriser, et répondit avec une froideur feinte : — « Pour gagner honnêtement ma vie, je remplirais » volontiers la charge de secrétaire, mais je me vois obligé de décliner votre offre. » Mon fusil me suffit pour subvenir aux besoins de mon existence, ayant des choses » plus sérieuses à faire.

— « Il a de la répugnance pour un travail régulier », dit tous bas Richard à sa petite cousine; « c'est la conséquence de son origine indienne ! »

— « Ne rejetez pas si vite ma proposition », ajouta Marmaduke en se tournant vers le jeune homme; « nous parlerons plus longuement de cette affaire une autre fois, mais » de toute manière restez au moins chez moi jusqu'à ce que votre blessure soit entière- » ment guérie. N'est-ce pas, chère Beth, monsieur Edwards sera le bienvenu ? »

Élisabeth fit un signe de tête affirmatif et le juge exposa au jeune homme les condi- tions de la place qu'il lui proposait, ainsi que le chiffre des appointements.

Oliver écoutait en proie à une grande agitation, mais le Mohican qui s'était tenu jus- qu'alors à une distance, vint poser sa main sur l'épaule du jeune homme : « Écoute ton » père », lui dit-il, « qui a une longue expérience. Il faut que le jeune Aigle et le chef » des Blancs puissent sans peur dormir sous le même toit. Aie de la patience, mon fils, » car tu es un Delaware et un guerrier indien doit savoir attendre. » Ces paroles firent une vive impression sur Oliver qui céda à la demande de Marmaduke, avec la réserve toutefois de pouvoir quitter sa place, suivant les circonstances.

Lorsque les deux partis se séparèrent, Élisabeth ne regarda pas avec autant de bien- veillance le jeune chasseur, qui n'acceptait qu'à regret une proposition qui aurait fait sourire beaucoup d'autres personnes.

Oliver suivit la route en silence avec ses deux compagnons, mais lorsqu'ils furent arrivés à leur hutte commune, qui était adossée contre un rocher au bord du lac, le jeune homme s'écria :

— « Voilà comment la misère me force à servir le plus grand ennemi de ma race !

— « Est-il donc un Mingo que tu l'appelles ton ennemi », demanda le Mohican ?

— « Écoute, John, » dit Bas-de-Cuir, « je n'ai pas grande confiance dans cette situa- » tion. On a décrété de nouvelles lois qui vont frapper, j'en suis certain, les territoires » indiens; d'autre part je me méfie toujours des beaux discours qui sortent de la bou- » che des Blancs, quoique mes ancêtres furent des Blancs, et que je sois né aux envi- » rons de New-York. »

— « Advienne que pourra », s'écria Oliver en soupirant, « je veux me résigner et ou- » blier que je suis le descendant d'un chef delaware qui commandait autrefois sur ce

» lac, ces montagnes, et ces vallées. N'est-ce pas le meilleur parti à prendre, mon
» vieux John ? »

— » Oui », répondit solennellement le Mohican, « John est âgé, il lui est difficile main-
» tenant d'aller à la chasse, et souvent la faim se fait sentir ; du reste il n'est pas le seul
» et le même cas se présente pour Œil-de-Faucon. »

— « J'en conviens, » répliqua Bas-de-Cuir, « les années changent les hommes, mais
» quand il le faut je puis encore jeûner. »

— « Assez sur ce sujet », dit Oliver, « je dois faire mon devoir, mais n'augmentez
pas la tristesse de mon cœur. » Bientôt ils arrivèrent à la hutte.

Des monceaux de neige couvraient le mur de bois de la misérable demeure ; le tuyau
de la cheminée était construit à l'aide de morceaux de bois cimentés avec de l'argile
et l'on voyait s'échapper une légère colonne de fumée, qui colorait le paysage de teintes
sombres.

CHAPITRE III

DIVERSES AVENTURES DE CHASSE

On était au printemps. Le juge Marmaduke était assis auprès de la fenêtre et regardait
pensivement le réveil de la nature, tout en songeant aux différentes phases de son passé.

Il pensait à son ancêtre, ami et correligionnaire du quaker William Penn, qui s'était
établi, cent vingt ans auparavant, dans la colonie de Pensylvanie, et avait échoué
dans différentes entreprises. Il mourut heureusement avant d'avoir éprouvé les souffrances de la pauvreté et ses descendants luttèrent sans relâche pour arriver à regagner les anciennes richesses de leur famille. Le père de Marmaduke fut le premier qui
vit ses efforts couronnés de succès et, grâce à un riche mariage, il put donner à son fils
une éducation soignée. Le jeune Marmaduke fut envoyé dans un pensionnat à New-York
où il se lia d'une étroite amitié avec un de ses camarades. Edward Effingham appartenait à une famille riche et estimée, dont les membres, quoique colons, n'exerçaient aucun commerce, et n'abandonnaient leur vie retirée que pour présider une assemblée
ou commander une armée en temps de guerre. Le père du jeune Effingham avait été
Major pendant plus de quarante ans, et il était considéré dans la colonie de New-York

comme un homme de grande valeur. Edward, son fils unique, ayant épousé une femme qu'il protégeait tout particulièrement, il lui abandonna sa fortune, qui comprenait non seulement des capitaux considérables, mais deux maisons, une à la ville, l'autre à la campagne et de nombreuses terres dans toutes les parties de la colonie. Le père montrait ainsi une grande confiance à son fils, mais celui-ci sut apprécier ce sacrifice.

En possession d'une semblable fortune, Edward chercha à retrouver son ancien camarade de pension qui n'était pas dans une position brillante, son père ayant, avant de mourir, considérablement gaspillé son avoir.

Il demanda à Marmaduke de devenir son associé et, après de nombreuses réflexions, ils résolurent de fonder une maison de commerce à Philadelphie, la capitale de la Pensylvanie. Marmaduke la dirigerait, tandis qu'Effingham fournirait les capitaux nécessaires, mais sans que son nom apparût dans la maison, prétextant qu'il trouvait au-dessous de sa dignité d'être négociant, ses ancêtres ayant toujours occupé un rang élevé dans l'armée. Marmaduke ne connut jamais le motif principal pour lequel Edward refusait de faire paraître son nom, celui-ci craignant de blesser son ami s'il le lui révélait. Le Major avait une profonde aversion contre les Quakers, et quoique Marmaduke ne fut pas un adepte fervent de cette secte, il appartenait à une famille qui pratiquait cette doctrine.

Au bout de quelques années, Marmaduke se maria, ayant acquis une belle fortune, et son heureuse vie de famille attira Effingham qui vint lui faire de fréquentes visites. Celui-ci, comprenant tous les avantages des affaires commerciales, s'apprêtait à entrer comme associé en nom dans la maison, lorsque les premiers troubles de la révolution éclatèrent.

Dans les démêlés entre les colons et la maison régnante, Effingham prit parti pour la couronne, tandis que Marmaduke embrassa la cause du peuple, ne pouvant pas penser sans amertume aux souffrances injustes éprouvées par ses ancêtres, fidèles partisans de Penn.

Après le premier combat entre les Américains et les Anglais, livré à Lexington, le 19 avril 1775, Effingham se décida à s'enrôler dans l'armée royale, laissant tous ses titres et ses objets de valeur à son ami Marmaduke et espérant ainsi oublier dans la guerre le chagrin que lui causait la mort récente de sa femme. Il se trouva bientôt à la tête d'un régiment anglais et, dès lors, toute relation cessa entre le colonel Effingham et le négociant Marmaduke. A la suite de la guerre, ce dernier quitta Philadelphie, en ayant soin avant son départ, de mettre en sûreté son bien et celui de son ami ; mais après la proclamation de l'indépendance des États-Unis, on vendit tous les biens appartenant aux royalistes.

Marmaduke profita de cette occasion et, ayant acquis à New-York, à bas prix, de grands terrains qu'il fit défricher, il devint bientôt l'un des propriétaires les plus importants de la contrée, et fut nommé premier juge dans les nouvelles colonies.

Tous ces souvenirs du passé revenaient à l'esprit de Marmaduke, et il pensait avec reconnaissance à la protection que Dieu lui avait accordée. Élisabeth entra alors dans la chambre et son père la serra tendrement dans ses bras. Sans attacher une plus grande importance à ce témoignage d'affection, elle lui dit :

— « Je viens seulement vous demander de la part de notre respectable sauvage, si » vous voulez bien lui accorder la permission d'aller jusqu'au bord du lac ; il va sans » doute chez Bas-de-Cuir, où il passe fréquemment les nuits. »

Le juge ouvrit la fenêtre et cria à Oliver, qui se trouvait dans le jardin : — « Je n'ai » pas besoin de vous aujourd'hui, et vous donne volontiers congé. »

Le jeune homme s'inclina et partit. Quoique, depuis son entrée chez Marmaduke, son costume fut resté simple, il avait l'air d'un homme de distinction et le juge ne pouvait s'empêcher d'avoir de l'admiration pour lui. — « Il a vraiment des manières distin- » guées », dit-il à Élisabeth, qui répondit avec un sourire dédaigneux : — « Vraisembla- » blement, il descend d'un illustre chef indien, qui avait eu le caprice d'épouser une » blanche. Ses relations avec ces deux habitants de la cabane me paraissent mystérieu- » ses et éveillent ma curiosité. » — « Tu descendras dans son estime », lui répliqua son père, « si tu lui laisses entrevoir tes doutes, car il ne veut pas qu'on lui fasse aucune » question sur sa vie passée. » — « Quel homme étrange », dit Élisabeth en riant ; puis elle quitta la chambre de son père pour retourner à ses occupations domestiques.

Les jours se passaient avec calme et l'été s'épanouissait dans toute sa splendeur. Le lac Otsego, si riche en poissons, était sillonné de nombreuses barques ; mais quand l'époque arriva où la loi, rédigée par le juge Marmaduke, permettait la pêche au filet, le cousin Richard fit part à son parent de l'envie qu'il avait d'organiser une partie de pêche pour la nuit suivante. A cette intention, il monta avec Benjamin et plusieurs autres jeunes gens dans un bateau muni d'un énorme filet, et se dirigea vers la rive occidentale. De son côté, Marmaduke sortit pour faire une promenade en compagnie d'Élisabeth, de la fille du ministre, Louise, et d'Oliver. C'était une soirée délicieuse et les géants des forêts s'inclinaient doucement balancés par une brise légère.

— « Ces forêts sombres me font une singulière impression », dit Élisabeth ; « lors-
» que j'étais encore une enfant, je me souviens, cher père, que tu nous avais raconté
» ta première visite à ces bois, mais je ne me rappelle plus exactement tout ce que tu
» nous avais dit. » — « Cela ne m'étonne pas », répondit Marmaduke, « car tu étais
» bien jeune dans ce temps-là. »

Oliver fixa ses yeux profonds sur le juge qui continua à parler :

— « Tu n'as aucune idée de l'aspect sauvage de la contrée à cette époque ; je me
» souviens d'avoir fait l'ascension d'une montage à laquelle je donnai le nom de Mont-
» des-Visions, parce que la vue que l'on avait depuis le sommet semblait l'image d'un
» rêve ; la forêt était impénétrable, sauf à un endroit par lequel on apercevait le
» lac, et l'on distinguait une légère colonne de fumée qui s'élevait sur la rive occiden-
» tale, trace unique de la présence d'un être humain. Après cette découverte, je redes-
» cendis du sommet de la montagne et vis au pied d'un rocher une cabane grossière-
» ment construite. » — « C'était la demeure de Bas-de-Cuir », s'écria Oliver avec
précipitation. — « Vous avez deviné », répondit le juge, « et j'aperçus aussitôt le hardi
» chasseur qui revenait portant un cerf sur ses épaules. Son expression franche me plut
» et j'acceptai de suite la proposition de passer la nuit dans sa cabane. » — « A-t-il
» continué d'être aimable avec vous ? » demanda Oliver. — « Sa conduite a complète-
» ment changé lorsqu'il a connu mon nom et mon intention de m'établir dans le pays
» pour y faire défricher les terres ; il considérait cela comme une atteinte à ses privi-
» lèges. » — « N'a-t-il pas aussi parlé des droits des Indiens », dit Oliver, « car je sais
» qu'il conteste aux Blancs le droit de possession dans cette contrée ? » — « Vous
» avez raison », répondit Marmaduke, « il a fait quelques réflexions sur ce sujet, mais
» les prétentions des Indiens ont beaucoup diminué depuis le rétablissement de la paix,
» et notre droit est confirmé par un article du code. Mais activons notre marche », ajouta
le juge, « car les pêcheurs allument déjà leur feu. »

La lune venait de disparaître lorsque la petite société arriva à l'endroit où le cousin Richard terminait avec Billy Kirby et ses compagnons les derniers préparatifs de la pêche.

Benjamin se tenait debout dans le bateau, chargé à la fois de diriger le gouvernail et de lancer le filet, fonctions dont il s'acquittait avec beaucoup d'intelligence. Billy Kirby ramait avec un de ses camarades, pendant que les autres jeunes hommes étaient placés aux cordes attachées aux filets. Sur un signal du shérif, resté sur le rivage, l'embarcation se mit en marche. Après un court espace de temps, on distingua le clapotement des rames dans l'eau, et aussitôt après, la voix de Benjamin annonça le retour du bateau. Le shérif, à l'aide d'une torche enflammée, indiquait aux pêcheurs la direction qu'ils devaient prendre, et une minute après, le bateau abordait au rivage.

— « Avez-vous fait une bonne pêche », s'empressa de demander Marmaduke.

— « Sûrement nous ne rapportons pas une baleine », répondit Benjamin, « qui avait » un caractère très susceptible. »

Les deux extrémités du filet apparaissaient hors de l'eau, et les pêcheurs l'attirèrent à eux avec empressement ; bientôt, le filet fut à découvert, et l'on vit s'agiter des poissons de différentes espèces.

— « Je parie », s'écria Billy Kirby, « qu'il y a plus de mille perches emprisonnées dans ce réseau ! » — Le filet fut déposé sur le rivage, avec une grande précaution, les poissons déposés dans une cavité, puis séparés en plusieurs tas que l'on devait distribuer aux pêcheurs.

Pendant ce temps Benjamin s'occupait avec l'aide de plusieurs autres jeunes hommes, des préparatifs nécessaires pour une nouvelle capture.

Les deux jeunes filles, étant lasses de regarder ce spectacle, quittèrent le reste de la société, pour se promener au bord du lac.

— « Il paraît que nos gens ne sont pas les seuls qui se livrent à la pêche, ce soir », dit Élisabeth, « car j'aperçois un feu sur la rive opposée, dans la direction de la de- » meure de Bas-de-Cuir. »

Louise distingua en effet une lueur rouge qui semblait se rapprocher.

— « Bas-de-Cuir est vraiment un homme étrange », dit la fille du ministre, « gar- » dant sa hutte avec précaution, et ne sortant jamais, sans en fermer soigneusement » l'entrée. Il ne veut pas qu'aucun étranger entre dans sa demeure, et refuse même un » abri aux enfants qui sont surpris par l'orage.

Bientôt, les jeunes filles distinguèrent nettement le bateau, conduit par John et Bas-de-Cuir.

— « Avancez-donc, Natty », leur cria Marmaduke, « je vais vous donner des perches, » car nous en sommes encombrés ».

— « Merci mille fois », répondit le vieux chasseur, « car je ne puis rien accepter » d'une pêche, que je considère comme un crime. »

— « Vos paroles me vont droit au cœur », répliqua le juge ; « en effet, notre pêche » est un affreux gaspillage des biens que Dieu nous a donnés. »

Le bateau aborda à l'endroit où se trouvaient Marmaduke et Oliver ; Élisabeth et Louise les rejoignirent en même temps. La première s'intéressant à la pêche à la fourchette, Bas-de-Cuir lui dit :

— « Venez avec moi, et vous verrez comment j'embroche une truite pour mon prochain déjeuner ; soyez sans crainte, le bateau est tout nouvellement construit par John.

— « Élisabeth sauta avec agilité dans l'embarcation, suivie d'Oliver, tandis que Louise, plus craintive, restait sur le rivage.

Le bateau glissait rapidement sur l'eau conduit par le vieux John, et il atteignait un endroit, où le lac étant peu profond, on pouvait voir, à l'aide de la torche, des milliers de poissons.

— « Dirige-toi de ce côté », cria Bas-de-Cuir au Mohican, « car j'aperçois une » magnifique perche qu'il me sera facile d'atteindre avec ma fourchette ».

John s'empressa d'exécuter l'ordre qu'on lui donnait, et Élisabeth vit aussitôt un poisson d'une longueur extraordinaire ; Bas-de-Cuir enfonça dans l'eau, avec précaution, sa fourchette ayant quatorze pieds de longueur, et lorsqu'il la retira, on aperçut, suspendu à son extrémité, un poisson d'une dizaine de livres.

— « Nous aurons suffisamment pour notre repas », dit le vieux chasseur en riant, « aussi pour aujourd'hui notre tâche est terminée. »

Pendant ce temps, les autres pêcheurs, qui avaient lancé leur filet une deuxième fois, se rapprochèrent de l'embarcation où se trouvait Élisabeth, et l'on entendit Benjamin qui criait, d'un ton impérieux :

— « Faites place pour notre filet, Bas-de-Cuir, éloignez-vous, car votre lumière » effraie les poissons. »

Aussitôt, le Mohican dirigea son bateau vers une place d'où ils pouvaient, sans les gêner, continuer à regarder les pêcheurs.

En jugeant d'après les nombreuses insultes que l'on entendait, les hommes qui se trouvaient dans le bateau de Benjamin, ne devaient pas s'accorder entre eux.

— « Mille tonnerres », cria Benjamin à Billy Kirby, qui ramait, « ne pouvez-vous » donc pas garder le bâbord. » — « Que le diable m'emporte si je reprends jamais à mon bord un pareil lourdaud. »

— « Ne pourriez-vous pas me parler plus poliment », répliqua le bûcheron. — « Tais-toi », dit Benjamin avec colère. Au même instant, Billy Kirby imprima au bateau, avec l'aide des rames, une si forte secousse, que l'intendant qui tenait le gouvernail, passa par-dessus le bord. On entendit un bruyant éclat de rire, suivi d'un profond silence, car Benjamin avait disparu dans les flots.

— « Holà ! » cria le cousin Richard depuis le rivage, « que vous est-il donc arrivé, » pauvre Benjamin ! » — « Ce grand gaillard ne peut pas seulement nager », répliqua Kirby, tout en se débarrassant de ses vêtements. — « Au nom du ciel, sauvez-le », s'écria Élisabeth. Oliver s'apprêtait à plonger lorsque Bas-de-Cuir lui dit : — « Attends, jeune » homme, je vais repêcher Benjamin à l'aide de ma fourchette » ; aussitôt après les pinces serraient le col de l'habit et la tresse du malheureux intendant, dont le corps fut lentement remonté jusqu'au bateau. L'autre embarcation s'approcha rapidement afin de recueillir Benjamin, et de gagner en toute hâte le rivage où Billy Kirby déposa auprès du feu, l'intendant qui avait perdu connaissance.

Le shérif employa tous les moyens nécessaires pour le faire revenir à la vie, et Benjamin rouvrit enfin les yeux et respira avec peine. Marmaduke approcha une bouteille de rhum des lèvres de son intendant qui but avec avidité, et ressentit aussitôt les effets de cette liqueur. Le cousin Richard ne semblait pas comprendre l'efficacité de ce remède car il dit à Benjamin : — « Pourquoi buvez-vous autant de rhum après la quantité » d'eau que vous avez absorbée ? » — « Mon intention est de faire un grog dans mon » estomac », répondit l'intendant, puis se tournant vers le bûcheron, il ajouta : « On » rencontre bien des ânes dans le monde, mais je ne crois pas avoir vu, sur un bateau, » un homme dont la maladresse soit comparable à la vôtre. Quant à vous, maître Bas-de- » Cuir, tendez-moi la main ; quoique l'on vous ait accusé d'être un demi-sauvage,

» vous m'avez sauvé la vie, et je vous en serai éternellement reconnaissant. »

La société quitta bientôt le bord du lac, sauf les gardiens des poissons. Oliver posa avec soin des châles sur les épaules des deux jeunes filles, et Élisabeth ressentit un désir ardent de visiter la cabane de Bas-de-Cuir où habitaient des hommes de caractères si différents.

Le lendemain matin, Benjamin n'était pas encore complètement remis de son accident de la veille, et Marmaduke paraissait fort mal disposé, par suite d'une lettre venant de Londres et qu'il avait trouvée la veille au soir, en rentrant chez lui. Son visage, si gai pendant les derniers jours, était devenu soucieux, mais le juge fut arraché à ses sombres réflexions par le cousin Richard qui venait lui proposer de faire une promenade à cheval, ayant à lui parler d'une chose importante, et d'un voyage officiel qu'il devait entreprendre prochainement.

Au même moment, où les deux cavaliers montaient à cheval, Élisabeth et Louise sortaient de la maison, habillées pour la promenade. La fille du ministre qui demeurait chez son amie en l'absence de son père, portait un ravissant petit chapeau de soie verte sous lequel se levaient ses beaux yeux. Élisabeth avait son chapeau de paille à la main, laissant flotter au vent sa belle chevelure dorée.

— « Veux-tu faire une excursion, Beth? » demanda le juge. « Si oui, ne va pas trop » loin dans la forêt et rentre à la maison avant midi avec ton amie. » — « Je ferai tout » mon possible pour me conduire suivant vos désirs, monsieur mon père », répondit Élisabeth d'un air mutin. Marmaduke qui contemplait sa fille avec un orgueil paternel, la menaça du doigt en riant, puis il partit avec le shérif, et les deux cavaliers se trouvèrent bientôt en dehors du village.

Oliver qui avait entendu cette courte conversation, et qui était résolu à quitter la demeure triste, pour profiter de cette belle journée ensoleillée, s'approcha des deux jeunes filles et dit à Élisabeth. — « Votre père n'est pas tranquille lorsque vous allez parcourir » les montagnes sans protecteur, et si vous voulez bien me permettre de vous accompa- » gner... » « Bien obligée, répliqua Élisabeth avec froideur, je n'ai besoin de personne » pour me garder et *Brave* doit venir avec moi. On pourrait croire que le chien avait compris le sens de ces paroles, car au même instant le redoutable bouledogue s'approcha de sa maîtresse. Sans s'occuper davantage d'Oliver, Élisabeth se dirigea vers la porte du jardin, en compagnie de Brave et de Louise qui se retourna plusieurs fois en regardant le jeune homme. — « Il doit te trouver bien fière », dit-elle en s'adressant à son amie. — « Il aura raison », répliqua la fille du juge, « je suis trop fière pour choisir » comme guide un homme à moitié indien et auquel je ne pourrais pas donner de l'ar- » gent pour sa peine. »

Oliver resta stupéfait de la réponse d'Élisabeth, puis subitement comme sortant d'un rêve, il franchit le seuil de la porte et se dirigea vers le lac. Là, se trouvaient amarrés plusieurs bateaux, à l'usage de la famille du juge ; Oliver sauta dans une légère embar- cation, et rama dans la direction où se trouvait la cabane de Bas-de-Cuir ; après avoir abordé, il prit un sifflet qui donna un son clair et perçant, et aussitôt les chiens de Bas- de-Cuir se mirent à aboyer plaintivement.

« Taisez-vous, *Hector* et *Slut* », leur dit le jeune homme d'une voix bienveillante, puis il siffla de nouveau, mais son appel resta encore sans réponse : il se décida à en- trer dans la cabane, dont il tira soigneusement les verrous, puis referma la porte, après y avoir pénétré. Après avoir attendu pendant un quart d'heure, il reparut au dehors et alla caresser les chiens. Hector releva la tête, et aboya de nouveau. « Flaires-tu quel- » que chose ? » lui dit Oliver ; le jeune homme grimpa ensuite sur une petite colline qui protégeait la maison du côté du sud, et aperçut un homme appelé *Hiram Doolittle*, qui outre son métier de charpentier, remplissait les fonctions de juge de paix dans la colonie. « Que cherche-t-il », murmura Oliver, « est-ce la curiosité qui l'amène ici, et » pense-t-il pouvoir faire une visite à la cabane, en l'absence de mon ami ? » Le char- pentier disparut derrière les buissons, et le jeune homme retourna vers la hutte, afin de fermer soigneusement la porte ; pour cela, il passa une chaîne dans un anneau de fer et la ferma au moyen d'un cadenas. S'étant acquitté de cette besogne, Oliver re- monta dans son bateau, avec l'intention de se diriger vers un endroit d'où il pourrait surveiller la maison ; il aperçut alors un canot, dont la couleur lui était bien connue, celui de Bas-de-Cuir et du Mohican, occupés tous deux à pêcher, et étant parvenu au- près de ses amis, il attacha son canot au leur. « Es-tu entré dans la cabane », demanda le vieux chasseur, en continuant à pêcher. Oliver répondit affirmativement et leur raconta ce qu'il avait vu. « Je sais bien, dit Bas-de-Cuir, que Doolittle a une grande » envie de connaître l'intérieur de notre demeure, d'autant plus qu'il a eu la naïveté de

» me le dire un jour en face. Pauvre fou ! » — « Il est plutôt coquin que fou », répliqua Oliver. Bas-de-Cuir se mit à écouter attentivement, et leur dit que, s'il n'était pas sûr d'avoir attaché aujourd'hui ses chiens avec des cordes neuves, il lui semblerait entendre le vieil Hector aboyer dans la montagne. « Vous ne vous trompez pas », ajouta le Mohican, « les chiens sont libres et courent après quelque gibier ! »

Un aboiement furieux, partait de la forêt voisine, des buissons d'arbres s'agitèrent, et un magnifique cerf se précipita dans le lac ; Hector et Slut se lancèrent à sa poursuite, en continuant à aboyer. « Les voilà », s'écria Bas-de-Cuir en colère, ils ont senti l'animal et rompu leurs cordes. Ces coquins vont me mettre en contravention avec la nouvelle loi. « Arrière », cria-t-il aux deux chiens qui, obéissant à contre-cœur retournèrent sur le rivage.

— « Quelle magnifique bête », ajouta-t-il en voyant le cerf qui nageait tout en regardant autour de lui. « Admirez cette ramure, ce serait vraiment dommage de laisser échapper » un si bel animal. Ramez dans cette direction, ami John ! » — Le Mohican détacha son canot de celui d'Oliver, et l'embarcation glissa rapidement sur le lac.

— « N'oubliez pas les lois concernant la chasse », leur cria le jeune homme, mais l'avertissement arriva trop tard, car le bateau était déjà à la poursuite du cerf.

Ce rare spectacle d'une chasse au cerf sur l'eau, donna grande envie à Oliver d'y prendre part, et oubliant les sages recommandations, qu'il avait faites à ses compagnons, il saisit le moment où l'animal s'approcha de son canot pour lancer si adroitement son cablot qu'il s'enroula autour d'une des branches de la ramure. Le bateau de l'Indien arrivait à ce moment, et Bas-de-Cuir enfonça son couteau dans la gorge de l'animal qui expira aussitôt. Les deux canots furent de nouveau liés l'un à l'autre et le cerf déposé dans une des embarcations.

Bas-de-Cuir se réjouissait déjà à l'idée du bon repas qu'ils feraient tous ensemble, avec le filet de l'animal abattu. « En chassant le cerf à cette époque, nous nous sommes » mis en contravention avec la loi », fit observer Oliver, « et nous avons bien de la » chance qu'il ne se soit trouvé personne dans le voisinage pour nous trahir. »

Lorsque les deux canots eurent abordé sur le rivage, Bas-de-Cuir appela les chiens qui avaient encore autour du cou, des morceaux de leurs cordes. — « Hum, hum, fit-il » après quelques minutes d'examen, ces cordes n'ont été ni arrachées, ni mordues par

» les chiens. » Le Mohican s'approcha alors pour donner son opinion : « Les cordes
» ont été coupées avec un couteau, dit-il, mais celui qui a fait ce tour était un lâche,
» sans cela il les aurait coupées près du cou, de manière à ce qu'il n'en reste aucun
» morceau. — Le coupable doit être ce sournois Doolittle, qui est arrivé jusqu'à notre
» hutte, en grimpant sur les rochers et a mis ensuite les chiens en liberté au moyen d'un
» couteau fixé au bout d'un bâton. — Donnez-moi vite la barque, dit Oliver d'un ton dé-
» cidé, et je serai à la cabane dans quelques instants ; peut-être arriverai-je assez tôt pour
mettre la main sur Doolittle. » — Bas-de-Cuir s'empressa de lui accorder cette demande,
le cerf fut transporté dans l'autre bateau, et la plus légère des embarcations glissa bientôt rapidement sur le lac ; le vieux John, ramait paisiblement, ayant pris le cerf avec lui,
tandis que Bas-de-Cuir, son fusil sur l'épaule et accompagné de ses chiens, regagnait à
pied sa demeure, en côtoyant le lac.

Abandonnons les chasseurs, pour aller rejoindre Élisabeth et Louise, qui se prome-
naient dans les montagnes. Le chemin qu'elles suivaient, aboutissait à peu de distance
de la cabane de Bas-de-Cuir, aussi Élisabeth ne put s'empêcher de dire à son amie :
« Je sacrifierais bien des choses, pour savoir ce que les murs intérieurs de cette demeure
» ont vu et entendu. » — « Rien de mauvais, je suis sûre, répondit Louise en levant
» ses beaux yeux bleus sur son amie, car les habitants, M. Oliver, le premier, me
» paraissent avoir un cœur excellent. » — Les jeunes filles avaient atteint le sommet de la montagne et marchaient sous de grands arbres qui répandaient une
fraîcheur doublement agréable, à cause de la chaleur du jour. Tout à coup, Élisabeth
crut entendre les cris d'un enfant dans la forêt, « se serait-il égaré », disait-elle ? —
« Marchons de ce côté, lui dit son amie. » Aussitôt, les deux jeunes filles hâtèrent le
pas dans la direction d'où partaient les cris, mais Louise saisit subitement le bras d'Élisabeth, en lui montrant l'air inquiet du bouledogue qui les suivait; celui-ci avait en
effet, le poil hérissé et regardait fixement un objet situé à une distance moyenne ; la
fille du pasteur pâlit subitement, et indiqua avec le doigt à son amie, la branche principale d'un hêtre qui s'élevait à la distance d'une vingtaine de pas. Élisabeth regarda
avec anxiété dans cette direction et découvrit une panthère prête à sauter. « Fuyons »,
dit Élisabeth, mais Louise venait de s'évanouir, alors elle se laissa tomber à genoux
à côté d'elle et cria au bouledogue : « Courage, Brave, défends-toi vaillamment. »

— Une jeune panthère, restée jusqu'alors inaperçue, s'élança hors d'un buisson qui croissait au pied du hêtre, et tout en faisant des sauts comiques, elle se rapprocha du chien, qui attendait bravement l'attaque, et surveillait les mouvements des deux animaux carnassiers. S'élançant d'un bond inattendu, la jeune panthère se trouva en face du bouledogue qui la saisit dans sa gueule et la lança si fortement contre un arbre, qu'elle roula par terre, sans connaissance. Au même instant, la vieille panthère se précipita en bas de l'arbre, et tomba sur le chien ; un combat violent s'engagea, suivi d'un hurlement terrible.

Pendant ce temps, Élisabeth, toujours pressée contre son amie, et osant à peine respirer, regardait avec anxiété la lutte entre les deux animaux. Brave repoussait avec courage les attaques successives de la panthère, mais son sang s'échappait déjà par plusieurs blessures ; la panthère s'élança de nouveau, et le bouledogue dressé sur son arrière-train, ouvrit sa gueule, et enfonça ses dents dans un des côtés de l'animal, mais le carnassier se rua sur son ennemi avec une fureur toujours croissante, et le pauvre Brave, blessé à mort, s'affaissa lourdement sur le sol. Les yeux de l'animal se dirigèrent vers Élisabeth, toujours à genoux, et qui se trouvait maintenant livrée sans secours à la férocité de la panthère. Cependant celle-ci ne parut pas faire grande attention à la jeune fille et retourna vers son petit ; mais ce moment d'espoir fut de courte durée, car l'animal, les yeux brillants comme des charbons enflammés, et la queue battant ses flancs, s'apprêta à sauter. Élisabeth joignit les mains pour prier, comprenant qu'une mort cruelle lui était réservée. — Au même instant, elle distingua un bruit et une voix qui lui murmurait : « Ne bougez pas, vous allez être sauvée. » Un coup de fusil retentit, et la panthère tomba en poussant un rugissement effrayant.

Bas-de-Cuir saisit le bras d'Élisabeth tremblante de frayeur, mais comme la panthère blessée essayait de se relever, pour tenter une nouvelle attaque, le chasseur rechargea son arme et tira une seconde fois. Atteinte par cette nouvelle décharge, l'animal expira aussitôt.

Grâce à ces deux détonations successives, Louise reprit connaissance, et elle se joignit à son amie pour remercier du fond du cœur le chasseur qui venait de les arracher à une mort terrible.

Élisabeth saisit avec émotion la main rude de Bas-de-Cuir qui lui dit. « Je n'ai été

» que l'instrument de Dieu qui m'a envoyé, au moment opportun, pour vous sauver.
» Maintenant, reprenons le chemin de votre demeure, car vous aurez besoin de vous
» remettre, après une pareille frayeur. »

Arrivées sur la route, en vue des maisons du village, les deux jeunes filles prirent
congé de leur sauveur, n'ayant plus qu'un court chemin à parcourir pour regagner leur
habitation. Bas-de-Cuir les surveilla encore du regard, puis retourna vers la forêt accompagné de ses chiens.

Il entendit du bruit dans un buisson qui se trouvait au bord de la route, et Hiram
apparut aussitôt après ; regardant avec un air rusé le fusil de Bas-de-Cuir il lui dit :
« Vous allez à la chasse par une chaude journée? Ne savez-vous pas qu'il existe une
» nouvelle loi, défendant de chasser le cerf entre les mois de janvier et d'août, sous
» peine d'une amende de douze dollars cinquante cents? (Environ soixante francs). J'ai
» vu, ce matin, vos chiens, qui couraient après un cerf, ainsi, prenez garde de ne pas
» vous mettre en contravention avec la loi. » — «Merci bien, pour l'avertissement », répondit sèchement Bas-de-Cuir, — « mais pourriez-vous me dire combien reçoit le dénon-
» ciateur? » — « La moitié de l'amende », répliqua Hiram, qui se trouvait mal à son
aise, sous le regard perçant du chasseur. « Avez-vous déjà tiré quelque gibier ce
» matin, pour que votre manche soit teinte de sang? » — « Certainement », dit Bas-
de-Cuir en riant, « et le coup que j'ai tiré est loin d'être mauvais ! »

« Où se trouve donc l'animal que vous avez abattu » lui demanda Hiram avec méfiance? » — « Venez avec moi », dit Bas-de-Cuir d'un ton décidé, et les deux
hommes se dirigèrent vers la place où avait lieu le combat entre Brave et la panthère.
« Comment? s'écria Hiram, mais c'est le chien du juge ! » Le pauvre animal a le cou
abimé, d'où cela provient-il?

Bas-de-Cuir lui montra la panthère, et lui fit, toujours d'un ton sec, le récit de
l'événement qui venait de se passer.

Hiram demanda ensuite où se trouvait le cerf. — « De quel cerf, voulez-vous parler »,
lui répondit tranquillement le vieux chasseur? — « Vous m'aviez dit que vous aviez tué
» du gibier. » — Bas-de-Cuir ne lui donna aucune réponse et s'assit par terre pour
scalper l'animal carnassier. — « Si je ne me trompe pas », dit-il en riant, « on reçoit
» une récompense pour le scalp d'une panthère, et je vous demande une attestation,

» afin que je puisse obtenir la somme d'argent en question. » — « Très volontiers »,
répliqua Hiram, avec un regard rusé, « redescendons du côté de votre hutte, et j'entre-
» rai pour écrire l'attestation, car nous n'avons ici ni plume, ni papier. » — « Non pas »,
lui dit Bas-de-Cuir, d'un ton bourru « je vais porter le scalp au village, et là bas vous
» pourrez m'écrire le certificat que je vous demande », puis se tournant vers son chien:
« Le pauvre Hector a l'air d'avoir le cou trop serré, ne pourriez-vous pas me prêter un
» couteau? » — Sans réfléchir davantage, Hiram tira un couteau de sa poche et le
vieux chasseur coupa le collier qui se trouvait autour du cou de l'animal; en rendant
le couteau au juge de paix il lui dit : « La lame est solide, et elle a déjà dû couper de
» semblables lanières. » — Hiram oubliant toute prudence s'écria : « Voulez-vous dire
par là que c'est moi qui ai détaché vos chiens. »

Bas-de-Cuir lança au juge de paix un regard si menaçant que celui-ci fit un mouvement en arrière.

— «Je vous préviens », continua-t-il, « que si vous rôdez encore autour de ma demeure
» comme vous l'avez fait pendant ces derniers temps, vous pourriez recevoir un coup,
» qui ne vous serait pas très agréable. »

— « Ah ! vraiment! » s'écria Hiram, « de mon côté, je vous préviens que je sais que
» vous êtes en contravention avec la loi, et vous en connaîtrez prochainement les suites. »
Une nouvelle menace du chasseur fit reculer le lâche Hiram ; Bas-de-Cuir regagna sa
cabane et après avoir attaché ses chiens, frappa à la porte. « Tout est en ordre » ? demanda-t-il à Oliver qui venait de lui ouvrir, le jeune homme répondit affirmativement et
ajouta : « On a bien essayé d'ouvrir la serrure, mais elle a résisté ». — « Je connais
» l'auteur de cette tentative », répondit Bas-de-Cuir, « qu'il prenne garde de
» ne jamais se trouver à portée de mon fusil », puis ayant fermé la porte, il entra dans
la cabane.

CHAPITRE IV

L'ACCUSATION

Le juge Marmaduke et son cousin Richard chevauchaient depuis longtemps silencieusement l'un près de l'autre, lorsque le juge rompit le silence par ces mots : « Ne devais-

» tu pas me parler d'une affaire importante ? » Richard inclina affirmativement la tête
et répondit : « Je suis résolu à te parler de Bas-de-Cuir qui vivait seul depuis de longues
» années, aussi je ne comprends pas les raisons qui ont réuni dans une grande intimité
» trois hommes aussi dissemblables que le vieux chasseur, Oliver et le Mohican, der-
» nier survivant de sa race ! »

— « Cette question me préoccupe également », répliqua Marmaduke. — « Dans ce
» cas, écoute bien ce que je vais te dire », ajouta Richard. « Nous savons qu'Oliver est
» un métis, puisque le Mohican l'appelle son parent, mais son arrivée est entourée de
» mystères. Tu te souviens, lorsque tu es parti pour aller chercher Beth, que Bas-de-
» Cuir était absent depuis quelques jours. Le vieux John habitait seul la cabane, mais
» lorsque Natty revint, il ramena un traîneau et déchargea avec beaucoup de soin quel-
» que chose qui était enveloppé dans une peau d'ours. On n'eut pas d'autres détails sur
» ce sujet, et il était défendu de s'approcher de la hutte.

» Quinze jours environ après cet événement, Oliver apparut et Bas-de-Cuir passa
» toutes ses journées à chasser, soi-disant, dans les bois, avec son compagnon. Doo-
» little et ses amis les avaient surveillés en secret, et l'on découvrit qu'ils creusaient
» des galeries conduisant à des mines d'argent, c'est donc la spéculation qui réunit les
» trois hommes. »

Les deux cavaliers étaient arrivés à un endroit où la route se bifurquait et se dirigeait
vers une autre colonie ; le cousin Richard quitta le juge, pour aller arrêter une bande de
faux-monnayeurs établis dans la forêt voisine, et annonça son retour pour le lundi suivant, Marmaduke ayant ce jour-là audience au tribunal.

Le juge retourna alors vers le village, et il aperçut à peu de distance, Élisabeth et
Louise qui redescendaient de la montagne ; pressant l'allure de sa monture, il rejoignit
bientôt les deux jeunes filles, et descendit pour marcher à côté d'elles, tout en conduisant
son cheval par la bride. Élisabeth lui raconta le danger qu'elle avait couru avec son
amie, et le juge, abandonnant tous ses soupçons, ne considéra plus Natty que comme
le sauveur de sa chère fille.

De retour au village, Marmaduke apprit que le père de Louise était revenu, et la jeune
fille fut reconduite au presbytère. Le juge s'enferma dans une chambre avec sa fille, afin
de ne pas être dérangé dans son bonheur de pouvoir causer un peu longuement avec elle.

Après avoir entendu une seconde fois la terrible histoire de la panthère, il s'écria :
« Le secours est arrivé heureusement à temps, et Dieu récompensera le brave Natty
» de cette belle action ! »

Au même instant, quelqu'un heurta violemment à la porte, et Benjamin apparut in-
formant Marmaduke que le juge de paix avait à lui faire une communication importante.
Hiram fut introduit dans la chambre et s'assit avec grand embarras sur une chaise que
lui avançait le juge.

Après avoir parlé sur quelques sujets insignifiants, il dit à Marmaduke, qu'il y avait,
sur la rive occidentale du lac, des colons qui chassaient le cerf. — « Il faut porter une
» plainte contre ces gens », s'écria le juge, « car je suis bien décidé à punir sévèrement
» toute contravention de ce genre ». — « Je l'avais bien pensé », répondit Hiram en riant ;
« Natty cache un cerf qu'il a tué, dans sa cabane, et je viens prier le juge de me donner
» un pouvoir pour faire une perquisition dans sa demeure. » — Marmaduke s'aperçut
alors qu'il était dupe de la ruse d'Hiram, mais voulant se montrer impartial, il
ordonna au juge de paix de se rendre dans son cabinet de travail et de préparer
l'acte qu'il devrait signer.

Marmaduke eut alors à ce sujet une discussion avec sa fille. « Sois tranquille, chère
» enfant, lui répondit-il, je suis parfaitement certain que Bas-de-Cuir a tué un cerf,
» mais cela n'a aucune importance de faire une perquisition chez lui et de trouver l'a-
» nimal, puisque je suis persuadé que tu voudras bien payer l'amende avec ton argent
» mignon. » — Élisabeth sourit tout en pleurant, et le juge se rendit dans son cabinet
de travail pour signer l'acte préparé par Hiram.

Aussitôt en possession du pouvoir, le juge de paix se mit en quête de quelqu'un
qui consentirait à l'aider dans sa mission, car il n'osait pas s'aventurer tout seul près
de la demeure de Bas-de-Cuir ; d'autre part, il fallait agir le jour même, craignant que
le vieux chasseur fasse disparaître au plus vite toute trace du cerf qu'il avait tué.
Hiram rencontra Billy Kirby, qui consentit volontiers à aider le juge de paix, et les
deux hommes se mirent en route sans retard.

En arrivant près de la cabane, Hiram se cacha avec prudence derrière le feuillage
d'un pin abattu, tandis que Kirby fit entendre un « Holà ! » auquel les chiens répondirent par des aboiements furieux. Bas-de-Cuir passa aussitôt sa tête chauve par l'entre-

baillement de la porte, fit taire les chiens et demanda au bûcheron ce qu'il désirait.

— « J'apporte un message du magistrat, expliqua Kirby, relativement à un cerf que vous avez dû tuer. »

— « Je n'ai déchargé aujourd'hui mon fusil que contre une panthère », lui répondit Bas-de-Cuir, qui venait d'apercevoir Hiram, blotti dans sa cachette.

Le juge de paix osa s'avancer, protégé par le bûcheron, et donna lecture de l'acte.

« Je ne comprends pas la nouvelle loi du juge », répliqua le vieux chasseur d'un ton sec. « De quoi êtes vous chargé ? » — « En vertu de ce pouvoir nous devons faire une » perquisition dans votre cabane, dit Hiram avec dignité ? » — « Je ne vous engage pas » à vous approcher de ma demeure, s'écria Bas-de-Cuir, souvenez-vous de ce que je » vous ai dit, il y a quelques heures. » — « Cela ne m'inquiète pas, puisque j'agis au » nom de la loi », répondit Hiram, encouragé par un signe de Kirby, et s'approchant gravement de la hutte.

Bas-de-Cuir le saisit alors fortement par l'épaule et le rejeta de côté.

Billy Kirby fit entendre un joyeux éclat de rire et complimenta le chasseur.

- « Je vous ordonne de m'obéir, cria Hiram. » — « Retirez-vous, dit Bas-de-Cuir » d'un ton impérieux, et saisissant en même temps son fusil qui était pendu derrière la » porte, il se tint prêt à tirer. »

Le lâche Hiram s'enfuit à toutes jambes et regagna le village en passant par le bord du lac. Kirby, riant de nouveau, engagea Bas-de-Cuir à rentrer son fusil, et à parler tranquillement de l'affaire. « Je ne veux vous faire aucun mal », répondit le vieux chasseur, « car vous êtes un brave garçon et je ne vous cacherai pas que j'ai tué un cerf, dont » vous pouvez emporter la peau comme témoin de mon délit; la récompense que je » dois recevoir pour la panthère servira à payer l'amende. » — « Parfaitement », s'écria Kirby, « donnez-moi la peau. » — Bas-de-Cuir entra dans la cabane et en ressortit avec la peau du cerf, puis le bûcheron prit gracieusement congé du chasseur.

Avant que Kirby soit arrivé au village, Hiram s'était déjà rendu chez le juge pour lui faire part de la résistance de Bas-de-Cuir.

Oliver, qui avait fait une visite au pasteur, apprit le danger couru par les deux jeunes filles, et la noble conduite de son ami dans cette circonstance; il rentra ensuite chez Marmaduke, et fut reçu par Élisabeth, qu'il félicita sur l'issue heureuse de sa ren-

contre avec la panthère, puis lui parla de l'accusation portée contre Natty. « Soyez
» tranquille », répondit Élisabeth, « mon père sait apprécier tout ce que nous lui de-
» vons, et il ne subira aucune perte. »

La perquisition.

Oliver reprit quelque espoir, en entendant les paroles de la jeune fille, mais Marmaduke apparut sur le seuil de la porte, et son visage ne semblait nullement confirmer les
intentions pacifiques qu'Élisabeth lui prêtait. « Tous nos plans sont changés, fillette »,
dit-il, « car Bas-de-Cuir a montré une résistance opiniâtre envers l'agent de la justice,

» et la loi lui sera appliquée dans toute sa rigueur. » — « Quelle punition aura-
» t-il à subir? » demanda Oliver d'une voix tremblante. — « Ah! vous êtes ici »,
répondit le juge. « Eh bien! votre ami Natty subira la peine que mérite son
» crime. »

— « Un crime? s'écria Oliver, est-ce un crime de refuser l'entrée de sa maison à un
» espion? S'il y a un crime, il ne faut pas le mettre sur le compte de mon vieil
» ami. » — « Sur qui donc! » demanda le juge en regardant avec sincérité le jeune
homme qui se tenait fièrement devant lui. — « Demandez-le à votre conscience, mon
» juge », répondit le jeune homme avec précipitation, « et elle se chargera de vous le
» dire. Sortez, admirez la vallée, le lac paisible, les montagnes boisées, et songez à qui
» toutes ces merveilles appartiennent de droit. Je pense à mon vieil ami et au vieillard
» Mohican, maintenant pauvres et abandonnés, et qui errent dans cette contrée dont
» ils étaient autrefois les maîtres. Votre cœur ne se sent-il pas ému? — Vous oubliez
» à qui vous parlez », répliqua Marmaduke d'un ton insolent. « Votre reproche me fait
» comprendre votre antipathie pour moi, mieux vaut nous séparer. Suivez-moi dans
» ma chambre afin que je vous règle vos appointements. »

Marmaduke s'éloigna, et Oliver, se tournant vers Élisabeth, vit que la jeune fille avait
caché son visage avec ses mains : « Suivant l'ordre de votre père », lui dit-il, « je quit-
» terai la maison ce soir, mais auparavant je tiens à vous faire mes adieux. » Élisabeth répondit tristement : « Peut-être changerez-vous un jour d'opinion sur mon
» père. » Elle quitta la chambre à pas précipités, et quelques minutes plus tard,
Oliver quittait la maison du juge, pour se diriger vers la cabane de ses amis.

Dans la nuit du dimanche au lundi, le shérif revint avec les faux-monnayeurs, et
après avoir donné l'ordre de les conduire dans la prison du district, il se rendit chez le juge
où tout le monde était profondément endormi. Seul, Benjamin était resté éveillé pour
attendre son retour, et lui fit part des événements qui avaient eu lieu pendant son absence. Le shérif écouta avec étonnement les récits de l'intendant, puis il repartit pour
se diriger vers un petit bâtiment qui servait de prison ; là, ayant appelé six officiers de
police pour venir avec lui, ils se rendirent au bord du lac, mais en approchant de la cabane, tout était silencieux, on n'entendait pas même les aboiements des chiens. A la
place de la hutte, ils ne trouvèrent plus que des ruines fumantes, et ils furent stupéfaits

en apercevant à la lueur d'une petite flamme vacillante, une forme humaine qui s'avançait : C'était Bas-de-Cuir.

— « Que voulez-vous à un pauvre homme sans défense ? » dit-il avec une profonde
émotion… « Grâce à vos nouvelles lois, je me trouve sans abri, car vous m'avez obligé
» à mettre le feu à ma cabane, dans laquelle je vivais paisiblement depuis de longues
» années. Vous avez rempli mon cœur de sentiments haineux contre l'humanité, et
» lorsque j'arrive pour voir les derniers débris de ma demeure, vous vous mettez à ma
» poursuite comme un chien affamé sur la trace d'un cerf. Que me voulez-vous ? Me
» voici seul contre vous tous. »

Le shérif s'approcha, faisant des excuses au vieillard sur la mission qu'il était chargé
de remplir, et lui annonça qu'il était fait prisonnier. Les officiers de paix emmenèrent le
vieux chasseur et le conduisirent vers la prison, où le geôlier l'enferma dans une cellule.

Le lendemain matin, il y avait audience au tribunal, et une foule curieuse assiégeait
la prison dans laquelle se trouvait la salle où les jurés rendaient le jugement. Les faux-
monnayeurs avec leurs figures sinistres et l'honnête Bas-de-Cuir étaient assis au banc
des accusés. En ce qui concernait le vieux chasseur, la récompense qu'il devait recevoir pour avoir abattu une panthère, servirait à payer l'amende imposée par la loi à tout
chasseur tuant un cerf entre le mois de janvier et le mois d'août.

Quant à la seconde accusation, c'est-à-dire la résistance de Bas-de-Cuir contre Hiram,
elle fut déclarée nulle, grâce à la plaidoirie de l'avocat Lippet, qui exposa qu'une perquisition à domicile ne pouvait être faite que par un officier de police, et non pas par
un juge de paix.

La troisième accusation reposait sur ce que Bas-de-Cuir avait pris son fusil pour
se défendre, opposant ainsi une résistance par la force des armes. Il fut condamné à
une demi-heure de fers, pour respecter le texte de la loi, et à payer une amende de
100 dollars ; mais dans le cas où elle ne serait pas versée dans le délai voulu, il serait
enfermé pendant un mois.

— « Si vous m'emprisonnez, comment pourrai-je gagner cet argent », s'écria le vieux
Natty au désespoir. « Laissez-moi parcourir jour et nuit les montagnes et les forêts, je
» tuerai des cerfs, j'attraperai des castors jusqu'à ce que je puisse m'acquitter de ma

» delle. » — « Je ne dois pas m'écarter de la loi », répondit Marmaduke froidement.—
« Vous parlez toujours de la loi », répliqua Natty, « est-ce que la panthère s'occupait de
» vos lois, quand elle allait se précipiter sur votre enfant ? »

— « Mes sentiments personnels ne peuvent pas être pris ici en considération », s'empressa de répondre le juge, puis se tournant vers les officiers de police : « Emmenez ce
» prisonnier. » — Le pauvre chasseur laissa tomber sa tête sur sa poitrine, et suivit les
constables qui le conduisirent sur la place où il devait subir sa peine et où une foule
curieuse s'empressait autour de lui. L'officier lui indiqua des trous dans lesquels il devait mettre les pieds, et le vieillard abattu, se soumettait à tout, lorsque Benjamin fendit
la foule et s'écria : « Qu'est-ce que cela signifie ? Que faites-vous à mon pauvre ami
» Natty ? » — « Oh ! » répondit Bas-de-Cuir en soupirant, « je ne souffre pas, songez
» que je me suis trouvé plus de soixante-dix fois en présence de l'ennemi, et que je re-
» garde avec mépris cette jeunesse qui me montre au doigt, n'ayant aucun tort à me
» reprocher. »

Benjamin se retourna vers les assistants et si l'un d'eux avait eu une expression ironique, il aurait pu s'en repentir ; ensuite, il se laissa glisser à côté de son ami, mit ses
pieds dans deux trous, et dit à l'officier de police qu'il pouvait laisser tomber la cloison :
— « Je n'ai pas reçu l'ordre », répondit le constable, « de vous enfermer avec votre
» ami. » — « Eh bien, je vous le donne », s'écria Benjamin ! — « Peu importe », dit
en riant l'officier de police, et il s'apprêtait à se retirer, quand Hiram Doolittle, fit irruption au milieu de la foule et arriva devant le prisonnier avec un regard moqueur.

Benjamin le saisit par la jambe, le renversa par terre, l'attira à lui et l'assomma de
coups. Hiram cria au secours, mais la foule répondit par des éclats de rire et l'officier
de police, malgré tous ses efforts, ne réussit pas à mettre un terme à cette scène. Comme
les cris continuaient, le shérif apparut et après avoir été mis au courant de ce qui s'était
passé, il ordonna d'enfermer Benjamin ; mais toutes les cellules étant occupées par les
faux-monnayeurs, il fut décidé que l'intendant resterait avec Bas-de-Cuir. Benjamin
parut très content à l'idée de tenir compagnie à son vieil ami, si profondément malheureux, et lorsque le moment fut arrivé où Natty pouvait être retiré des fers on le conduisit avec l'intendant, dans la cellule qui restait libre, mais la pièce était si petite que
le vieillard avait la respiration gênée ; il s'approcha plusieurs fois de la fenêtre et

aperçut enfin Oliver auquel il put dire quelques mots. Dans la soirée, Élisabeth, munie d'une permission signée de la main de son père, vint auprès du geôlier et lui demanda de la conduire dans la cellule de Bas-de-Cuir; une fois seule avec le vieillard, elle lui saisit la main et s'écria, les yeux mouillés de larmes: « Mon bon Natty, mon ami dévoué, le sentiment de la reconnaissance m'amène auprès de vous, et j'espère vous apporter quelque consolation. » Le vieux chasseur secoua la tête avec découragement.

— « Attention, mon vieux, attention, répétait dans la rue un conducteur de bœufs. Le son de cette voix fit tressaillir Élisabeth, tandis que Benjamin à moitié ivre par la quantité de cognac que les enfants, qui stationnaient curieusement devant la prison, avaient bien voulu lui apporter, s'approcha résolûment de la jeune fille et lui dit : « Votre père crée » des lois, mais nous nous en moquons. » Là dessus il fit un mouvement, dont Bas-de-Cuir comprit la signification car il s'écria : « Ben, laissez la bouteille en repos, sans cela vous » ne serez pas capable de vous sauver lorsque le moment arrivera. » — « Que complo- » tez-vous », demanda Élisabeth, « vous devez rester trente jours ici, mais je vous ap- » porte l'argent nécessaire pour votre mise en liberté ; demain, vous paierez l'amende, » et mon père s'occupera ensuite de vous. »

Bas-de-Cuir ne paraissait pas disposé à écouter les conseils de la jeune fille, et il lui répondit : « Vous êtes une brave enfant, Élisabeth, qui ne trahirez pas un homme aussi » âgé que je le suis ; j'ai hâte de me retrouver en plein air et je ne passerai ni un jour, » ni une nuit, ni même une heure dans cette atmosphère accablante ». Il lui montra alors dans la muraille un trou, caché par le lit et par lequel il comptait s'échapper. — « Ne » faites pas cela », dit Élisabeth d'un ton suppliant, « mais attendez avec patience le » moment où vous pourrez, sans honte, quitter cette maison. »

Elle tendit alors au chasseur une bourse renfermant 100 dollars, mais celui-ci ne vou- lut point accepter. — « Maintenant, il nous faut fuir », s'empressa-t-il d'ajouter, « j'en- » tends les bœufs qui frottent leurs cornes contre le mur de la prison. Vous garderez le » secret, n'est-ce pas, ma chère enfant ? » — « Soyez sans crainte », leur assura Élisa- beth, « mais prenez au moins quelque argent. » — « Non », répliqua le vieillard, « mais je vous demanderai de me rendre un service : pourriez-vous m'acheter de la » poudre pour deux dollars ? » — « Certainement, mon vieil ami », répondit Élisabeth,

« mais où devrais-je vous la porter ? » — « Demain vers midi sur le Mont-Des-Visions.

Élisabeth pressa encore une fois la main de Bas-de-Cuir, puis elle appela le geôlier, qui quitta avec elle la cellule, dont il eut soin de refermer la porte.

— « Maintenant dépêchons-nous », dit Bas-de-Cuir à Benjamin qui se ressentait toujours de ses excès de boisson ; aussitôt Natty s'assit par terre, introduisit les pieds dans l'ouverture pratiquée dans le mur, et se laissant glisser, il se trouva dans la rue. Benjamin le suivit, mais son évasion offrit quelque difficulté.

Le geôlier qui avait oublié malheureusement sa lanterne rentra dans la cellule ; stupéfait de la trouver vide, il s'écria : « Les prisonniers se sont enfuis », et le bruit de cette nouvelle se répandit de suite dans la prison.

Dans la rue, il se passait une autre scène. Oliver, déguisé en conducteur de bœufs, ne savait pas quelle résolution il devait prendre, car la voiture allait trop lentement et d'autre part Benjamin n'était pas en état de les suivre à pied.

Au même moment, plusieurs hommes, entre autres Billy Kirby, sortaient de l'auberge du Dragon hardi, et se dirigèrent vers la prison d'où partaient des cris répétés.

Il fallait agir sans retard : Oliver se décida à hisser Benjamin sur le char de foin et lui remit entre les mains les guides et le fouet, après lui avoir recommandé de ne rien faire qui puisse attirer l'attention du public.

Là dessus, il partit avec Bas-de-Cuir en rasant les murs, et tous deux disparurent dans une ruelle qui conduisait derrière le bâtiment.

Les bœufs avançaient lentement, tandis que le bruit de la fuite des prisonniers se répandait avec une grande rapidité.

Kirby s'arrêta devant le char de foin et voyant ce cocher chancelant, il lui demanda son nom : — « Je suis », répondit-il, « le pilote de l'embarcation. » D'après la voix, Kirby reconnut Benjamin, mais l'intendant retomba aussitôt sur le foin et s'endormit, ce qui excita l'hilarité de Kirby. Après un instant de réflexion, celui-ci saisit les guides et le fouet, et conduisit le char dans une forêt, où il devait travailler le lendemain comme bûcheron.

Élisabeth resta accoudée pendant plus d'une heure à sa fenêtre, écoutant avec anxiété les cris et les appels des gens lancés avec des torches à la poursuite des fuyards. Lorsque la jeune fille se fut assurée que leurs recherches avaient été sans succès, elle ferma sa fenêtre et remercia Dieu d'avoir protégé le bon et fidèle Natty.

CHAPITRE V

LA SENTENCE DU DESTIN

Le lendemain matin, Élisabeth alla acheter la poudre pour Bas-de-Cuir et prit aussitôt le chemin qui conduisait au Mont-Des-Visions. Il faisait ce jour-là une chaleur accablante, et les arbres et les prairies étaient brûlés par l'ardeur du soleil ; le ciel lui-même semblait souffrir de la sécheresse de la terre, car le soleil était voilé par une vapeur épaisse. Élisabeth pressa le pas pour arriver au plus vite au sommet de la montagne où elle espérait trouver son vieil ami, mais personne ne l'attendait, ce qui la décida à redescendre jusqu'à une petite terrasse ombragée par quelques arbres. Sur un tronc de chêne, la jeune fille aperçut le Mohican revêtu de ses habits de guerre ; elle voulut s'approcher de lui mais elle fut entourée subitement d'un nuage de fumée. — « Qu'y a-t-il ? » s'écria-t-elle, en entendant des craquements continuels dans la forêt. Avant que l'Indien eût le temps de lui répondre, elle entendit Oliver qui criait : — « Sauvons-nous en toute » hâte, la forêt est en feu, nous n'avons pas une minute pour fuir. — « Sauvez-la », répliqua le Mohican, en désignant Élisabeth, « et laissez mourir le vieux John. — « Elle, » ici ! » s'écria Oliver stupéfait. — « Donnez-moi vite le bras, peut-être trouverons-nous » encore une issue ! » — « Et le pauvre John », demanda Élisabeth avec douleur, « sera-t-il condamné à mourir dans les flammes ». — « Soyez sans crainte », répondit Oliver, « Chingachgook trouvera le moyen de se sauver. » Le jeune couple s'enfuit en traversant les nuages de fumée, d'où brillaient çà et là quelques flammes. — « Mon » pauvre père », dit Élisabeth en sanglotant.

Oliver perdit subitement toute sa présence d'esprit et sans savoir ce qu'il faisait, il regagna la terrasse avec la jeune fille éplorée ; jusqu'à présent, cette place avait été épargnée par le feu, grâce à une source abondante qui tombait le long des rochers et humectait la mousse. Chingachgook était resté à sa place, ne témoignant aucune espèce de frayeur, mais lorsqu'il vit réapparaître le jeune couple, son visage prit une expression de douloureuse pitié. Les flammes commençaient à environner la terrasse, mais un vent léger chassait heureusement les nuages de fumée. — « Élisabeth, où es-tu ? » cria une voix forte, qu'Oliver reconnut pour être celle de Natty. Au même instant, Bas-de-Cuir apparut au milieu de brouillards formés par l'eau jaillissante, et sa figure, par suite de la chaleur, paraissait d'un rouge intense.

— « Dieu soit loué », dit-il, « je suis arrivé à temps, mais partons en hâte, car notre » vie est en jeu. » — « Que deviendra John », demanda Élisabeth ? » — Bas-de-Cuir ayant aperçu le Mohican, déchira en plusieurs bandes une couverture de laine qu'avait celui-ci, et il parvint à attacher son ami solidement sur son dos. Doué d'une force herculéenne, le vieux chasseur, malgré le poids de son fardeau, se mit promptement en marche suivi d'Élisabeth et d'Oliver, et en suivant la source dans tous ses détours, il parvint à atteindre avec ses compagnons une ouverture dans le rocher, qui conduisait à une terrasse, où la petite société se trouva à l'abri des flammes.

Pendant que Bas-de-Cuir déposait doucement son vieil ami sur le sol, Élisabeth s'affaissa épuisée, et cacha son visage dans ses mains. Oliver s'approcha du bord de la terrasse et appela Benjamin. « Je suis là », répond t une voix vibrante, « installé dans un » creux du rocher où il fait aussi chaud que dans une marmite. » — « Apportez-nous de » suite », répliqua Oliver, « de l'eau de source, si possible mélangée avec un peu de » rhum ! » — « Du rhum », répéta l'intendant, « mais nous l'avons fini avec Billy » Kirby, la nuit dernière, lorsqu'il a pris congé de moi. » Après quelques minutes d'attente, Benjamin apparut, portant une cruche remplie d'eau de source, dont Élisabeth but avec plaisir.

Pendant ce temps, Bas-de-Cuir restait auprès de son vieil ami, lui prodiguant tous les soins possibles, mais voyant Oliver qui s'approchait d'eux, il lui dit avec tristesse : « la » fin approche. » — Le Mohican leva alors la main dans la direction de la vallée et commença à chanter sur un ton monotone, puis levant ses yeux éteints sur Natty, il prononça quelques paroles : « Œil-de-Faucon ! Écoute ton frère. Mes ancêtres m'ap- » pellent, et je vais les rejoindre dans le séjour des bienheureux. Tu déposeras avec » moi dans la tombe, ma ceinture où sont suspendus mon tomahawk, mon arc et mes » flèches. Adieu, Œil-de-Faucon ! »

Le ciel était chargé de nuages orageux, des éclairs se confondaient avec les flammes qui s'élevaient de la montagne, et de violents coups de tonnerre ébranlaient l'atmosphère. L'Indien se leva subitement, la figure illuminée par une joie divine, et il murmura ces mots : « Le Dieu chrétien m'appelle à lui ! » Ensuite, il se laissa retomber, et un léger tressaillement parcourut tout son corps. Ainsi mourut le dernier des Mohicans. Bas-de-Cuir ferma doucement les yeux de son vieil ami, puis après l'avoir contemplé silencieusement pendant quelques instants, il dit d'une voix émue : « La couleur de la » peau est indifférente. Dieu est un juge équitable qui ne s'arrête pas aux lois et aux » préjugés des hommes, et qui se montrera clément envers toi. »

L'orage se déchaînait avec une violence extrême, et comme la pluie tombait par torrents, on transporta le corps de Chingachgook dans la caverne qui se trouvait au-dessous de la terrasse.

Plus tard, lorsque l'incendie fut complètement éteint grâce à la grande quantité d'eau qui était tombée, Oliver accompagna Élisabeth jusque sur la grande route et se sépara d'elle en lui disant ces mots : — « Dieu vous protège ! » La jeune fille continua à suivre Oliver du regard, aussi longtemps que ses yeux purent l'apercevoir, puis elle allait se remettre en marche lorsqu'elle distingua des cavaliers qui venaient à sa rencontre. Quelques instants s'étaient à peine écoulés, qu'Élisabeth se trouvait dans les bras de son père, affolé de douleur, lorsque Louise lui avait appris l'excursion de son amie.

La jeune fille fut reçue dans le village par des acclamations de joie, mais ce premier moment d'enthousiasme passé, de méchantes langues firent courir le bruit que Bas-de-Cuir et Oliver avaient mis le feu à la forêt. Les véritables coupables étaient des bûcherons qui avaient par négligence occasionné cet incendie, mais ils prirent plaisir à confirmer les soupçons qui germaient dans les esprits. Le shérif était bien résolu à s'emparer des criminels et le lendemain vers midi, on entendait le son d'un tambour devant l'auberge du Dragon hardi ; vingt-cinq hommes commandés par le sergent, et accompagnés par le shérif et Doolittle se mirent en marche, mais les fugitifs, disait-on, avaient été prévenus de cette attaque et se préparaient à la résistance. Les soldats semblaient hésiter, et le cousin Richard se retira pendant quelques instants avec Hiram pour délibérer sur cette affaire ; sur ces entrefaites, apparut Billy Kirby, très étonné de cette petite expédition armée pour la guerre, mais le shérif lui en expliqua le but, avec ordre de s'y joindre.

La troupe se partagea en deux divisions, l'une se dirigeant sous le commandement du sergent Hollister à gauche vers le Mont-Des-Visions, et l'autre marchant sur la droite.

Hiram eut soin de rester avec Billy Kirby qui lui donnait du courage, mais ayant une

terreur des ennemis et du fusil de Bas-de-Cuir, il se réfugia derrière un arbre. Les assiégés, à l'aide de troncs d'arbres à moitié brûlés, avaient élevé des barricades, qui proté-
geaient l'entrée de la caverne.

Derrière ce mur protecteur, se tenaient d'un côté Benjamin, et de l'autre Bas-de-Cuir
qui, ayant aperçu Billy Kirby, prit son fusil et s'apprêta à tirer.

— « En arrière », s'écria-t-il, « ou le sang va couler. Que Dieu pardonne à celui qui a
» eu l'audace de venir jusqu'ici et dont la présence m'oblige à décharger mon arme. »

— « N'agissez pas si promptement », répliqua Kirby, « car la paix doit régner entre
» nous. Je remplis seulement une mission dont m'a chargé Doolittle, réfugié derrière un
» arbre, et qui vous ordonne de vous soumettre à la loi. » — « Je l'aperçois, ce coquin »,
s'écria Bas-de-Cuir, « il fait bien de se cacher, sans cela je lui envoie une balle qui lui
» traversera le corps. »

D'autre part, Benjamin recevait du sergent Hollister, l'ordre de capituler, mais il continua à fumer tranquillement sa pipe, tout en regardant une pièce d'artillerie, que l'on
appelle serpentin, placée à côté de lui, et qui se trouvait en temps ordinaire à la sortie
du village, pour servir dans les fêtes extraordinaires. Benjamin l'avait transportée dans
la nuit sur la montagne, avec l'aide de Bas de Cuir et d'Oliver, sachant qu'elle pouvait
leur être d'une grande utilité pour repousser les agresseurs,

— « Retirez-vous, maréchal de camp », dit Benjamin d'un ton moqueur au sergent
Hollister, « vous pourriez vous repentir d'avoir voulu rester. »

— « Je ne donne plus que quelques minutes de réflexion aux rebelles », s'écria le
shérif, « et nous commencerons le combat ! » — « En avant, marche », hurla le sergent !
A ces mots les hommes s'avancèrent, mais Benjamin ayant laissé tomber une étincelle de
sa pipe, dans la poudre du serpentin, celui-ci se déchargea avec un bruit formidable
et une quantité de balles furent projetées dans les airs. Elles retombèrent toutes sans
blesser personne, mais les ennemis s'enfuirent en hâte, et le sergent ne s'arrêta que
lorsqu'il eut atteint la route. Billy Kirby rit aux éclats en s'écriant : « Hurrah ! sergent,
» quelle bravoure ! »

Les cris du bûcheron éveillèrent l'attention de Hiram qui abandonna sa cachette pendant un instant, afin de pouvoir considérer le résultat de l'attaque, mais Bas-de-Cuir qui
ne perdait pas de vue son ennemi déchargea aussitôt son fusil ; Hiram, blessé, faisait de

sauts désespérés et cria au chasseur : — « Cela ne se passera pas ainsi, car la balle qui
» s'est enfoncée dans mes chairs est une preuve de votre lâcheté ! »

— « Le Docteur Todd vous la retirera », dit plaisamment Billy Kirby, que cette
scène amusait beaucoup.

— « A l'attaque », commanda le shérif qui n'était plus secondé que par quelques
hommes, mais Marmaduke qui arrivait d'un autre côté, s'écria : « J'ordonne la paix,
» celui qui fera verser une goutte de sang, subira la rigueur de la loi. » Natty déposa
son fusil, et s'assit sur un tronc d'arbre, pendant que le cousin Richard allait à la rencontre du juge.

Oliver qui se tenait à l'entrée de la caverne fit signe à Benjamin de venir le rejoindre,
et ils apparurent ensemble sur la terrasse, portant sur une chaise couverte de peaux de
cerf, un vieillard dont les cheveux tombaient sur ses épaules en boucles argentées. Sa
figure était belle et sérieuse, mais ses yeux, à cause de son grand âge, avaient perdu
toute leur expression.

Les visages des assistants étaient empreints d'une vive curiosité, et lorsqu'on déposa avec précaution sur le sol la chaise sur laquelle le vieillard était assis, Marmaduke
s'écria : — « Quel est cet homme ? » — « Ce vieillard », répondit Oliver, d'un ton triste,
« fut dans sa jeunesse un vaillant guerrier, auquel les naturels de ce pays donnèrent le
» nom de « mangeur de feu », maintenant il est sans asile quoique le sol sur lequel nous
» vivons, lui appartienne de droit. »

— « Cet homme est donc le major Effingham que l'on croyait mort depuis longtemps »,
s'écria Marmaduke. « Et vous, jeune homme, qui êtes vous ? »

— « Je suis son petit-fils », répondit Oliver avec calme. Cette révélation amena un
profond silence.

Marmaduke baissa humblement la tête, et lorsqu'il la releva, ses yeux étaient bai-
gnés de larmes. Il saisit alors la main d'Oliver et lui demanda d'une voix émue :

« Votre père vit-il encore, ou bien a-t-il vraiment péri dernièrement dans un nau-
» frage ? »

— « Hélas ! sa mort ne laisse plus de doute », répliqua tristement le jeune homme.
« Il m'avait laissé seul à Halifax, la capitale de la Nouvelle-Écosse, et était parti pour
» l'Angleterre afin d'obtenir une indemnité pour les pertes qu'il avait subies.

» Elle venait enfin de lui être accordée, et il s'était mis en route pour les Indes occi-
» dentales où il devait remplir les fonctions de gouverneur, et se proposait de chercher
» avec moi l'endroit où mon grand-père s'était réfugié depuis la guerre, mais comme il
» n'avait pas encore reçu l'indemnité du gouvernement, il ne pouvait pas payer le
» trajet pour deux, et partit seul. Lorsque j'appris la terrible nouvelle de sa mort, je
» suis venu ici, parce que je savais qu'un honnête homme qui avait servi anciennement
» dans l'armée de mon grand-père, s'était chargé de soigner le vieillard abandonné.
» Ce bienfaiteur ne pouvait être que Natty dont mon père me parlait souvent. Il s'était
» établi sur ce sol, qui par suite de la mort du Mohican, revenait à mon grand'père,
» les Delawares reconnaissant ainsi le dévouement du major Effingham qui avait sauvé
» anciennement la vie de Chingachgook, en danger de mort, qu'ils considéraient comme
» un chef. »

— « C'est donc de là que vient votre origine indienne », s'écria Marmaduke en s'a-
dressant à Oliver.

— « Parfaitement », répondit le jeune homme. « J'ai découvert le fidèle Natty qui
» prodiguait au vieillard les soins les plus tendres, et le cachait aux yeux du monde,
» afin que l'on ignore sa pauvreté et sa faiblesse d'esprit. Mon intention était d'em-
» mener mon grand-père à New-York, où nous avons encore quelques parents, mais
» ses forces disparaissaient rapidement et il reposera bientôt à côté du Mohican. »

— « Savez-vous », demanda Marmaduke, après une minute de silence, « que j'ai été
» l'ami d'enfance de votre père ? » — « Je connais tous les détails de vos relations », ré-
» pondit Oliver d'une voix triste. — « Vous savez alors qu'après la guerre, j'avais d'im-
» portantes sommes à votre père qu'il m'avait laissées en dépôt.

» Malheureusement, quelqu'un lui parla de moi d'une manière désavantageuse et
» il me renvoya mes lettres sans les avoir décachetées ; s'il avait agi autrement, il aurait
» appris que j'avais fait passer ses biens comme m'appartenant afin qu'ils ne fussent
» pas saisis par le gouvernement, comme tous ceux des partisans du roi. »

La conversation s'arrêta sur ces paroles du juge et l'on attendit avec impatience l'arrivée de la voiture de Marmaduke. Le Major devait y prendre place ainsi que son petit-
fils.

— « Tu resteras toujours à mon service », dit Marmaduke à Benjamin, tout en montant dans la voiture ; le juge fit signe à Natty de se joindre à eux, mais le vieux chasseur secoua négativement la tête.

En arrivant chez Marmaduke, le vieillard fut aussitôt transporté sur un lit, avec beaucoup de précaution, et Oliver reçut du juge un document qui était son testament, par lequel il laissait la moitié de sa fortune à sa fille, et l'autre moitié à la famille Effingham.

— « Avez-vous confiance en nous maintenant », demanda une voix douce au jeune homme après la lecture du testament.

— « Comment ai-je pu avoir le moindre doute ! » s'écria Oliver avec émotion, en saisissant la main d'Élisabeth, et en tendant la sienne au juge...

Plusieurs mois s'étaient écoulés, et le Major Effingham dormait du sommeil éternel à côté du dernier des Mohicans.

Après les cérémonies funèbres, venait un grand jour de fête et Oliver conduisit Élisabeth à l'autel, le ministre Grant s'était chargé de bénir leur union... Le malheur avait noué plus intimement les liens de leur affection et ils étaient maintenant excessivement heureux.

Par une belle matinée d'octobre, ils se rendirent au bord du lac, vers l'endroit où s'élevait anciennement la cabane de Bas-de-Cuir. Le sol avait été aplani, et au milieu du gazon moelleux, on distinguait les deux tombes du Major Effingham et du fidèle Mohican ; le vieux Natty était agenouillé entre les deux tombes ayant déposé à côté de lui son fusil et un petit paquet. En se relevant il aperçut le jeune couple. — « Vous avez eu rai- » son de venir ici, enfants », leur dit-il, « car nous pourrons nous faire de suite nos » adieux. » — « Vous voulez donc nous quitter ? » s'écria Élisabeth. — « Oui », répondit Bas-de-Cuir, « je me dirige vers une contrée où il n'existe pas de loi défendant à un » chasseur de tuer du gibier quand il en rencontre. » — « Oh ! » dit Élisabeth, en retenant Bas-de-Cuir par le bras, « ne nous quittez pas, vous qui m'avez sauvé deux fois la » vie et qui nous avez rendu si souvent de grands services. Mon père s'occupera de vous » et vous pourrez en tout temps chasser dans ses propriétés. » — « Non », répliqua Natty, « je ne veux rien accepter de votre père ; la seule satisfaction que j'éprouve, après » toutes les souffrances que j'ai subies grâce à sa nouvelle loi, est de savoir qu'il sera tou- » jours mon obligé. Je souhaite, mes chers enfants, que vous soyez toujours heureux et

» si vous voulez m'être agréable, venez souvent prier auprès de ces deux tombes. Rece-
» vez maintenant la bénédiction de votre vieil ami. » Les deux jeunes gens s'agenouil-
lèrent et joignirent les mains, mais lorsqu'ils se relevèrent Bas-de-Cuir avait disparu. Il
était déjà à la lisière de la forêt; Oliver et Élisabeth lui firent signe de revenir, mais il
était décidé à quitter le pays, et après leur avoir fait un dernier signe d'adieu il disparut
dans les arbres.

— « Hélas ! nous ne reverrons plus jamais ce fidèle ami », dit Élisabeth en pleurs en
appuyant sa jolie tête sur l'épaule de son époux.

LES DERNIÈRES AVENTURES DE BAS-DE-CUIR (La Prairie.)

CHAPITRE Ier

UNE FAMILLE D'ÉMIGRANTS

Dans l'automne de l'année 1804, une caravane s'avançait dans la vaste plaine qui s'étend à l'ouest du Mississipi jusqu'au pied des Montagnes Rocheuses.

Les émigrants avaient quitté le sol fertile de la prairie pour s'engager dans un chemin au milieu des marais et des steppes où les chevaux marchaient avec peine.

La caravane se composait de vingt personnes ayant à leur tête un homme de haute taille, à la figure peu intelligente, mais très hâlée par le soleil. Son costume, quoique fantaisiste, conservait pourtant la couleur locale ; il portait autour du corps une ceinture de soie aux couleurs défraîchies, des bottes de cuir jaune rejoignaient le pantalon de toile blanche, et sur la chemise de même étoffe était jeté un vêtement sale ayant la forme d'un caftan. La tête était couverte d'un bonnet rouge garni de fourrure, et il portait sur ses épaules un fusil, une poire à poudre, un sachet à plomb, et une hache brillamment polie. Le chef de la caravane était suivi de plusieurs jeunes hommes qui lui ressemblaient non seulement par le costume mais aussi par les traits de la physionomie, ce qui faisait supposer qu'ils étaient tous de la même famille.

Dans la première voiture se trouvait une femme d'une cinquantaine d'année à la figure brunie ayant à côté d'elle une jeune fille qui différait d'elle tant par les fraîches couleurs de son visage que par son costume, et plusieurs autres enfants qui regardaient curieusement à droite et à gauche. La seconde voiture était recouverte d'une grande toile qui masquait la vue de l'intérieur. Quant aux autres charriots, ils étaient chargés d'ustensiles de ménage et de différents objets nécessaires au campement.

Les voyageurs regardaient d'un œil mélancolique la plaine uniforme qui s'étendait devant eux, et qui paraissait encore plus triste, éclairée par les derniers rayons du soleil couchant. Une grande lassitude s'était emparée de tous les émigrants, et ils songeaient à installer leur campement lorsqu'ils aperçurent, à quelque distance, une forme humaine qui restait immobile au milieu de l'étroit sentier. Les pauvres chevaux accablés de fatigue, recevaient de nombreux coups de fouet pour exciter leur courage, et les voyageurs se trouvèrent bientôt en face d'un vieillard âgé d'environ quatre-vingts ans. Il était vêtu de peaux de bêtes et portait un fusil et une poire à poudre ; un grand chien maigre édenté l'accompagnait, et se mit à aboyer à l'approche de la caravane. — « Silence, Hector », lui dit le vieillard, tout en accueillant avec bienveillance les émigrants. — « Pourriez-vous m'indiquer », lui demanda le chef, « un endroit convenable où pourraient camper des voyageurs fatigués. » — « C'est assez difficile », répondit le vieillard, « à cause des loups affamés qui parcourent ces contrées, mais je vais vous montrer une place où vos bêtes trouveront de l'eau et des pâturages. » Là dessus, avec une agilité extraordinaire pour son âge, il se dirigea vers une pente rapide et conduisit les étrangers dans une petite vallée riante arrosée par un ruisseau.

—« Quel joli paysage ! » s'écria le chef, puis se tournant vers les jeunes hommes qui le suivaient : « Enfants », leur dit-il, « à l'œuvre ! »

Cet ordre fut immédiatement exécuté et les jeunes gens eurent bientôt installé un campement petit mais commode.

Pendant ce temps d'autres membres de la caravane avaient mené boire les animaux aux différentes sources qui formaient le ruisseau ; les plus jeunes enfants allumaient le feu, tandis que la femme préparait le repas du soir. De son côté, le mari se rendait avec un de ses compagnons vers la voiture qui était recouverte d'une toile et que les deux hommes poussèrent dans la direction d'un groupe de cotonniers qui s'élevaient à quelque distance. Ils retirèrent ensuite plusieurs piquets qui se trouvaient dans le caisson au-dessous du siège du cocher et les enfoncèrent solidement dans la terre, afin d'y attacher les cerceaux qui maintiennent la toile dont la voiture est recouverte. Les deux hommes retirèrent ensuite une grande quantité de couvertures de l'intérieur du charriot et les étendirent sur les cerceaux et les piquets pour former une sorte de tente. Ayant achevé cet ouvrage, le chef fit entendre un sifflet aigu, et quelques minutes après, aidé

des autres membres de la caravane, il retira la voiture de cette prison, la toile et les cerceaux restant attachés aux piquets.

Le vieillard qui avait conduit les émigrants n'assistait pas sans étonnement à la construction de cette singulière tente et il s'apprêtait à regarder à l'intérieur par une des
ouvertures, lorsqu'un des hommes le repoussa violemment en lui disant : « Ne vous mê-
» lez pas de nos affaires. »

— « Mon intention n'était pas de vous froisser », répondit le vieillard, « car les
» voyageurs qui parcourent ces déserts n'ont généralement rien à cacher. »

En se retirant, il entendit une voix rude qui appelait : « Ellen, arrivez-vite ! » Aussitôt
la jeune fille qui se trouvait assise dans la voiture à côté de la femme, quitta le cercle
formé autour du feu, et se rendit dans la tente.

Les jeunes gens disposèrent les différents charriots alentour du campement, en guise
de fortifications, puis ils rejoignirent le reste de la troupe, car la voix perçante de la
femme du chef annonçait que le repas était prêt. Le chef engagea le vieillard à manger
avec eux, mais celui-ci répondit : « Je vous remercie, j'ai déjà satisfait mon appétit. Tou-
» tefois si vous le permettez, je m'installerai auprès de vous, n'ayant depuis longtemps
» rencontré que des Indiens ; je présume d'après votre langage que vous venez du
» Kentucky ? »

— « Oui », s'empressa de répondre l'émigrant, la bouche pleine, « et vous êtes sans
» doute un colon établi depuis longtemps dans la contrée ? »

— « Je séjourne tantôt dans un pays tantôt dans un autre », répliqua le vieillard.

— « Vous êtes chasseur, alors ? »

— « Hélas ! » dit le vieillard en jetant un regard attristé sur son fusil, « je suis trop
» âgé maintenant pour viser avec sûreté, je ne suis qu'un pauvre Trappeur. »

Le chef de la caravane ayant satisfait sa curiosité, le reste du repas s'acheva silencieusement et les voyageurs se préparèrent ensuite à aller prendre du repos tandis que le fils
aîné montait la garde. Le vieillard disparut avec son chien le long de l'étroite vallée,
sans avoir pris congé des émigrants.

La steppe était éclairée à perte de vue par les pâles rayons de la nouvelle lune, et l'on
pouvait distinguer l'ancien chasseur qui s'était assis sur une petite élévation de terrain
et appuyé sur son fusil, se perdait dans de profondes réflexions. Il fut tiré de sa rêverie

par les aboiements de son chien et vit approcher en toute hâte la jeune fille que le chef
de la caravane avait appelée du nom d'Ellen.

— « Je craignais que vous ne soyez déjà bien loin », dit-elle en regardant avec
effroi de tous côtés, « mais heureusement j'ai pu vous rejoindre. »

— « Au camp tout le monde dort déjà, que dira votre père lorsqu'il s'apercevra de
» votre absence ? »

— « Mon père », s'écria la jeune fille surprise, « je n'ai pas de père. Je rends grâce
» au ciel qu'aucun de ces hommes que vous avez vus, ne soit ni mon père, ni mon
» frère. »

Le chien recommença à aboyer et un homme s'avança, venant d'une direction opposée à celle du campement ; le vieillard prit son fusil, mais la jeune fille se précipita à la
rencontre de l'étranger en s'écriant : — « Dieu soit loué, te voilà, Paul Hover, je t'at-
» tendais depuis plusieurs heures » ; le jeune homme serra la main de la jeune fille, puis
se tournant vers le vieillard, il dit : — « Quel est cet homme, et comment Ellen se
» trouve-t-elle ici ? »

— « C'est le hasard qui l'a guidée », répondit le vieillard avec tristesse ; « depuis dix
» ans que j'erre dans cette contrée, voilà la première fois que je rencontre des hommes
» n'appartenant pas à des tribus indiennes, mais si ma présence vous gêne, je me reti-
» rerai. » — « Notre secret sera bien gardé par ce brave Trappeur », répliqua-t-elle en
regardant le beau jeune homme, qui se trouvait à côté d'elle. — « Il est Trappeur »,
répondit Paul Hover, « donnez-moi la main, mon père, car nos carrières ont beaucoup
» de rapport puisque je suis chasseur d'abeilles. Mais, ne nous attardons pas ici, puis-
» qu'il me faut aller avec Ellen auprès de son oncle. » — « Ne le fais pas, Paul, tu sais
» quel danger tu cours », s'écria la jeune fille d'une voix inquiète. — « Votre ami a-t-il
» fait quelque chose dont il ait à rougir devant vos parents ? » demanda le Trappeur. »

— « Le ciel l'en préserve, » répliqua Ellen, « mais il ne doit pas y aller maintenant,
» et pour des motifs.... que je ne puis pas révéler. »

Au même instant, on entendit un nouvel aboiement. Le vieillard se baissa pour car-
resser le chien et lui parla comme à un être humain : — « Eh bien ! mon pauvre Hector,
» qu'est-il arrivé ? » Le chien répondit encore par un aboiement plaintif, et l'on perçut
un bruit sourd, comme une horde de diables battant le sol en cadence. — « Ne seraient-

» ce point des buffles? » hasarda Paul Hover. — « Non, non », répliqua le vieillard
en secouant la tête, « ce bruit provient d'un ennemi plus terrible, d'une bande de
» Sioux, car je les reconnais au trot de leurs montures. » « Sioux ou diables ils

» rencontreront en nous des hommes vaillants », s'écria le chasseur d'abeilles avec
vivacité. — « Abaissez-vous », dit à demi-voix le Trappeur, et aussitôt les deux jeunes gens suivirent cette recommandation. Le bruit devenait de plus en plus distinct, et
bientôt une horde d'Indiens à cheval passèrent auprès des voyageurs cachés dans les
bruyères.

Les formes sombres des cavaliers avaient déjà disparu depuis longtemps, lorsque le vieillard releva la tête avec précaution. — « Ils se dirigent du côté du camp », dit-il toujours à voix basse. « Mais non, les voilà qui s'arrêtent et se consultent. Mon Dieu ! ils » reviennent sur leurs pas, et nous allons encore une fois nous trouver auprès d'eux. » Là-dessus, il se baissa de nouveau, et les Indiens repassèrent devant les bruyères où les trois blancs s'étaient réfugiés. Quelques-uns des Sioux descendirent de cheval, tandis que leurs compagnons se dirigeaient de tous côtés pour examiner la contrée. Les trois malheureux voyageurs suivaient avec anxiété, osant à peine respirer, les moindres mouvements des Indiens, mais soudainement Paul Hover sentit une main qui le saisissait violemment à l'épaule, et avant d'avoir pu opposer la moindre résistance, le trio des blancs se trouva entouré par une douzaine de Sioux.

Cette race des Sioux qui réside dans le nord des États-Unis, et que les Indiens appellent Dakota, se compose d'un grand nombre de tribus dont la plus redoutable est celle des Titonwans, en présence de laquelle se trouvaient les blancs.

Après avoir laissé quelques hommes pour garder les prisonniers, les Indiens se retirèrent pour délibérer avec leur chef, *Mahtori*, un guerrier de haute stature.

— « Ces hommes rouges sont bien fins », murmura le vieillard aux deux jeunes gens, « ils se doutent qu'il y a près d'ici un campement de Blancs et je suis sûr qu'ils ne se- » ront pas satisfaits avant d'avoir découvert vos amis. »

La délibération fut de courte durée, et le chef donna l'ordre de se remettre en route ; les prisonniers furent solidement attachés aux chevaux et obligés de les suivre dans leurs différentes allures ce qui leur occasionnait par moment de grandes souffrances. Après une marche assez longue, les Indiens s'arrêtèrent, et le Trappeur comprit que ses prévisions allaient se réaliser, car il apercevait à une faible distance, les buissons derrière lesquels les émigrants avaient installé leur campement. Les Dakotas descendirent de leurs chevaux qu'ils laissèrent à la garde de deux guerriers qui étaient chargés en même temps de surveiller les prisonniers. Le chef se mit alors à ramper comme un serpent pour atteindre sans être vu le campement des Blancs.

En voyant la taille athlétique et la figure sauvage de la sentinelle endormie, il renonça à son projet de l'égorger ; le chef de la caravane avait aussi un air de bravoure qui lui fit craindre de trouver la mort s'il venait à l'attaquer, aussi il se dirigea vers une placc où se trouvaient parqués les animaux domestiques que les émigrants emmenaient avec eux.

Pendant ce temps, le Trappeur et ses deux compagnons étaient en proie à une terrible anxiété ; ils entendirent tout à coup un bruit singulier, et bientôt après, ils virent passer non loin d'eux, dans un effroyable désordre, tous les bestiaux qui appartenaient aux blancs ; les gardiens Indiens eurent beaucoup de peine à retenir les chevaux de leurs compagnons, aussi le vieillard profitant de cette occasion, arracha un couteau de la ceinture d'un des gardiens, et coupa les guides de cuir qui retenaient les chevaux ensemble. Aussitôt ces derniers s'enfuirent dans toutes les directions : les Indiens, dans leur fureur, saisirent leurs tomahawks pour en frapper le Trappeur, mais le désir de rattraper les chevaux l'emporta sur le sentiment de la vengeance et ils se mirent à la poursuite des animaux.

— « Maintenant nous sommes sauvés », dit le vieillard, « et je crois qu'il est de notre » devoir d'aller secourir vos amis. » — « Nos amis ? » répéta Paul Hover d'un ton méprisant. « Je ne désire entendre parler, ni d'Ismaël Busch et de ses sept fils, ni de son » infâme beau-frère Abiram. »

— « Cela vous regarde », répliqua le Trappeur. « Ismaël est-il en état de se défendre » contre les diables rouges ? » — « Je le crois », répondit le chasseur d'abeilles, « car » j'étais témoin, lorsqu'il abattit d'un coup de feu l'officier du Shérif du Vieux-Kentucky, » qui voulait repousser les colons des frontières, sous prétexte qu'ils s'étaient établis » illégalement. »

Ces paroles étaient à peine prononcées qu'une balle partie du campement, passa en sifflant au-dessus des trois prisonniers qui venaient de recouvrer la liberté ; plusieurs détonations suivirent cette première décharge, aussi le vieillard, s'adressant aux jeunes gens, leur dit : — « Asseyez-vous sur l'herbe, restez ici », puis il se mit en marche dans la direction du camp. Une voix rude cria : « — Qui va là ? » — « Ami », répondit le Trappeur, et il s'avança bravement, suivi de son chien, à la rencontre d'Ismaël qui se disposait à faire feu. Celui-ci le reçut d'une manière peu courtoise et s'écria d'une voix rude : — « C'est vous qui avez indiqué notre campement aux Peaux-Rouges afin » qu'ils s'emparent de notre bétail ? Quel salaire recevez-vous pour cela ? » — « Votre » reproche est injuste », répondit le Trappeur sans s'émouvoir, « un vieillard comme

11

» moi, qui peut d'un jour à l'autre passer devant le tribunal de Dieu, n'est point un
» traître. »

La franchise de ces paroles modéra la colère d'Ismaël.

— « Vous avez cependant vu les Indiens », s'écria-t-il. — « Sans doute », répliqua
» le vieillard, « puisqu'ils m'avaient fait prisonnier et c'est même la raison qui m'a em-
» pêché de vous prévenir de l'arrivée des Peaux-Rouges. »

Le chef appela alors ses fils et demanda au vieillard : — « Combien de temps peut-il
» s'écouler avant que les Peaux-Rouges reviennent ? »

— « Pour le moins, six heures », répondit le Trappeur, qui n'avait pas manqué de
s'apercevoir qu'Ellen s'était jointe aux autres femmes de la caravane.

Quant au chasseur d'abeilles, il avait disparu.

On aperçut bientôt les premières lueurs du jour. Ismaël considérait avec une rage se-
crète la place laissée vide par la fuite du bétail, puis il tourna ses regards vers les enfants
qui demandaient en vain le lait qu'on avait l'habitude de leur donner. La femme secouait
la tête, et disait d'une voix navrée : — « Les Peaux-Rouges se sont emparés de nos
» pauvres vaches. » Ismaël, frappant la terre du pied, s'adressa au Trappeur. — « De-
» vons-nous attendre ici les ennemis », lui demanda-t-il ? — « La place ne me paraît
» guère bonne pour opposer une forte résistance », répondit le vieillard ; « je connais
» un endroit qui remplirait bien mieux les conditions que nous cherchons, et qui se
» trouve à trois milles d'ici. Si vous le voulez, je vous indiquerai le chemin. » Ismaël
accepta avec empressement la proposition du Trappeur et donna l'ordre de faire les préparatifs du départ ; avec l'aide de ses fils et de son beau-frère, il parvint à conduire les
voitures sur la hauteur ; les enfants de leur côté pliaient sous le poids de leurs fardeaux.
En tout dernier lieu, on s'occupa du charriot recouvert de toile, mais ce fut seulement le chef et son beau-frère Abiram qui en prirent soin ; ils firent rentrer la voiture
sous son dôme de toile, ajustèrent le tout avec solidité et enlevèrent les piquets qui avaient
été enfoncés dans le sol. Toute trace de la tente avait disparu et cette voiture fut
poussée à la suite des autres.

Le Trappeur, resté en arrière, considérait avec un regard mélancolique le cortège
formé par ces émigrants étranges.

La caravane suivit la direction indiquée par le vieillard et arriva, après un long et pénible voyage, auprès d'un groupe de rochers qui s'élevaient au milieu de la prairie, non loin d'un ruisseau ; les émigrants établirent leur campement dans cet endroit sur un plateau couvert de buissons d'aulnes et de sumacs, situation très favorable pour se dérober aux regards des ennemis.

Sur le sommet du rocher, Abiram installa une petite tente, qui vue de loin ressemblait à un voile blanc mu par le vent. Les émigrants étaient installés depuis plusieurs jours dans leur nouveau campement, lorsqu'Ismaël songea sérieusement à trouver un moyen pour rentrer en possession d'une partie de son bétail. Il en parla un jour à son beau-frère lorsqu'ils étaient assis tous deux au pied du rocher, considérant Ellen qui montait la garde sur le sommet à côté de la petite tente.

Abiram trouvait qu'il fallait partir dans le plus bref délai, alors Ismaël lui répondit :

— « J'ai donné ma parole d'honneur de vous suivre jusqu'à ce que nous ayons atteint notre but, par conséquent je suis prêt à tout. »

Après avoir achevé ces mots, il regarda d'une manière significative vers le sommet du rocher.

— « Le but est bien éloigné », répliqua Abiram avec colère, « et je n'ose pas espérer que nous retirerons un grand avantage de ce voyage. »

La conversation fut interrompue par l'arrivée de plusieurs fils d'Ismaël qui annoncèrent qu'Ellen regardait dans une direction déterminée en faisant des gestes extraordinaires. Ismaël cria alors de sa voix puissante : — « Qu'est-il arrivé ? As-tu découvert quelque chose ? » La jeune fille répondit, mais d'une voix trop faible pour que ses paroles puissent être entendues. — « Il se pourrait bien qu'elle ait découvert un espion des Sioux », dit l'un des hommes. — « Elle vient de disparaître », s'écria Asa, le fils aîné du chef. Tous regardèrent avec étonnement vers le sommet du rocher, mais Ellen reparut quelques instants après, et fit un signe qu'Abiram traduisit à son beau-frère par quelques mots significatifs. Ismaël proféra une malédiction et saisissant son fusil, il visa le sommet du rocher. Ellen poussa un cri déchirant en se précipitant vers la tente, et les personnes qui se trouvaient au pied du rocher ignoraient si elle avait été blessée ou bien si ce cri provenait seulement de la frayeur que lui avait causée la décharge de l'arme.

— « Qu'as-tu à reprocher à la jeune fille ? » demanda Asa à son père, d'une voix triste,

pendant qu'un murmure désapprobateur s'élevait parmi ses frères, « pour avoir tiré
» contre elle comme contre un cerf ou un loup ? »

— « Sois modéré dans tes paroles », répondit le chef, en jetant à son fils un regard
menaçant, « ou tu pourrais bien recevoir la récompense que tu mérites, pour avoir
» laissé enlever nos animaux par les Sioux. »

— « Regardez, mon père ! » dirent les autres jeunes gens en indiquant la tente, où
se trouvait maintenant une autre femme à la tournure gracieuse et élégante. Tous les fils
d'Ismaël se regardaient entre eux avec étonnement, puis soudainement, Asa s'adressant à Abiram s'écria : — « Voilà donc le soi-disant animal rare que vous cachiez
» dans une voiture pour le dérober à nos regards ; les journaux du Kentucky vous accu-
» saient déjà de faire la traite des nègres, mais il paraît que vous ne dédaignez pas non
» plus les blancs. »

— « Est-ce que les journaux ne disent que la vérité ? » répondit Abiram, emporté par
la colère. « Est-ce qu'ils n'ont pas également parlé d'une manière défavorable de toi, de
» tes parents et de tes frères ? N'a-t-on pas affiché dans tout le Kentucky que celui qui
» s'emparerait de l'un de vous recevrait une forte récompense ?.. » A ce moment Asa
donna à Abiram un coup si violent sur la bouche que le sang jaillit de ses lèvres, et
qu'il ne put continuer son discours moqueur.

— « Asa », s'écria Ismaël, « tu viens de frapper le frère de ta mère ? » « J'ai rappelé
» à son devoir », répliqua le fils, excité par la colère, « celui qui ose injurier notre
famille. »

— « Jeune homme », répondit le père, prends garde à ta conduite », puis se tournant
vers Abiram, il lui dit : « Je vous conseille à l'avenir de modérer vos expressions ; vous
» savez que nous n'avons aucune action malhonnête à nous reprocher et que la loi nous
» poursuit parce que nous maintenons que la terre appartient en commun à tous les
» hommes. Maintenant, faisons la paix! Je vais monter sur le rocher, afin de sur-
» veiller moi-même les mouvements des Sioux, mais si je n'aperçois rien de suspect,
» nous irons à la chasse afin d'avoir un peu de gibier ». Les fils se séparèrent en
plusieurs groupes, tandis qu'Abiram se tenait à l'écart, effrayé par les menaces de son
neveu dont il redoutait la force herculéenne.

Ismaël reparut après une longue absence ; il n'avait rien découvert de suspect, mais i' eut la précaution, de laisser quelques-uns de ses fils pour surveiller le campement. Quant aux autres, y compris Asa, ils se rendirent à la chasse avec leur père et Abiram.

CHAPITRE II

UNE RENCONTRE INATTENDUE

Non loin du campement des émigrants, à une demi-heure de distance environ, deux hommes étaient installés, sur un petit monticule de terrain, et prenaient leur repas composé d'un filet de bison. — « Rien n'est plus succulent que cette viande », disait le vieux Trappeur au Chasseur d'abeilles, tout en se penchant vers son chien pour lui en donner un morceau. « Tiens, mon bon Hector, régale-toi, sur tes vieux jours, tu as be-» soin comme ton maître d'une nourriture fortifiante »... Mais, s'interrompant subitement : « Qui vient là bas ? sûrement ce n'est pas un ennemi, il a l'air trop bienveillant. » L'étranger, qui s'avançait, était un petit homme maigre, vêtu de peaux de bêtes, et dont tout l'habillement offrait un aspect singulier. « Ah ! s'écria en riant le Chasseur d'abeilles, « voilà le docteur Battius ! » Il lui serra effectueusement la main et dit au Trappeur : « Je vous présente un savant botaniste, qui a aussi quelques connaissances en médecine et qui, sous la protection d'Ismaël, parcourt la contrée pour enrichir ses collections et augmenter son savoir.

« C'est la vérité, dit le docteur en faisant un signe de tête, mais vous ne pourrez pas » juger entièrement de mon habitus, noble vieillard, car je n'ai pas avec moi mon *Asinus* » *domesticus americanus* ».

Le Trappeur, écouta avec attention puis répondit : « Je n'ai jamais rien entendu » de pareil dans ma vie, ce n'est même pas de l'Indien. » — « Non, riposta le docteur, » d'un ton moqueur, mais le mot d'âne doit vous être familier. — « Ce n'est pas une » raison, répliqua le Trappeur blessé, parce que je ne comprends pas vos expressions » scientifiques pour que...

— « Calmez-vous, répondit le docteur, je veux parler d'un âne qui m'appartient et » m'accompagne toujours dans les excursions qui m'éloignent continuellement de la » société d'Ismaël. Heureusement, je n'étais pas au camp pendant la fameuse nuit, où

» les Dakotas ont enlevé tous les animaux, sans cela j'aurais certainement à déplorer la
» perte de mon âne. »

Le Trappeur, ayant oublié sa colère, engagea le docteur à partager leur repas. « Noble
» vieillard, répondit le petit homme, en se frottant les mains, j'accepte votre offre
» avec d'autant plus d'empressement, que j'ai une faim dévorante ». Là-dessus, il
s'installa commodément par terre, et trouva le rôti de bison à son goût.

Le vieil Hector leva le museau en l'air et se secoua avec force. « Ah ! dit son maître,
» aurais-tu entendu quelque chose remuer dans les buissons. En tous cas, ce n'est pas
» du gibier, s'écria le docteur en tressaillant, et je crois que vous ferez bien de tenir
» vos fusils prêts à la décharge ? » Le chien recommença à grogner, alors Paul Hover
se tournant vers le buisson dit d'une voix menaçante : « Halte-là ! si c'est un ami, et
» gare ! si c'est un ennemi ! » — « Non seulement un ami, mais un chrétien », répondit
une voix, et un jeune homme s'empressa de sortir des buissons. Il portait une chemise
et une jaquette vert foncé, un bonnet de fourrier garni d'or, des pantalons de cuir et
des mocassins, comme les soldats qui gardent les frontières des États-Unis. Il avait
comme armes, outre un poignard richement orné, une paire de pistolets et une carabine.
Il portait sur le dos un hâvre-sac avec les initiales des États-Unis (U. S = United States).

— « Soyez le bienvenu », s'écria Paul Hover, « et prenez part à notre modeste repas. »

— « Avec plaisir », répondit l'étranger, « car je n'ai rien mangé de toute la journée »,
et tout en disant ces mots, il s'assit auprès des trois convives.

— « Depuis quand avez-vous quitté les colonies ? » demanda le docteur.

— « Depuis plusieurs semaines », répondit l'inconnu, « et il se passera encore bien
» du temps avant que j'y retourne. » — « Où ? » dit le docteur avec curiosité. — « A mon
» régiment. » — « Vous êtes donc militaire ? » — « Évidemment. » — « Avec un
» grade ? » — « Sûrement. » — « Je serais désireux de voir votre brevet, le portez-vous
» avec vous ? »

Afin de se soustraire à ces questions gênantes, le jeune homme sortit un portefeuille
de sa poche et en tira un parchemin.

— « Ah ! » s'écria le petit Docteur, en déroulant le papier, « voici le sceau de l'État,
» et la signature du Ministre de la Guerre ! C'est bien un diplôme qui décerne le grade
» de capitaine d'artillerie à Duncan-Uncas Middleton. »

— « Quel nom dites-vous ? » s'écria le Trappeur, qui regardait depuis longtemps l'étranger avec curiosité. « N'avez-vous pas prononcé le nom d'Uncas ? »

— « C'est un de mes prénoms », répondit l'étranger avec fierté, « mais c'est aussi le » nom d'un célèbre chef indien ; nous le portons, moi et mon oncle, en souvenir » d'un grand service que ce chef et ses compagnons ont rendu à ma famille pendant la » guerre des États ! » — « Ciel ! » s'écria le vieillard en tremblant, « dis-moi, jeune » homme, le nom de ton père ? » — « Il s'appelait comme moi », répondit l'inconnu « et » était officier sous la Révolution. Mon oncle, le frère de ma mère, portait le nom de » Duncan-Uncas Hegward. » — « Toujours Uncas », répétait le vieillard de plus en plus ému, « et son père à lui ? » — « Son père ne portait pas le surnom d'Uncas. » — « Dites-» moi », ajouta le vieillard avec précipitation, « vit-il encore ? » — « Non », répliqua tristement le jeune homme, « il est mort dans la force de l'âge. »

— « Alors », murmura le vieillard, en regardant ses mains amaigries mais encore pleines de vigueur, « ils sont tous partis et moi je reste seul », puis se tournant vers le jeune officier il lui dit : « Parlait-il volontiers d'Uncas ? » — « Oh oui ! » s'écria Middleton, « mais c'était une longue et triste histoire, une description effrayante de la sauva-» gerie indienne, mais mon grand-père parlait toujours avec fierté de son ami Uncas » et de son père qui portait le nom de Chingachgook. »

— « Ah ! mon Dieu », dit le Trappeur, « il appelait donc le pauvre guerrier indien son ami ? » — « Certainement, et ma grand'mère parlait aussi de ses amis indiens, et d'un » blanc, émissaire de l'armée anglaise qui se trouvait chez les Delawares. Trois de mes » parents portent son nom. »

— « Vraiment », dit le vieillard avec émotion, « votre grand-père n'avait donc pas ou-» blié le pauvre chasseur ignorant ? »

— « Oh ! il ne pouvait se louer assez de sa conduite ; il parlait même souvent de son » chien Hector, si bien que j'ai donné le même nom au mien, qui est en train de courir » après un cerf dans les buissons. »

Le vieillard posa alors sa tête sur celle de son fidèle animal, puis se relevant subite-ment il dit d'une voix émotionnée : « Écoutez bien, Uncas Middleton, je suis l'émissaire » dont vos grands parents vous ont souvent parlé, autrefois un brave guerrier et » maintenant un pauvre Trappeur. » Après avoir achevé ces paroles, il cacha sa figure dans ses mains et commença à sangloter. Son émotion se communiqua aux autres assistants et il se passa quelques instants avant que Middleton, redevenu maître de lui-même, puisse interroger le vieillard : « Comment se fait-il, excellent et respectable ami de ma » famille, que je vous rencontre dans ce désert, privé de tous les conforts de l'existence ? »

— « J'ai fui devant la cruauté de la hache », répondit le Trappeur, « qui détruit sans » pitié les forêts splendides que Dieu nous avait données. Et vous, mon jeune ami, » quel but vous amène dans cette contrée ? »

Le jeune officier raconta alors à la société qu'il s'était marié à la Louisiane et que la fortune de sa femme devait retourner après la mort de celle-ci, à un de ses parents qui avait auparavant demandé sa main sans pouvoir l'obtenir. Soit pour se venger du refus qu'il avait essuyé, soit par cupidité, il fit enlever la jeune femme, très peu de temps après son mariage. Dans cette circonstance, une seule personne consentit à le seconder et ce fut Abiram qui l'entraîna auprès de son beau-frère Ismaël chargé de l'emmener avec lui.

Cependant, l'homme qui avait enlevé Inès se vanta un peu trop haut de son action, si bien que la nouvelle parvint aux oreilles de Middleton que sa femme faisait partie d'une troupe d'émigrants. Aussitôt il prit un congé pour faire lui-même toutes les recherches nécessaires, et guidé par sa bonne étoile, il rencontra ces trois hommes, parmi lesquels le Trappeur qui soupçonnait fortement que la jeune Inès devait être enfermée dans la voiture recouverte de toile qu'Ismaël et son beau-frère surveillaient avec un si grand soin.

Il va sans dire que le Docteur, le Trappeur et Paul Hover, proposèrent au jeune officier de le seconder dans sa tentative de retrouver sa femme, et il fut décidé que le Docteur essayerait de parvenir auprès d'Inès pour l'informer de la présence de son époux dans le voisinage.

Le lendemain matin, toute la famille des émigrants, se trouvait dans une triste situation d'esprit, car les chasseurs étaient revenus la veille au soir avec une riche capture, mais sans Asa, qui s'était lancé sur une trace, qu'il croyait être celle des Indiens ; toute la nuit on l'avait attendu en vain, et quoique la matinée fut déjà bien avancée, il n'avait pas encore reparu au camp. *Esther*, la femme du chef, se perdait dans les plus tristes conjectures, mais elle fut interrompue dans ses réflexions par l'arrivée du Docteur Battius. Celui-ci ayant déjà fait parvenir à Inès une lettre de son époux par l'entremise d'Ellen, vint auprès d'Ismaël et lui dit : « Le mieux, il me semble, serait que toute votre » famille se mît à la recherche d'Asa. » Cette proposition fut immédiatement acceptée et Ismaël, ses fils et son beau-frère se préparèrent à partir. Esther apparut également armée d'un fusil, ce qui déplut beaucoup à son mari, mais elle lui lança un regard si terrible, qu'il renonça à opposer aucune résistance.

— « Que ceux qui ont du cœur me suivent », s'écria Esther. — « Mais nous ne pou- » vons pas laisser le campement sans gardien », dit Ismaël en jetant sur son beau-frère un regard significatif. Celui-ci s'empressa de répondre qu'il resterait pour surveiller le camp, mais les fils d'Ismaël rejetèrent cette proposition, objectant que leur oncle devait les conduire vers l'endroit où il avait découvert la trace des Indiens. Abiram résistait encore, mais, pressé par sa sœur, il céda et la garde du campement fut remise entre les mains d'Ellen. Avant de se mettre en route, Ismaël fit de nombreuses recommandations à Ellen et lui indiqua les signaux qu'elle devrait faire si elle se trouvait en présence d'un grand danger. Là dessus, les émigrants quittèrent le campement, Esther ouvrant la marche.

Le sommet du rocher n'apparaissait plus que comme un point noir, se détachant sur le ciel, lorsqu'Abiram frappant la terre avec la crosse de son fusil, s'écria : « Voici la » place où j'ai tué hier du gibier, et un peu plus loin, nous devons trouver la trace des » guerriers Tétonwans. » — « Tu as encore sur ton vêtement des taches de sang », dit Ismaël, « tu ressembles à un boucher, tandis que moi j'ai tué à la même place deux daims » sans recevoir la moindre éclaboussure. Je crains bien que tu ne te sois trompé en » croyant reconnaître les marques des mocassins indiens ; nous ne retrouverons sûre- » ment pas Asa de ce côté, et il serait préférable de retourner, tout en essayant d'abat- » tre quelque gibier afin que nous ne nous soyons pas dérangés pour rien. Suivez- » moi. »

— « Non, maintenant vous devez me suivre », s'écria Esther, qui marchait toujours rapidement en avant, « votre devoir est d'obéir à une mère éplorée qui veut à tout prix » retrouver son enfant. »

— « Comme je ne suis pas un de vos fils », répartit le petit Docteur qui faisait partie de l'expédition, « vous me permettrez de m'arrêter, car je me sens très las, et je n'aper- » çois dans les environs aucune des plantes qui ont de l'intérêt pour moi. »

Ayant achevé de parler, il s'assit tranquillement par terre, sans faire la moindre attention au regard méprisant qu'Esther lui avait lancé.

La pauvre mère se remit en marche, regardant de tous côtés avec anxiété, lorsque un animal passa rapidement devant elle poursuivi par deux chiens dont l'un était très vieux et se trouvait toujours à une grande distance du premier. Lorsque ces deux chiens arrivèrent près d'un buisson, ils s'arrêtèrent subitement et commencèrent à hurler.

Esther tressaillit, et de sombres pressentiments assaillirent sa pensée. « Ils vien-
» nent de flairer, dit-elle, quelque chose qui leur fait horreur ». Le plus vieil animal tremblait de tous ses membres, tandis que le plus jeune pénétrait lentement dans le fourré, après avoir aboyé encore plusieurs fois, il en ressortit en proie à une singulière agitation.

— « Est-ce moi qui devrais fouiller dans ces buissons ? » dit Esther, en lançant à ses fils un regard de reproche.

— « Non, reste, ma mère », répondirent Abner et Énoch ses plus jeunes fils, et sans prendre garde aux vautours et aux buses qui volaient autour d'eux, ils écartèrent les branches avec soin pour se frayer un passage.

Un vent d'orage soufflait alors sur la prairie, des nuages menaçants assombrissaient le ciel de tous côtés, mais la pauvre mère, ne songeait point à la tempête, et tenait ses yeux fixés dans la direction de ce fourré mystérieux. Un cri déchirant traversa l'air suivi aussitôt d'un profond silence. Esther, succombant sous le poids de son inquiétude, s'écria d'une voix entrecoupée par les sanglots : « Mes enfants, mes enfants, revenez,
» je vous en supplie ! »

L'angoisse de la mère se changea en un désespoir terrible, lorsque ses fils, sortant du buisson, vinrent déposer à ses pieds un cadavre, qui n'était autre que celui d'Asa. [Les chiens aboyaient plaintivement, et les vautours volaient avec inquiétude dans l'espoir de reconquérir la proie qu'on venait de leur enlever.

Ismaël, appuyé sur son fusil, restait immobile sans proférer une parole. Que faire, en présence du désespoir de cette mère? Elle prenait entre ses mains le visage d'Asa, dont les traits contractés démontraient clairement qu'il avait subi une mort violente, sans vouloir prêter aucune attention aux paroles de consolation que lui adressaient ses autres fils.

Après un examen minutieux, elle finit par découvrir qu'Asa avait reçu une balle dans l'épaule et qu'elle avait pénétré jusque dans la poitrine. Il n'y avait donc plus à douter que le jeune homme avait été victime d'un coup imprévu, et la balle ayant été retirée du corps et examinée avec soin, Ismaël murmura entre ses dents : « Je reconnais cette » balle avec six petites cavités formant une croix, elle a été lancée par le Trappeur.

— « C'est lui le meurtrier, s'écria Abiram. Ne nous a-t-il pas lui-même montré ce signe, » la dernière fois qu'il est venu au camp ? » La balle funeste passait de main en main, puis s'adressant subitement à ses fils, Ismaël leur dit : « Il nous faut d'abord préparer une » tombe pour votre frère, nous nous occuperons ensuite de retrouver le coupable. » Les fils obéirent silencieusement à l'ordre de leur père et après avoir creusé une tombe dans un endroit convenable, ils y déposèrent le corps d'Asa ; lorsque la terre eut été remise avec soin pour dérober le cadavre à la férocité des vautours, Ismaël se dirigea vers sa femme affaissée sur le sol et l'ayant relevée, il lui dit : « Esther, nous avions fait » de notre fils Asa un homme courageux, le destin nous l'a enlevé, et la tombe » que nous venons de creuser était la seule chose que nous pouvions encore faire pour » lui.

» Maintenant tout est fini, partons ! »

La mère jeta un dernier regard sur la place où reposait le défunt, puis s'appuyant sur l'épaule de son mari, elle suivit le reste de la société qui se mit silencieusement en route.

En apercevant la pointe du rocher, auprès duquel les émigrants avaient installé leur campement, Esther rompit le silence pour dire à son époux : « Décharge ton fusil, afin » d'annoncer notre arrivée ! » Ismaël s'empressa de remplir la demande de sa femme, mais aucun signal ne répondit à la décharge.

— « Mais, voyez-donc », dit Abiram à son beau-frère, la tente semble détachée et se ba- » lance au gré du vent ; il est impossible cependant que ce soit la cause de l'orage ». A peine ces paroles furent-elles achevées, que la toile s'agita avec force sous l'impulsion d'un nouveau coup de vent, et finit par être précipitée au bas du rocher, qui sem- blait alors se dresser solitaire au milieu d'un désert. « Des meurtriers ont passé par là ! » s'écria Esther au désespoir. « Que sont devenus mes pauvres petits enfants ? » Ismaël resta frappé de stupeur, mais tout à coup, reprenant courage, il marcha avec précipita- tion, écartant tous les obstacles qui se trouvaient sur son passage pour parvenir le plus vite possible au sommet du rocher, et son exemple fut suivi par tous ceux qui l'accompagnaient.

Lorsque la petite troupe était partie à la recherche d'Asa, Ellen avait consenti à garder le campement, et à surveiller en même temps les plus jeunes enfants qui n'étaient pas en état de supporter de trop longues fatigues. Comprenant toute l'importance de la charge qu'elle avait acceptée, elle veillait à ce que les enfants ne fissent aucun bruit, lorsque subitement elle entendit des pas précipités qui devenaient de plus en plus distincts. Elle comprit de suite le danger qu'elle courait, bien persuadée que ces pas devaient être ceux des ennemis, et les joues enflammées elle songea à opposer une courageuse résistance. Les plus jeunes enfants jetaient des pierres sans relâche, tandis que les fillettes plus âgées et qui avaient hérité de la bravoure de leurs parents, s'apprêtaient à décharger leurs fusils.

Pendant ce temps, trois hommes étaient parvenus à une distance qui permettait de les reconnaître. Paul Hover, le Trappeur et le petit Docteur. Le Chasseur d'abeilles fit un signe amical à Ellen et lui dit : « J'espère au moins que tu ne nous traiteras pas comme » des ennemis. »

— « Qu'avez-vous à me demander ? » répondit la jeune fille étonnée.— «Tu dois nous » laisser pénétrer dans le camp », répliqua Paul Hover, « afin que nous puissions déli- » vrer la jeune femme retenue prisonnière dans cette tente. » — « J'ai juré solennelle- » ment », dit Ellen avec émotion, « de ne laisser entrer personne dans cette tente, et de » ne pas prêter la main à la prisonnière pour recouvrer sa liberté ».

Middleton s'avança et Ellen faillit céder lorsque le jeune officier fit le serment de dédommager largement Ismaël pour la mise en liberté de la prisonnière. Au même instant, on vit apparaître une femme gracieuse, vers laquelle, quelques jours auparavant, tous les regards s'étaient tournés lorsqu'elle s'était hasardée au dehors de la tente ; d'une voix douce, elle leur dit : « Au nom du Ciel, je vous en supplie, restons en paix ! »
— « Inès, ma femme bien-aimée, je te revois enfin », s'écria Middleton avec joie. « Je te » retrouve après bien des jours de peine, et dussé-je te disputer à une horde de dé- » mons, je les vaincrai pour te reconquérir ! »

Les enfants regardaient les nouveaux venus avec des yeux animés d'un air méfiant, tandis que l'une des jeunes filles tirait dans la direction de la tente. Ellen poussa un cri de surprise et se précipita auprès d'Inès chancelante. Pendant ce temps les quatre hommes escaladaient le rocher avec la rapidité de l'éclair ; Middleton pénétra dans la tente et serra dans ses bras sa jeune femme que la balle n'avait heureusement pas atteinte.

Quoique le Trappeur ait jugé prudent de se retirer au plus vite, il ne voulut pas assombrir la joie de cette rencontre inespérée. Les jeunes époux avaient une multitude de choses à se raconter, mais Middleton, songeant au danger que pouvait occasionner sa présence, dit à Inès : « Nous avons encore bien des obstacles à surmonter, avant de » nous trouver en sûreté ; prends donc courage, mon Inès, et prouve-moi que tu » mérites d'être la femme d'un soldat. »

— » Partons vite pour aller rejoindre nos amis. » — « Oui, nos amis », répondit Inès avec un profond soupir, « mais la jeune fille qui a eu des bontés pour moi pendant cette » dure captivité doit nous accompagner.

Ellen était descendue vers le campement, et Inès alla la rejoindre avec son époux.

— « Fuyons, fuyons sans retard », s'écria le Trappeur qui avait été rechercher l'âne du Docteur Battius qui broutait tranquillement dans l'herbe, afin de charger sur son dos, les menus objets nécessaires aux deux femmes.

Inès faisait tous ses efforts pour entraîner Ellen à la suivre, mais elle lui répondit : « Dieu prenne soin de vous, lady, moi je dois rester à mon poste ! Dieu a voulu que » je fasse partie de la famille d'Ismaël, et quoique je ne puisse ni l'aimer, ni le respec- » ter, je leur dois à tous de la reconnaissance pour la bonté qu'ils ont témoignée à la » pauvre orpheline. »

« Il n'y a pas de temps à perdre », répéta le Trappeur, « car d'un instant à l'autre » Ismaël et ses fils peuvent revenir. »

Middleton ne songea plus à Ellen et entraîna sa jeune femme hors du camp, suivi du docteur et du Trappeur. Paul Hover resta auprès d'Ellen, appuyé sur son fusil, la figure assombrie.

— « Pourquoi ne fuis-tu pas », s'écria la jeune fille en sanglotant ? « Mon oncle va » bientôt revenir. »

— « Qu'il vienne », répondit Paul Hover, « j'ai assez souffert à cause de lui, il ne lui » reste plus qu'à me tuer. »

— « Si tu tiens à la vie, fuis en toute hâte », s'écria Ellen, désespérée !

— « Sans toi, que m'importe la vie ? » répondit Paul Hover, et saisissant la jeune fille dans ses bras, il l'entraîna hors du campement, dans la même direction, où ses amis avaient pris la fuite.

Les deux jeunes gens rejoignirent leurs compagnons au même moment, où Ismaël et les siens faisaient l'ascension du rocher.

Parvenus au sommet, ils trouvèrent les enfants bâillonnés et garrottés dans une des huttes ; Abiram était en proie à une violente colère, lançant des malédictions contre Ellen et répétant à chaque instant, ainsi qu'Ismaël, les deux mots : « vengeance et poursuite. » —

Le Trappeur quitta bientôt le chemin encombré par les hautes herbes, pour suivre un sentier où le terrain très dur ne prenait pas l'empreinte des pieds ; il sut adroitement contourner le rocher et atteindre la route qu'Ismaël et ses compagnons avaient suivie quelques heures auparavant.

Cette ruse protégea le Trappeur contre la poursuite des émigrants ; plusieurs heures s'étaient écoulées, lorsque l'agitation des chiens fit comprendre au vieillard qu'il devait approcher de la place où l'on avait enterré le corps d'Asa. Le docteur qui était resté en arrière pour cueillir une plante rare appartenant à la famille des ombellifères, accourut aussitôt, mais il recula avec terreur, en voyant un Indien sortir du fourré.

Le Trappeur s'approcha du sauvage et lui tendit la main ; celui-ci était un guerrier de haute stature, et le profil régulier de son visage lui donnait l'aspect d'un héros. Une peau de cerf était négligemment jetée sur ses épaules ; ses pantalons de drap écarlate, retenus aux genoux par des liens de cheveux, laissaient supposer qu'il était en rapport avec des négociants de race blanche. Un bouclier et un carquois pendaient sur son dos, et dans sa main droite il tenait une pique de bois de frêne.

— « Le wigwam de mon frère se trouve-t-il loin d'ici ? » demanda le Trappeur à l'Indien, dans la langue des *Paunis*, race à laquelle il devait appartenir, d'après les couleurs de son tatouage.

— « Moins loin que pour parvenir aux établissements des blancs », fut la réponse de l'Indien.

— « Les chasseurs », ajouta le vieillard, « parlent d'un célèbre chef de la race, dont la » fermeté bien connue lui a valu le surnom de *Cœur Dur*. » Le Pauni tourna alors ses regards vers un endroit du buisson, d'où sortit Paul Hover, conduisant un magnifique cheval par la bride, et sans prendre garde aux remarques d'admiration que suscitait l'animal, il arracha les guides des mains du Chasseur d'abeilles et s'élança sur le cheval. Le Trappeur dit alors à ses amis : — « Les chevaux des Paunis sont réputés pour leur » beauté ; mais celui-ci dépasse en élégance tous ceux que j'ai vus auparavant, aussi » je suis certain que ce jeune homme est le fils d'un chef. »

Le vieillard essaya de renouer la conversation avec l'Indien et lui demanda si les Paunis voyaient avec plaisir des figures étrangères s'introduire dans leurs habitations.

L'Indien se pencha alors avec grâce vers le Trappeur, et lui répondit : — « Jusqu'à » présent, mes frères ont toujours accueilli avec bienveillance les étrangers qui » viennent avec des intentions pacifiques. »

— « Les guerriers Titonwans entrent-ils dans les huttes des Paunis et fument-ils avec » eux le calumet ? »

— « Les Titonwans appartiennent à une race de menteurs », s'écria l'Indien avec indignation.

— « Regardez plutôt », ajouta-t-il après une courte pause, et en désignant les ornements suspects de son costume, « voilà comment nous nous emparons de leurs scalps. »

— « Enfin, nous avons découvert le secret », murmura tout bas le Trappeur à Mid- » dleton, « le guerrier se tient aux aguets pour se précipiter sur les Sioux. »

Le Paunis regarda le vieillard avec méfiance et dit en étendant la main vers l'Orient : — « Là-bas se trouve un rocher sur lequel s'élèvent les huttes des blancs ; le chemin est » plus court que pour atteindre les habitations des Paunis. » Là-dessus le guerrier fit tourner sa monture, et le cheval s'élança dans la prairie avec la rapidité d'une flèche.

A peine avait-il disparu derrière une élévation de terrain, qu'une troupe de Peaux-Rouges apparut au loin et se dirigea du côté des buissons : — « Ciel », s'écria le Trappeur, « ce ne sont pas des Paunis, mais bien une bande de Sioux ! »

Après un court silence, il ajouta : — « Il faut à tout prix échapper au danger qui nous » menace, et diriger ces coquins contre la caravane conduite par Ismaël ». Le Trappeur décida d'aller à la rencontre des sauvages, comme s'ils étaient des amis, mais ses compagnons n'y consentirent qu'à regret. Ils allaient se mettre en route lorsqu'ils distinguèrent un second groupe de guerriers qu'ils reconnurent comme faisant partie de la famille d'Ismaël. Le Trappeur et ses amis étaient en proie à une grande anxiété ; les émigrants tentaient-ils de rattraper Inès et Ellen, ou bien poursuivaient-ils les Sioux pour se venger du rapt de leur bétail. — « Nous sommes perdues », dit Inès en sanglotant, et Ellen, le visage d'une pâleur livide, ajouta : — « Si je retombe entre les mains d'Ismaël, » ce sera pour y trouver la mort. » — « Courage », s'écria le Trappeur, et se dirigeant vers le chef des Peaux-Rouges, il lui dit : — « Les Dakotas sont un grand peuple, que » commande un chef puissant et sage, qui sait distinguer les bons des méchants ; au » nombre de ces derniers se trouvent ceux que vous voyez, mon frère, accourir près de » nous ; on leur a enlevé leurs animaux, mais ils possèdent encore de la poudre et des » balles. »

Un éclair de joie brilla dans les yeux du commandant *Matori* ; il regardait la troupe commandée par Ismaël et demanda au Trappeur : — « Est-ce que ces hommes blancs et ces femmes sont de vos ennemis? » Le vieillard répondit affirmativement. — « Eh bien, » appelez-les, montez sur nos chevaux et suivez-moi ! » Paul monta sur l'un des che-vaux avec Ellen, et Middleton se chargea de la jeune femme. Le Trappeur eut aussi sa monture, tandis que le Docteur Battius restait fidèle à son âne.

Matori donna le signal du départ, mais il fit un détour afin de se trouver toujours en dehors de la portée des balles des émigrants, puis subitement il poussa un cri de guerre et se dirigea en droite ligne vers le rocher.

Ismaël se mit en toute hâte à la poursuite des Sioux, tirant des coups de feu répétés afin de prévenir Esther, restée gardienne du campement.

Le jour commençait à disparaître dans les premières voiles de la nuit, et lorsque les Sioux arrivèrent près du campement, on ne distinguait plus qu'avec peine les contours du rocher.

CHAPITRE III

LES DERNIERS JOURS DE BAS DE CUIR

Esther, entendant des pas dans l'herbe, ne soupçonna pas l'approche des ennemis et elle s'écria d'une voix calme : — « Qui est là? Sioux ou diables. Je ne crains rien ! »

Sa question resta sans réponse, chaque guerrier Titouwàn demeurant immobile, protégé par l'obscurité de la nuit.

Après un moment d'attente, une lumière comparable à celle d'une brillante étoile, apparut au sommet du rocher. Elle se changea bientôt en une flamme étincelante qui éclairait tous les objets qui se trouvaient dans le voisinage.

Matori se dressa subitement devant Esther, la saisit par le bras et la secoua avec violence. Trois autres guerriers se glissèrent avec précaution jusqu'au sommet du rocher, éteignirent le feu, si bien que tout se trouva plongé dans une nuit profonde. Les sauvages poussèrent des cris de victoire, et le Trappeur en profita pour dire à ses compagnons : — « Voici le moment de fuir, éloignons-nous avec précaution. »

Chacun se rendit avec empressement à la proposition du vieillard, les chevaux maintenus au petit trot pendant quelques minutes, furent ensuite lancés au galop, et les cavaliers disparurent bientôt derrière une élévation de terrain, Paul Hover rompit le premier le silence : — « Écoutez », dit-il au Trappeur, « quel est l'animal que j'aperçois » sur notre chemin ? »

— « Ce n'est pas un cheval », répondit le vieillard, « il n'a ni tête, ni pieds. » — « Vous » avez raison », répliqua le chasseur d'abeilles, « c'est un buffle qui a été tué il n'y a » pas longtemps ; peut-être trouverons-nous encore un morceau de filet pour nous faire » un rôti. » Le Trappeur se mit à rire et imita l'exemple de Paul Hover qui était descendu de cheval, pour examiner de plus près les restes de l'animal.

Au moment où il voulut pousser avec le pied la peau du buffle, un guerrier Indien caché dessous, se dressa devant lui. Ils reconnurent immédiatement le jeune Pauni avec lequel ils avaient fait connaissance peu de temps auparavant.

— « Mon frère consentirait-il à conduire mes enfants dans son village », demanda le Trappeur à l'Indien, après s'être remis de son effroi. « Si les Sioux nous poursuivent, » ces jeunes gens nous aideront à les repousser. »

— « Un Titonwan ressemble à un chien », répondit le jeune Indien en fronçant les sourcils, « lorsqu'un seul Pauni pousse un cri de guerre, toute la tribu hurle de frayeur, » mon père et ses enfants seront sûrement les bienvenus. »

Le Pauni jeta la peau de buffle sur ses épaules, se mit à la tête de la petite troupe, et au bout d'une heure les fugitifs atteignirent la rive d'un des nombreux cours d'eau qui se

12

précipitent dans le Missouri ou le Mississipi. Les hommes pouvaient franchir le courant sur leurs chevaux, mais cette traversée était impraticable pour Ellen et Inès, à cause des nombreux tourbillons.

Lorsque le Trappeur fit part de la situation au jeune Pauni, celui-ci se mit à rire. Il saisit la peau de buffle, et avec l'aide du vieillard, en forma une sorte de canot qu'il consolida avec des courroies de cuir, et ce fut dans cette embarcation qu'Inès et Ellen durent prendre place. Ayant atteint saines et sauves la rive opposée, grâce à l'aide du jeune Indien, Paul et Middleton les suivirent, tenant par la bride leurs chevaux, ainsi que l'âne qui se montrait un peu rebelle à cette expédition. Le docteur put ensuite se placer dans l'embarcation, se cramponnant au Trappeur, lorsque des cris perçants retentirent sur la rive que les fugitifs venaient de quitter.

Plus de cinquante Sioux, commandés par Matori se trouvaient sur le rivage, et une salve de coups de fusils annonça leurs projets d'hostilités.

En apercevant les ennemis les yeux du jeune Pauni lançèrent des éclairs, et il fit entendre subitement le cri de guerre particulier à sa race ; seul contre tant d'hommes, c'était jeter un défi aux adversaires. Les Titonwans se précipitèrent dans le fleuve avec une fureur sans égale, et parvinrent jusqu'au milieu du courant ; à ce moment Paul et Middleton apparaissaient sur la rive, après avoir caché soigneusement Inès et Ellen dans un buisson. Ils déchargent leurs armes, et leurs coups ne manquent pas le but. Matori plonge dans l'eau, mais il reparaît au bout de quelques secondes et retourne à la nage vers le rivage opposé, pendant que son cheval blessé est entraîné par le courant, et colore les flots de son sang. Paul et Middleton continuent à tirer et les Sioux sont mis en déroute.

Cette première attaque repoussée, les fugitifs remontent à cheval, mais les pauvres bêtes sont si fatiguées qu'elles n'avancent plus qu'avec peine. Les craintes du Trappeur ne tardèrent pas à se réaliser, car les Sioux lancés à leur poursuite, s'approchaient de plus en plus. — « Envisageons la situation avec calme », dit le vieillard, « si les » Sioux peuvent nous atteindre, Dieu là haut ne nous abandonnera pas. » Des cris sauvages ébranlaient l'atmosphère, et les Indiens dans leur joie d'être parvenus à cerner les Blancs, ne firent point attention au jeune Pauni qui s'appuyait avec fierté sur son fusil.

Subitement les ennemis aperçurent le jeune homme, et ce fut alors un cri de triom-

phe sans fin, car le guerrier qui venait d'être fait prisonnier avec ses compagnons, n'é-
tait autre que le redoutable et jusqu'alors invincible chef, Cœur Dur.

Quelques jours après, le commandant des Titonwans était établi avec ses guerriers et
ses prisonniers dans un campement situé au bord d'un cours d'eau, au milieu d'une
vaste plaine. De nombreuses tentes formées de peaux de bêtes entouraient une place où
avaient lieu les délibérations des guerriers, et devant une de ces huttes se trouvaient Paul,
Middleton et le Docteur, si fortement enchaînés qu'il leur était impossible de faire aucun
mouvement.

Non loin d'eux, le chef *Cœur Dur* était attaché au poteau de supplice, et la tête haute,
dans une fière attitude, il regardait autour de lui ; aucun trait de son visage ne trahissait
la souffrance qu'il éprouvait d'avoir perdu la liberté.

Le Trappeur était le seul qui fut autorisé à circuler librement, sous la garde de
deux jeunes guerriers ; il se rendit auprès de Cœur Dur et causa avec lui pendant quelques instants : — « Les Sioux tiennent conseil pour décider du sort de mon frère. »
— « Ils comptent les scalps de leurs compagnons qui ont servi à orner l'habitation de
» Cœur Dur », répondit le jeune chef avec un sourire méprisant. « Que m'importe leur
» vengeance ? Je monterai sur mon coursier qui me conduira vers cette contrée bien-
» heureuse, où j'apparaîtrai comme un chef courageux devant le Maître du Destin ! »

La délibération étant terminée, Matori appela le Trappeur auprès de lui. — « Mon
» père a eu un grand tort », dit-il, en appuyant sa main droite sur l'épaule du vieillard. « Il était l'ami d'un Pauni, et l'ennemi de mon peuple, mais Matori ne veut pas
» rougir les cheveux blancs par le sang, il respecte la vieillesse, et mon père est li-
» bre. La prairie s'ouvre devant lui, mais avant qu'il prenne congé des Sioux, il consen-
» tira bien à me servir d'interprète. » Le Trappeur suivit le Titonwan, qui se dirigeait vers une tente richement parée. C'était la demeure de Matori, dans laquelle il
n'avait pas encore pénétré depuis son retour, car Ellen et Inès y avaient été momentané-
ment installées. La jeune épouse de Middleton était étendue sur un lit recouvert de peaux
de bêtes, mais elle avait tant souffert pendant sa courte captivité que ses yeux autrefois
si vifs, avaient maintenant une expression de profonde tristesse.

Ellen brisée par la fatigue et par les pleurs, se tenait appuyée contre le mur. Les deux
prisonnières regardèrent avec étonnement les deux hommes qui entraient, et Inès de-

manda au Trappeur le motif de sa visite. Le vieillard traduisit la question au chef
indien, qui répondit après un moment de réflexion : — « Dis à celle qui a des yeux noirs,
» que Matori est le chef puissant d'un grand peuple ; jusqu'à présent il n'avait ren-
» contré aucune femme digne de lui confier la garde de son wigwam ; mais ayant décou-
» vert cette fleur rare dans la prairie, il l'a amenée dans sa tente et veut la garder. »

Le Trappeur n'avait perdu aucune parole de ce discours, mais au moment où il
commençait à le traduire, Ellen l'arrêta par ces mots : — « Ne te fatigues pas pour rien.
» Toute parole que prononce un sauvage, ne doit pas être répétée devant une chré-
« tienne ! » Inès tremblait de frayeur pendant que le Trappeur répondait à l'impatient
Matori. — « Mes filles n'ont pas besoin de leurs oreilles pour comprendre ce que dit
» un Dakota : son regard, ses gestes suffisent, mais elles demandent à réfléchir. »

Le Titonwan se déclara satisfait, et saluant les femmes avec dignité, il quitta la tente
suivi du vieillard. Ce dernier recula d'effroi, en voyant venir au devant de lui, Ismaël, Abiram et Esther. Le chef de la caravane le saisit violemment par le bras et lui
dit : — « Nous avons un compte à régler, mais pour le moment, tout ce que j'exige de
» toi, c'est que tu dises au chef indien, avec lequel j'ai conclu une alliance au pied du
» rocher, que je suis venu pour faire valoir mes droits. Je veux qu'il me rende ma nièce
» et ma prisonnière, et de plus, je lui ordonne de te livrer à la justice. »

Tout en exécutant sa mission auprès du chef, le vieillard sourit lorsqu'il lui apprit que
son allié exigeait qu'il mette en liberté la jeune femme aux yeux noirs ainsi que celle
aux cheveux blonds.

— « Ces deux femmes sont trop délicates pour la main d'un homme aussi brutal »,
répondit Matori en fronçant les sourcils, « je la remplirai de buffles. » — « Ismaël
» veut également que je lui sois rendu », répliqua le vieillard, « mais qu'a-t-il besoin
» d'un pauvre malheureux qui n'a plus qu'un faible souffle de vie ? »

— « Mon père est bien âgé », reprit le Dakota en appuyant son bras sur celui du vieillard, « pour entreprendre de nouveaux voyages. Il restera chez les Titonwans et leur en-
» seignera la sagesse. »

Là-dessus, Matori disparut au milieu de ses guerriers. Ismaël écouta la réponse du
chef que le Trappeur lui traduisit avec joie. Peu de temps après, les émigrants quittaient
le camp en silence, mais sans perdre courage.

Une grande agitation régnait sur la place, car les guerriers Titonwans allaient décider du sort des prisonniers masculins. Leurs yeux brillaient d'un éclat inaccoutumé, et lorsque Cœur Dur fut amené devant le tribunal, un cri d'allégresse s'échappa de toutes les poitrines. Les guerriers frappaient sur leurs boucliers ou brandissaient leurs tomahawks, et il fallut attendre longtemps avant que le silence ne soit rétabli. On procéda alors au jugement, et chaque guerrier auquel Cœur Dur avait tué un membre de sa famille, passa devant le prisonnier en criant : — « Mort à l'ennemi. » Les cris de la foule ne faisaien que confirmer la sentence.

Matori s'avança enfin vers le jeune chef Pauni, et il allait prononcer un arrêt 'de mort sans appel, lorsqu'une main affaiblie se posa sur son épaule, et il reconnut en se retournant un ancien guerrier de sa tribu.

L'apparition inattendue de ce vieillard causa un profond silence ; seul, un léger murmure parmi les guerriers interrompait ce calme et l'on pouvait distinguer les deux mots : — « Le Balafré » qui passaient de bouche en bouche. L'homme qui portait ce surnom, avait eu la réputation d'être le chef le plus brave et le plus puissant de toutes les tribus indiennes, et même maintenant où ses yeux avaient perdu leur éclat, où il était âgé et brisé, ses conseils et ses décisions étaient respectés chez les Indiens.

Il commença à parler à voix très basse et très faible : — « Le Balafré approche de la » fin de sa vie, et il veut que ses derniers jours s'écoulent en paix. Mais qui sera son suc- » cesseur ? Le Balafré n'a point de fils, et il est venu pour chercher un homme jeune et » vaillant sur lequel il puisse s'appuyer avec confiance. »

Là dessus, le chef au passé glorieux, marcha avec peine jusque vers Cœur Dur, dont il contempla longtemps la noble stature et le fier regard ; sur un signe de sa main, le jeune prisonnier fut détaché du poteau.

— « Mon fils, » dit le vieillard en s'adressant à lui, « est *un Pauni* par sa naissance » mais il mourra *un Dakota*. Désormais le Balafré a un héritier! Guerriers Titonwans, » j'emmène ce jeune homme avec moi, dans ma demeure! »

Personne n'osa prononcer une parole. Le Balafré prit par le bras le fils qu'il venait de choisir et le conduisit triomphalement jusqu'au milieu de la place, mais après une courte pause, Cœur Dur saisissant la main du vieillard la posa sur sa tête pour témoigner du profond respect qu'il avait pour l'ancien chef. Ensuite, il s'éloigna brusquement, et se

redressant avec fierté, il dit aux Sioux d'un air de mépris : — « Cœur Dur est un
» Pauni et il n'appartiendra à aucune autre race ! Il faudrait que le soleil changeât son
» cours pour que Cœur Dur devînt un Sioux. » Un cri de joie retentit parmi tous les
guerriers, comprenant que le refus du jeune homme le conduisait à la mort. Le Balafré
voulut parler, mais sa voix fut couverte par les exclamations des assistants.

Aussitôt quatre ou cinq Sioux se précipitèrent sur le prisonnier, brandissant leurs tomahawks, et l'un des sauvages s'amusa à passer et à repasser son arme redoutable devant le visage de la victime. Cœur Dur ne lui accorda pas longtemps la joie de ce triomphe, et saisissant le tomahawk avec une adresse incomparable, il fendit la tête de son
adversaire. Se frayant ensuite un chemin en brandissant son arme ensanglantée, il
passa au milieu des Sioux et gagna la rivière. La foudre tombant sur les guerriers n'aurait
pas produit un effet plus saisissant. Cœur-Dur traversa le cours d'eau à la nage et fut
reçu avec des cris de triomphe par une troupe de cavaliers paunis soigneusement armés.
Matori apercevant les ennemis, ordonna de se préparer au combat.

Le Trappeur profita de ce moment où les Sioux avaient l'esprit absorbé par les
préparatifs de guerre pour parvenir jusqu'auprès de ses compagnons et les délivrer de
leurs liens. Les quatre amis se dirigèrent aussitôt vers la tente du chef, pour mettre Inès
et Ellen au courant des événements et leur faire part en même temps des projets d'évasion. Le Trappeur usant de mille précautions, s'apprêtait à fuir avec ses compagnons, lorsqu'Ismaël et ses fils arrivèrent subitement devant lui, après s'être tenus longtemps cachés derrière la tente de Matori. Un regard fit comprendre au Trappeur
que toute résistance était inutile, puisque lui et ses amis se trouvaient sans moyens de
défense. Au même instant, tous les prisonniers furent attachés avec soin et entraînés
au camp d'Ismaël.

Pendant ce temps, les préparatifs de combat avaient avancé rapidement, et Matori
allait se mettre en marche avec ses guerriers.

Arrivés au fleuve, les Sioux firent retentir l'air de leurs cris de guerre et les Paunis,
rangés sur l'autre rive, ne firent pas attendre longtemps leur réponse.

Cœur Dur, campé fièrement sur son cheval, se précipita dans le fleuve et se dirigea
vers un banc de sable qui se trouvait au milieu de l'eau. Il était armé d'un fusil, d'un tomahawk, d'un arc, d'une lance, d'un bouclier et d'un couteau, mais arrivé sur le banc

de sable, il se débarrassa de son fusil, après l'avoir agité d'une manière significative dans la direction des Sioux. Matori ordonna aux siens de le laisser agir seul. Il se lança à cheval dans le fleuve et au bout de quelques minutes, il se trouvait sur le banc de sable en face de Cœur Dur. Il portait les mêmes armes que le Pauni et se débarrassa également de son fusil.

Le combat commença par l'échange d'une flèche entre les deux adversaires ; Matori eut son bouclier percé, mais il ne reçut aucune blessure ; quant à Cœur Dur, il sut éviter le coup par un mouvement habile qu'il fit faire à son cheval.

Les flèches se succédaient sans relâche, mais quoique les boucliers des deux adversaires fussent perforés de trous, aucune n'avait encore atteint son but.

Cœur Dur saisit alors sa lance et l'ayant dirigée contre Matori, elle pénétra dans le corps du cheval qui s'abattit lourdement sur le sol. Matori se remit sur pied avec une habileté extraordinaire et marcha vers son ennemi ; profitant d'un instant où le cheval se cabrait, il enfonça son couteau dans le ventre de l'animal qui roula par terre avec son cavalier.

Matori se retira brusquement afin d'éviter les coups que le cheval aurait pu lui donner en se débattant, puis, prenant son tomahawk, il marcha de nouveau contre son ennemi qui n'avait pas encore réussi à se dégager de dessous sa monture.

Apercevant le Sioux, Cœur Dur saisit son couteau et le plongea dans la poitrine de Matori d'où jaillirent des flots de sang. Un cri de douleur s'échappa des lèvres du Dakota, mais, rassemblant tout son courage, il se précipita dans l'eau en lançant à Cœur Dur un regard terrible ; il comprenait bien que sa blessure le mettait dans l'impossibilité de continuer le combat, mais il ne voulait pas que son corps tombât entre les mains de son ennemi. En faisant à son adversaire un signe méprisant avec la main, il plongea dans le fleuve.

Le jeune Pauni, lui, se lança à sa poursuite avec un couteau dans la main droite, mais le corps avait été entraîné par le courant, laissant derrière lui une traînée de sang.

D'un commun accord, les guerriers qui se trouvaient sur les deux rives opposées, se précipitèrent dans le fleuve et atteignirent en même temps le banc de sable qui fut alors le théâtre d'un horrible massacre.

Longtemps le combat resta indécis, mais subitement Cœur Dur fit entendre le cri de guerre, et réapparut au milieu de ses guerriers, brandissant comme une bannière le scalp de son ennemi Matori.

Sa voix fut couverte par les cris de rage des Titonwans, et sans attendre l'ordre de leur chef, les Paunis attaquèrent leurs ennemis avec une nouvelle ardeur. Ceux-ci se préparaient à fuir, mais ils se trouvèrent en présence d'Ismaël et de ses fils, dont les coups de fusil répétés éclaircissaient rapidement leurs rangs; il ne restait plus aux Dakotas qu'à se lancer dans le fleuve en suivant le courant, mais les ennemis victorieux les suivaient sur les deux rives, déchargeant sans cesse leurs armes contre les fugitifs.

Les Sioux se trouvèrent réduits à une poignée d'hommes, qui réussirent à échapper à leurs persécuteurs.

Cœur Dur rassembla alors ses guerriers autour de lui. Les Paunis avaient bien eu des morts, mais leur nombre s'élevait à un chiffre très faible en comparaison de celui des Sioux. Le banc de sable était jonché de cadavres, et toute l'eau alentour était colorée par le sang des blessés et des morts.

Le lendemain matin, les Paunis se trouvaient à une très grande distance du théâtre de leurs exploits, et non loin d'eux marchait la troupe d'Ismaël qui, la veille au soir, ayant réussi à rentrer en possession de ses prisonniers, n'avait plus songé à Cœur Dur et à ses guerriers.

Les émigrants s'arrêtèrent dans la journée, près d'un endroit entouré d'arbres et de buissons.

— « Ici nous allons juger nos prisonniers », s'écria Ismaël : « amenez-les tous de- » vant moi. » Les fils s'empressèrent d'obéir, et Esther se groupa avec ses enfants autour des prisonniers. Pendant ce temps, Abiram allait et venait, la figure contractée par l'inquiétude.

— « Middleton », dit Ismaël en s'adressant à l'officier, « c'est sur vous que pèse » la faute d'avoir enlevé une personne du camp, dont j'avais seul le droit de disposer ! » Comment pouvez-vous vous disculper ? » — « Je ne sais pas », répondit Middleton, « qui a le plus de droit sur cette femme. Vous ou bien son époux ? Puisque vous » l'avez enlevée avec votre beau-frère, au mépris de la loi, son époux peut la retirer » de vos mains ! » — « Nous avons tort tous les deux », répliqua Ismaël en lançant

un regard haineux à Abiram. « J'ai servi involontairement d'instrument pour une action
» coupable, mais à votre tour vous enlevez une personne qui m'appartient. Ces deux er-
» reurs sont punies par les lois, mais agissons avec sagesse et pardonnons-nous mutuel-
» lement. »

« Emmenez votre épouse qui n'aurait pas été enlevée, sans cet homme là bas (dési-
» gnant Abiram) qui m'a ensorcelé par de fausses promesses. »

Abiram voulut protester, mais Ismaël lui cria sur un ton de commandement : « Ne pro
» noncez pas un seul mot, car votre voix me perce le tympan...

— « Maintenant, à vous, Docteur », et s'adressant au botaniste il lui dit : « Comment
» avez-vous pu, vous qui êtes si bon, et qui jouissez de ma protection, aider à enlever ma
» nièce, ma pauvre nièce dont le cœur se brisait à l'idée de quitter son oncle qui l'avait
» recueillie quand elle était devenue orpheline. » Ellen se chargea de la justification et
répondit en baissant les yeux : « Je suis obligée de reconnaître que j'ai été ingrate
» envers vous, et je n'aurais jamais agi ainsi, sans mon désir de lier mon sort à
» celui de cette jeune femme que vous reteniez prisonnière, sans parler de ce jeune
» homme que vous voyez ici » (montrant le Chasseur d'abeilles) « et avec lequel
» j'étais fiancée avant de demeurer avec vous. Peut-être ne devrais-je pas vous dire
» cela, car je sais que votre intention était de me faire épouser votre fils Asa, mais
» je désire que Paul Hover ne me quitte plus tant que le sort nous laissera vivre tous
» deux. »

En entendant prononcer le nom d'Asa, le chef de la caravane fronça les sourcils, et
après un silence de quelques secondes, il s'écria, les yeux étincelants de fureur : « Eh
» bien, vous serez tous pardonnés et vous vivrez en paix, mais lui, le meurtrier de mon
» fils, il expiera son crime avec son sang ! »

Un murmure d'étonnement s'éleva parmi les amis lorsqu'Ismaël désigna le Trappeur.
Le vieillard s'approcha dignement et répondit avec calme : « Vous vous trompez,
» Ismaël! J'étais présent au moment de l'assassinat de votre fils, mais je suis trop
» vieux pour me rendre coupable d'un aussi grand crime. Ce jour, qui fut le dernier de
» la vie de votre fils, je guettais un gibier dans les buissons, à une distance de plusieurs
» heures du rocher au pied duquel vous aviez établi votre campement. Je vis arriver
» deux hommes qui me paraissaient ne point être d'accord, 'un d'eux était votre fils,

» contre lequel l'inconnu dirigea son fusil ; la balle ne manqua point son but et coucha
» Asa par terre. Le meurtrier se précipita sur sa victime et une lutte sanglante s'engagea
» entre les deux hommes, à l'issue de laquelle le cadavre de votre fils fut jeté dans les
» buissons. Maintenant si vous voulez savoir le nom de l'assassin, regardez votre beau-
» frère ! » — « Il ment ! » s'écria Abiram. « Songez à la balle que l'on a trouvée auprès
» du corps. »

Le visage d'Ismaël avait une expression terrible, et il montra sans proférer une parole
la balle au Trappeur. — « Est-ce que le misérable a tué son neveu avec ce pro-
» jectile », dit le vieillard avec mépris. « Je comprends maintenant pourquoi il m'avait
» demandé quelques-unes de mes balles qui ont un signe particulier. De cette façon il
» pensait que les soupçons se porteraient sur moi, et qu'il pouvait sans être découvert
» assassiner le malheureux Asa.

— « C'est faux », s'écria Abiram de nouveau, « je ne l'ai pas tué, je me suis seule-
» ment défendu contre lui. » Un regard d'Ismaël le fit taire, il chancela et s'affaissa
lourdement sur le sol.

Les assistants restèrent pétrifiés, ce ne fut qu'après un long intervalle qu'Ismaël
rompit le silence, il dit aux prisonniers rendus à la liberté : « Il ne nous reste plus main
» tenant qu'à suivre chacun notre chemin, mes souhaits de bonheur vous accompa-
» gnent. Pour toi, Ellen, j'ajouterai : Dieu te bénisse ! ».

La jeune fille reconnaissante s'avança pour remercier Ismaël, mais celui-ci lui fit signe de ne pas approcher, et elle se retira avec effroi. — Les amis quittèrent sans bruit le
campement des émigrants, et atteignirent bientôt les habitations des Paunis.

Ismaël resta longtemps dans une attitude muette qui inquiétait beaucoup ses fils, mais
soudainement il regarda autour de lui avec dignité et fixa ses yeux sur Abiram. Saisissant alors la main d'Esther, il dit : « Tu as bien des chagrins à supporter, ma pauvre
» femme. » — « Oui, le Seigneur fait porter un lourd fardeau à une mère... et à une
» sœur », répondit Esther, en soupirant.

— « Ta Bible te consolera », répliqua Ismaël, « nous agirons selon ses préceptes. Ne
» dit-on pas celui qui a fait couler le sang de l'homme doit... » — « Ismaël, Ismaël »,
s'écria Esther en proie au plus profond désespoir, puis elle ajouta : « Souviens-toi que le
» sang qui coule dans ses veines, coule aussi dans les miennes et dans celles de tous

» mes enfants. Je reconnais que nous souffrons par sa faute, mais épargne-le, par affec-
» tion pour moi !

— « Si le Trappeur avait tué Asa, il ne serait pas question de l'épargner », répondit
Ismaël d'un ton rude, et s'élançant tout à coup vers son beau-frère, il dit transporté par
la colère : « Abiram, vous avez tué mon fils. Maintenant il faut mourir. » — « Mou-
» rir ! » répéta le coupable, qui se roulait dans la poussière.

Sur un signe d'Ismaël, les fils s'emparèrent de leur oncle, on lui passa une corde autour du cou, et quelques minutes après le criminel était pendu à l'un des arbres voi-
sins.

Là dessus, la caravane abandonna le campement et l'on n'entendit plus jamais parler
de cette singulière famille d'émigrants…

Le Trappeur avait atteint avec ses compagnons le village habité par les Paunis, où
Middleton trouva ses fidèles artilleurs, qui avaient été envoyés à sa recherche et qui l'accueillirent avec joie. Il prit alors congé avec ses amis du jeune chef et de ceux de sa
race, qui les accompagnèrent pendant plusieurs heures, n'ayant eu que des relations
agréables avec leurs hôtes à la peau blanche.

Tous prirent le chemin sauf le vieillard qui ne voulut point abandonner la prairie,
mais il fit promettre à Middleton de revenir le voir l'année suivante chez les Paunis.

Quelques mois plus tard, Ellen devenait la femme de Paul Hover, et Middleton, grâce
à sa situation qui devenait de plus en plus belle, combla le jeune couple de nombreuses
attentions.

Les saisons se succédaient avec rapidité et, à l'approche de l'automne, Middleton se
souvint de sa promesse et repartit avec Paul Hover pour la prairie. Ils avaient envoyé
des messagers pour annoncer leur arrivée à Cœur Dur. Le jeune chef vint à la rencontre
de ses amis, mais sa figure au lieu d'avoir une expression de gaieté portait l'empreinte
d'une profonde tristesse. Malgré toutes les supplications, il ne voulut pas dire le motif
de son chagrin et reprit silencieusement avec ses amis le chemin de sa demeure. En
arrivant, Middleton et Paul Hover comprirent de suite la cause de la douleur du Pauni.
Sur la place, au milieu du village, tous les Indiens se trouvaient rassemblés autour d'une
couche sur laquelle reposait le Trappeur, le visage pâle et les yeux éteints dirigés
vers le soleil couchant. Sa faiblesse devenant chaque jour de plus en plus grande, il avait

été obligé de ne plus quitter sa cabane, mais animé du désir de voir encore une fois le soleil, il avait prié ses amis de l'installer au dehors. Middleton et Paul Hover s'approchèrent de lui et saisirent ses mains amaigries. Un sourire amical glissa sur les lèvres du

Présent !...

vieillard, puis il murmura : « Oh oui ! je vous reconnais, vous ne m'avez pas oublié, merci ! »

Ces mots, quoique bien simples, émotionnèrent les deux amis ; et s'agenouillant auprès du vieillard, ils s'écrièrent : « Vénérable ami ! nous sommes venus pour vous emme- » ner avec nous, car vous ne devez pas mourir ici. » Un sourire fut sa seule réponse.

Plus tard, le vieillard remua encore les lèvres et dit : « Lorsque le soleil aura terminé
» sa course pour disparaître dans la mer, je serai dans un autre monde, où règne la
» paix éternelle. Mon pauvre Hector, que l'on a trouvé mort il y a quelques jours, doit
» reposer à côté de moi. » — « Tout sera fait selon votre désir », répondit Middleton,
» et une pierre désignera la place où dort le plus honnête et le meilleur des hommes. »
— « J'y consens », ajouta le vieillard d'une voix de plus en plus faible, « mais ne gravez
» sur cette pierre aucune parole de louange. »

Ses yeux se fermèrent et tous les assistants restèrent plongés dans le plus profond re-
cueillement ; lorsque le dernier rayon de soleil éclaira le visage du vieillard, il rouvrit les
yeux, un éclair de joie anima ses traits, il regarda Paul, Middleton et Cœur Dur, puis
fermant ses paupières et prenant l'attitude de fermeté avec laquelle le soldat meurt sur
le champ de bataille, un mot, immense de conception dans sa simplicité, s'échappa de
sa poitrine : « Présent !... » Le Trappeur dormait dès lors de son dernier sommeil.

Les Paunis pour perpétuer son souvenir, mirent une pierre sur sa tombe, d'un côté
on lisait le nom du vieux chasseur et de l'autre ces mots : « Ses cendres reposent en
» paix ! » Plusieurs arbres croissaient autour et formaient un dôme de verdure sur la
tombe de ce fervent chrétien ; à l'ombre de ce même feuillage, les joyeux enfants des
Paunis prenaient leurs ébats.

TABLE DES MATIÈRES

PREMIER RÉCIT
LE TUEUR DE DAIMS

DEUXIÈME RÉCIT
LE DERNIER DES MOHICANS

TROISIÈME RÉCIT
LE GUIDE

QUATRIÈME RÉCIT
LA COLONIE DU LAC OTSÉGO

CINQUIÈME RÉCIT
LES DERNIÈRES AVENTURES DE BAS DE CUIR (LA PRAIRIE)

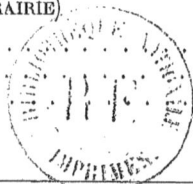

CHATEAUROUX. — TYPOGRAPHIE ET STÉRÉOTYPIE A. MAJESTÉ.

www.ingramcontent.com/pod-product-compliance
Lightning Source LLC
Chambersburg PA
CBHW070358090426
42733CB00009B/1460

* 9 7 8 2 0 1 2 1 8 9 8 6 7 *